“十三五”国家重点出版物出版规划项目

中国经济治略丛书

中国企业对外直接投资的
经济效应研究

Research on the Economic Effects of
Chinese Enterprises' Outward Foreign Direct Investment

石 荣 著

中国财经出版传媒集团

 经济科学出版社
Economic Science Press

·北京·

图书在版编目（CIP）数据

中国企业对外直接投资的经济效应研究/石荣著
. --北京：经济科学出版社，2024.1
（中国经济治略丛书）
ISBN 978 - 7 - 5218 - 5033 - 8

Ⅰ.①中⋯　Ⅱ.①石⋯　Ⅲ.①企业 - 对外投资 - 直接
投资 - 研究 - 中国　Ⅳ.①F279.23

中国国家版本馆 CIP 数据核字（2023）第 155454 号

责任编辑：王　娟　徐汇宽
责任校对：王苗苗
责任印制：张佳裕

中国企业对外直接投资的经济效应研究
石　荣　著
经济科学出版社出版、发行　新华书店经销
社址：北京市海淀区阜成路甲 28 号　邮编：100142
总编部电话：010 - 88191217　发行部电话：010 - 88191522
网址：www. esp. com. cn
电子邮箱：esp@ esp. com. cn
天猫网店：经济科学出版社旗舰店
网址：http://jjkxcbs. tmall. com
北京季蜂印刷有限公司印装
710 × 1000　16 开　14 印张　240000 字
2024 年 1 月第 1 版　2024 年 1 月第 1 次印刷
ISBN 978 - 7 - 5218 - 5033 - 8　定价：58.00 元
（图书出现印装问题，本社负责调换。电话：010 - 88191545）
（版权所有　侵权必究　打击盗版　举报热线：010 - 88191661
QQ：2242791300　营销中心电话：010 - 88191537
电子邮箱：dbts@ esp. com. cn）

编 委 会

总 序

2017 年 5 月，经宁夏回族自治区教育厅、财政厅批准，理论经济学获批宁夏回族自治区一流学科建设项目，成为自治区立项建设的 18 个一流学科之一。理论经济学一流学科设计了 4 个学科发展方向：开放经济理论与政策、财政金融理论与政策、人口资源环境与可持续发展、消费者行为理论与政策。学科发展方向适应当前和未来国家和地方经济建设和社会发展需求，在人才培养、科学研究和社会服务等方面形成鲜明特色。

理论经济学一流学科建设目标是：根据中国特色社会主义经济建设的现实需求，坚持马克思主义为指导，借鉴现代经济学发展的成果服务于中国实践。通过五年建设，一是基本达到理论经济学一级学科博士学位授权点申请基本条件；二是在第五轮学科评估中，理论经济学教育部学科排名显著上升。为实现该建设目标，主要采取如下措施：第一，创造良好的工作环境和学术环境，积极引进人才，培育研究团队成长，积极申报人才和创新团队项目；第二，紧密围绕学科发展方向，瞄准对学科发展具有前瞻性、长远战略性的重大理论及现实问题开展研究；第三，建立跨学科、跨部门的开放型科研组织形式，营造既能有效促进协同攻关，又能充分发挥个人积极性的科研氛围，形成团队合作与自由探索相结合的管理机制；第四，开展国际国内合作研究和学术交流活动，形成有影响的学术高地。

理论经济学一流学科自获批以来，凝聚了一支结构合理、素质良好、勤奋敬业的研究团队，凝练了精准的研究方向，正在开展较为系统、深入的研究，拟形成了一批高质量系列研究成果。经理论经济学一流学科编委会的精心组织、认真甄别与仔细遴选，确定了《中国区域经济增长效率集聚与地区差距研究》《村级互助资金与扶贫贴息贷款的减贫机制与效应比较研究》《资产扶贫理论与实践》等12本著作，作为理论经济学一流建设学科首批系列学术专著。

系列丛书的出版，凝结了宁夏大学经济学人的心血和汗水。尽管存在诸多不足，但"良好的开端就是成功的一半"，相信只要学者们持之以恒，不断耕耘，必能结出更加丰硕的成果。

系列丛书的出版，仰赖经济科学出版社的鼎力支持，承蒙经济科学出版社王娟女士的精心策划。现系列学术著作将陆续面世，衷心感谢他们的真诚关心和辛勤付出！

系列丛书的出版，希望求教于专家、同行，以使学科团队的研究更加规范。真诚欢迎专家、同行和广大读者批评指正。我们将努力提升理论和政策研究水平，引领社会和服务人民。

杨国涛

2017 年 12 月于宁夏大学

前　言

在构建新发展格局背景下，中国企业不但需要更高质量"引进来"，而且需要更高水平"走出去"。对外直接投资（Outward Foreign Direct Investment，OFDI）可以实现全球资源整合，补齐国内生产要素短板，并进一步赋能国内改革，提升中国经济高质量发展的可持续性和韧性。联合国贸易和发展会议发布的《2021世界投资报告》显示，与2019年相比，2020年世界经济萎缩3.3%，全球货物贸易萎缩5.3%，全球对外直接投资流量下降39.4%。然而，2020年中国对外直接投资逆势增长，首次跃居世界第一。国内外学者对中国快速发展的对外直接投资活动持有不同的观点。要全面而深刻地认识对外直接投资活动。首先，需要搞清楚中国企业进行对外直接投资的动机是什么？当中国国内企业面对相同的国际国内环境时，哪些特征的企业更倾向于对外直接投资？其次，对外直接投资对企业自身和中国经济发展有什么样的影响？或者说中国企业对外直接投资的成效如何？本书将对上述问题进行深入探讨。

本书在梳理对外直接投资理论文献的基础上，构建企业生产率异质性、OFDI和出口的理论模型，研究了技术替代型和研发新产品型对外直接投资逆向技术溢出产生的条件。基于《中国工业企业数据库》和《境外投资企业（机构）名录》合并的微观企业数据库，采用异质性处理效应模型、区制转换选择模型和双重差分倾向得分匹配模型进行对外直接投资的经济效应评价：

一是研究了对外直接投资的逆向技术溢出效应，分别从生产率和创新活动视角展开；二是研究了对外直接投资的出口效应，分别从出口额和出口密集度视角展开。本书的主要内容和结论如下。

第一，构建企业生产率异质性、OFDI 和出口的理论模型，考察异质性生产率对企业选择国内生产、出口和对外直接投资决策的影响机制，并分析技术替代型 OFDI 和研发新产品型 OFDI 逆向技术溢出产生的条件。研究发现：技术替代型 OFDI 逆向技术溢出产生的条件与临界生产率水平相关；研发新产品型 OFDI 逆向技术溢出概率大于技术替代型 OFDI。

第二，从国家、行业和企业三个维度研究了中国企业对外直接投资的决定因素，采用 Probit 模型估计了平均边际效应和平均边际弹性。研究发现：企业的竞争力越强，进行 OFDI 的可能性越大；对于中国企业实施 OFDI 倾向性的解释力中，出口强度的解释力最强，新产品占比和劳动生产率的解释力分别排在第二位和第三位。

第三，采用异质性处理效应模型研究中国企业对外直接投资的生产率效应问题。实证研究结果表明：OFDI 决策对企业生产率有显著的正向影响，存在生产率创造效应；OFDI 决策对企业生产率的影响存在显著的异质性，越倾向于对外直接投资的企业，其生产率水平提升越快。

第四，采用区制转换选择模型，校正了样本选择偏差，从创新产出和创新投入两个方面考察 OFDI 决策对企业创新的影响。实证研究结果表明：企业对外直接投资显著地促进了企业的创新活动，存在创新驱动效应；企业所有制类型、不同类型 OFDI 企业和投资目的国的收入水平对企业创新的影响也存在显著差异。

第五，采用双重差分倾向得分匹配模型，克服样本选择偏差和异质性偏差问题，分别从出口额和出口密集度角度研究对外直接投资对企业出口的影响。实证研究结果表明：OFDI 对企业出口有显著的正向影响，中国企业对外直接投资与出口之间存在互补关系，存在出口创造效应；OFDI 对国有企业出口没有明显的促进作用，却对民营企业生产率具有显著的促进作用；不同类型 OFDI 企业和投资目的国的收入水平对企业出口的影响也存在显著差异。

本书构建了生产率异质性、OFDI 和出口的理论模型，分析了对外直接投资影响经济效应的传导机制，通过实证研究为评估对外直接投资成效提供更加可靠的经验证据，从而为更好实施"走出去"战略提供决策依据。

值得说明的是，本书实证研究的基础数据主要来源于《中国工业企业数据库》(China Annual Surveys of Industrial Firms, CASIF)。该数据库涵盖了全部国有工业企业和规模以上非国有工业企业数据，每年参与普查的企业样本数量在 10 万～30 万家之间，这些企业对中国的工业总产值贡献率高达 90%，因此这些样本具有极高的代表性。考虑到数据库公布的年限和数据可获取性，本书选用了 2003～2009 年的企业数据，虽然这些数据稍显陈旧，但鉴于中国对外直接投资的大规模发展始于 2003 年，这些数据仍然具有重要的参考价值。因此，本书的研究对于评估中国企业对外直接投资的成效提供了可靠的经验证据。

作为石荣博士的导师，我期待《中国企业对外直接投资的经济效应研究》一书能够引起该领域同行的关注、讨论和指正。同时，希望石荣博士在这个领域坚持探索，做出新的成就与贡献。

张国初

中国社会科学院数量经济与技术经济研究所

2021 年 12 月 12 日

CONTENTS **目录**

第一章

导　　论

第一节　选题背景与选题意义

一、选题背景

在构建新发展格局背景下，中国企业不但需要更高质量"引进来"，而且需要更高水平"走出去"。对外直接投资（Outward Foreign Direct Investment，OFDI）可以实现全球资源整合，补齐国内生产要素短板，并进一步赋能国内改革，提升中国经济高质量发展的可持续性和韧性。联合国贸易和发展会议发布的《2021世界投资报告》显示，2020年世界经济萎缩3.3%，全球货物贸易萎缩5.3%，全球对外直接投资流量下降39.4%。然而，2020年中国对外直接投资逆势增长，首次跃居世界第一。《2020年度中国对外直接投资统计公报》显示，2020年中国对外直接投资净额高达1537.1亿美元，同比增长12.3%。截至2020年底，中国2.8万家境内投资者在国外共设立对外直接投资企业4.5万家，分布在全球189个国家和地区，使全球80%以上国家和地区都有来自中国的投资。此外，中国在全球OFDI中的影响力不断扩大，2020年中国OFDI流量占当年全球流量的20.2%；2020年底中国OFDI存量占当年全球存量的6.6%。[1]

---

[1]　中华人民共和国商务部、国家统计局、国家外汇管理局：《2020年度中国对外直接投资统计公报》，中国商务出版社2021年版。

2000 年中国政府启动"走出去"政策，之后中国（企业）加快了对外直接投资的步伐，尤其是 2005 年之后对外直接投资增长大幅提高（见图 1 - 1）。2012 年，党的十八大报告进一步提出："加快走出去步伐，增强企业国际化经营能力，培育一批世界水平的跨国公司"，为中国企业"走出去"提供了新的动力。

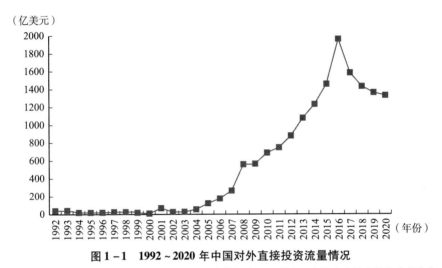

图 1 - 1 1992～2020 年中国对外直接投资流量情况

资料来源：1992～2002 年中国对外直接投资数据来源于联合国贸易和发展会议发布的各年《世界投资报告》，2003～2020 年数据来源于商务部发布的各年《中国对外直接投资统计公报》。

据商务部统计，2003 年中国对外直接投资流量仅为 28.6 亿美元，经过十几年的快速发展，到 2017 年猛增至 1582.9 亿美元，增长了近 54 倍（见图 1 - 2）；中国的 1.53 万家[①]企业在全球 184 个国家（地区）设立了 2.5 万家的境外投资企业[②]。2014 年，中国的对外直接投资首次超过了吸引外资规模，对国际贸易增长显示出越来越大的带动效应（李平等，2015），中国对外直接投资累计净额（简称存量）高达 6604.8 亿美元，位列世界第十一位，对外直接投资流量连续两年居世界第三位。2019 年，中国对外直接投资流量 1361.1 亿美元，蝉联全球第二位。

---

① 1.53 万家境外投资者指的是按境内一级投资主体（即母公司）作为统计单位的数据。根据商务部、国家统计局、国家外汇管理局联合发布的《2013 年中国对外直接投资统计公报》整理。

② 也称为境外中资企业，后文简称境外企业。

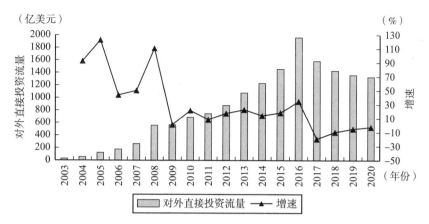

图 1－2 2003～2020 年中国对外直接投资流量及增速

资料来源：2003～2020 年各年度《中国对外直接投资统计公报》。

对中国（企业）快速发展的对外直接投资活动，国内外学者持有不同的看法和评价。从国内学者的评价看，一部分学者认为：中国企业大规模"走出去"进行对外直接投资，对促进我国经济发展有着积极的影响。从战略角度看，对外直接投资在中国未来的产业结构转型、融入全球经济、提升国家在全球价值链分工中的位置、增强国家综合实力、主动实现国家战略需要等方面，都将发挥至关重要的作用。从现实角度看，对外直接投资将有利于转移国内部分行业过剩产能，适度消化国家高额外汇储备，避开日趋严重的国际贸易壁垒和地方贸易保护主义。另一部分学者则认为：中国大规模的对外直接投资存在潜在的风险，由于受投资东道国文化差异、政治风险等因素影响，可能导致国内产业"空心化"和国有企业资产流失等问题。中铝投资力拓、TCL 并购法国汤姆逊公司、明基收购西门子、奇瑞收购沃尔沃等众多案例显示中国企业对外直接投资损失惨重。从国外学者的评价来看，一些学者认为中国对外直接投资对当地经济的发展具有刺激作用，持欢迎态度；另一些学者则对中国资本持抵制态度，认为中国资本会对当地经济发展造成不良影响，甚至会危及当地经济发展安全，特别是一些发达国家往往以国家安全为由阻挠和禁止中国企业的跨国并购，华为、中海油等企业深受其害；还有一些学者恶意丑化中国资本的形象，宣扬中国对发展中国家的直接投资活动是一种"新殖民主义"。然而，从现实的发展情况看，无论国内外学者如何评价、投资东道国积极欢迎还是恶意抵制，自 2003 年以来，中国对外直接投资流量已经实现了十余年的连续增长，流量规模在 2020 年首次位居世界第一。中国资本为促进世界经济的发展作出了积极的贡献，已成为影响世界经济发展的重要力量。

　　透过持续增长的数据、褒贬不一的争议可以看出，如何全面而深刻地认识中国企业的对外直接投资活动，仍需要进行深入的研究和探讨。首先，需要搞清楚中国企业对外直接投资的动机是什么，当中国国内企业面对相同的国际国内环境时，哪些特征的企业更倾向于对外直接投资？其次，需要搞清楚对外直接投资对企业自身发展和中国经济发展有什么样的影响，即中国企业对外直接投资的成效如何？本书将对上述问题进行系统研究。

二、选题意义

（一）理论意义

　　随着中国企业对外直接投资快速发展，有关对外直接投资的决定因素、中国对外直接投资现状等方面的研究取得了丰硕的成果，但有关对外直接投资对本国（母国）经济的关联机制、对外直接投资的经济效应研究尚显薄弱。本书通过对中国期刊全文数据库 1979~2020 年文献的检索发现，国内学术界在企业国际化[①] 的研究主要集中在利用外商直接投资（FDI）方面[②]，研究文献总数接近 75%，而有关对外直接投资（OFDI）方面的文献相对较少，仅占 1/4。进一步检索发现，在有关对外直接投资的研究中，又有 92% 左右的研究文献集中在对外投资现状介绍、决定因素分析以及政策建议等方面[③]，而对于对外直接投资的经济效应方面的实证研究文献非常少，仅占 8% 左右，从微观角度研究对外直接投资的经济效应研究文献更是少见。本书通过建立企业生产率异质性、OFDI 和出口的理论模型揭示 OFDI 影响一国经济效应的机制，在此理论分析之上，基于

---

　　① 企业国际化主要有三种途径：对外直接投资 OFDI、外商直接投资 FDI 和国际风险投资。由于风险投资与前两者存在很大差异，本书研究暂时不予考虑。
　　② 检索到的外商直接投资类文章共 35844 篇，根据关键词"外商直接投资""利用外资"和"FDI"；对外直接投资类文章是 12089 篇，利用外资类占总数的 75%。对外直接投资类文章，选择搜索的关键词为"对外直接投资、跨国投资、对外投资、境外投资、海外直接投资"。
　　③ 研究对外直接投资母国经济效应类文章 985 篇，占对外直接投资类文章总数的 8.1%。母国经济效应类文章具体检索如下，在对外直接投资检索文献的基础上，以"贸易/出口/进口、就业、国际收支、产业结构、技术进步、经济增长"为关键词搜索。

微观企业数据实证检验中国企业对外直接投资的生产率效应、创新效应和出口效应，丰富了对外直接投资的经济效应的理论研究和实证研究。

（二）现实意义

对外直接投资通常被认为是发展中国家获取国外先进技术、促进本国技术创新能力的重要渠道。在中国实施"走出去"战略、扩大对外直接投资规模的大背景下，中国企业是否获得了来自投资东道国的逆向技术溢出，进而促进我国的技术进步？本书从生产率角度和创新角度实证检验中国企业 OFDI 的逆向技术溢出效应，此外也详细探讨对外直接投资对中国企业出口贸易的影响。通过理论模型揭示中国企业 OFDI 影响逆向技术溢出和出口的微观机理，为更好开展对外直接投资活动提供理论依据；通过实证研究为中国"走出去"战略实施成效提供可靠的经验证据。

第二节 基本概念界定

一、对外直接投资

国际上关于"对外直接投资"的定义，由于关注的视角不同而存在较大差异。国际货币基金组织（IMF）的定义是："在投资人以外的国家（经济区域）所经营的企业中拥有持续利益的一种投资，其目的在于对该企业的经营管理拥有有效的发言权"[1]；经济合作与发展组织（OECD）则认为"对外直接投资是一国（或地区）的居民和实体（直接投资者或母公司）与另一国企业（境外投资企业或国外分支机构）建立长期关系，具有长期利益，并对之进行控制的投资"[2]。而中国的定义是：对外直接投资是指我国境内投资者以现金、实物、无形资产等方式在国外及港澳台地区设立、参股、兼并、收购国（境）外企业，拥有该企业 10% 或以上的股权，并以拥有或控制企业的经营管理权为核心的经济活动[3]。

---

[1] 赵春明等编：《跨国公司与国际直接投资》，机械工业出版社 2013 年版，第 4 页。
[2] 联合国贸易和发展会议：《世界投资报告 1995》（中译本），对外经济贸易大学出版社 1996 年版，第 536 页。
[3] 根据商务部、统计局和国家外汇管理局联合发布的《2012 年度中国对外直接投资统计公报》整理。

　　通过比较以上几种定义，在对外直接投资概念的界定中，核心的问题是对"投资控制权"的界定。中国对外直接投资统计以10%的股权比例作为标准；OECD也以10%作为基准分界点，低于10%的投资定义为间接投资（证券投资），并进一步根据所持股权比例的多少区分为联营公司和子公司（见图1－3）。通过对有关对外直接投资定义的分析，本书认为，对外直接投资是指一国（或地区）投资者通过资本投入和以无形资产为核心的垄断优势取得他国（地区）的企业经营管理控制权，以期实现长期投资收益的一种跨国（地区）投资经营行为。对外直接投资的具体方式包括：设立跨国公司的分支机构、子公司或者建立合资企业或者兼并收购外国企业。

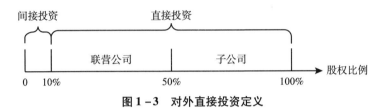

图1－3　对外直接投资定义

　　需要说明的是，本书将现有研究文献中同一含义但却有不同表述的概念统一做一致化界定。境外直接投资、海外直接投资、对外直接投资、国际直接投资等，统一界定为国际直接投资（Foreign Direct Investment，FDI）。由于本书研究中国企业的对外直接投资，所以在表述中，选用"对外直接投资"概念，英文表述为Outward Foreign Direct Investment，OFDI①，而流入本国的国际直接投资则用FDI表示。此外，在企业对外直接投资活动中，发生对外直接投资的企业通称为母公司，而母公司所在国通称为母国（home country）或本国，母公司对外直接投资产生的境外投资企业（机构）所在国被称为东道国（host country）。

二、对外直接投资的经济效应

　　对外直接投资的经济效应是指对外直接投资对母国（本国）经济发展所产生的宏观效应包括经济增长、产业升级、改善国际收支状况等，同时

---

　　①　也有的文献中将其翻译为FDI或者外向型FDI或outward direct investment（ODI）。

也包括企业在跨国经营中提高技术水平、拓展国际化经营视野、提高生产率水平、增强创新能力、提高出口量，最终增强企业自身竞争力的微观经济效应。由于目前已有大量文献研究对外直接投资的宏观经济效应（刘会政，2010），故本书重点关注对外直接投资的微观经济效应，具体包括生产率效应、创新效应和出口效应①。

三、技术溢出

国外文献在论述对外直接投资逆向技术溢出时，通常涉及的概念包括技术外溢/溢出（technology spillovers）、技术扩散（technology diffusion）和技术转移（technology transfer），但由于这些概念实质都是指技术扩散在不同国家企业之间的正外部性，因此一般不做严格区分，常常混用。本书将这几个概念统一表述为"技术溢出"一个概念，并根据技术溢出扩散的方向，区分为正向技术溢出和逆向技术溢出两种类型。正向技术溢出是指对外直接投资企业对东道国（企业）带来的技术扩散；逆向技术溢出是指对外直接投资企业从东道国（企业）获取的技术扩散（刘伟全，2010）。

第三节 研究内容和研究方法

一、研究内容

本书采用理论研究与实证研究相结合、宏观研究与微观研究相结合以及多种政策效应评价方法来研究中国企业对外直接投资的经济效应。本书构建生产率异质性、OFDI 和出口的理论模型，在此理论分析基础上，首先厘清中国企业对外直接投资的决定因素；其次实证检验中国企业对外直接投资的经济效应，包括生产率效应、创新效应和出口效应；最后在理论和实证分析的基础上，结合中国的具体国情，提出相关政策建议。本书研究内容和逻辑框架如下：

第一章导论。介绍本书的选题背景和选题意义，基本概念界定（对外

---

① 详细定义，请参照第五、六、七章。

直接投资、技术溢出等），研究内容和研究方法以及可能的创新点。

第二章文献综述。从企业对外直接投资决定因素理论、对外直接投资逆向技术溢出和对外直接投资与出口贸易关系三个角度，对相关理论和实证研究成果进行归纳总结，在此基础上梳理总结出 OFDI 逆向技术溢出途径和 OFDI 对出口贸易影响的传导途径。

第三章企业生产率异质性、OFDI 和出口的一般均衡分析。一方面研究异质性生产率对企业选择出口和 OFDI 的影响机理，另一方面分析技术替代型和研发新产品型 OFDI 逆向技术溢出的产生条件，为后续实证分析提供理论基础。

第四章中国企业对外投资的决定因素。分别从宏观、中观（行业）和微观三个角度研究中国（企业）对外直接投资的决定因素。首先，基于《境外投资企业（机构）名录》提供的数据资料，介绍中国企业对外直接投资的典型事实；其次，介绍本书实证研究中所使用的两大微观企业数据库：《中国工业企业数据库》和《境外投资企业（机构）名录》；最后，采用 Probit 模型、多元 Logit 模型估计企业对外直接投资的倾向性，在此基础上分析得出各影响因素对中国企业实施 OFDI 倾向性的解释力。

第五章中国企业对外直接投资的经济效应Ⅰ：生产率效应。本章首先构建 OFDI 决策对生产率影响的异质性处理效应计量检验模型；其次，采用倾向得分匹配方法计算 OFDI 对企业生产率影响的平均处理效应；最后，采用异质性处理效应模型分析 OFDI 对企业生产率影响的异质性处理效应。

第六章中国企业对外直接投资的经济效应Ⅱ：创新效应。本章首先构建 OFDI 决策影响创新的区制转换选择模型；其次，从创新投入和创新产出角度考察 OFDI 对企业创新的影响；最后，分别采用区制转换选择模型和倾向得分匹配方法计算 OFDI 对企业创新影响的处理效应。

第七章中国企业对外直接投资的经济效应Ⅲ：出口效应。本章首先构建 OFDI 决策影响出口的双重差分倾向得分匹配模型；其次，考察对外直接投资对企业出口集约边际影响，在此基础上，分别采用倾向得分匹配（PSM）和双重差分倾向得分匹配（PSM - DID）法估计 OFDI 对企业出口（强度）影响的处理效应；最后，考察对外直接投资对企业出口广延边际的影响。

第八章是研究结论与政策含义。在理论和实证分析的基础上，结合中国的具体国情，提出了政府重点扶持技术寻求型 OFDI，企业积极嵌入东道国产业链中，获取逆向技术溢出等相关政策建议。逻辑框架和分析脉络见图 1 - 4。

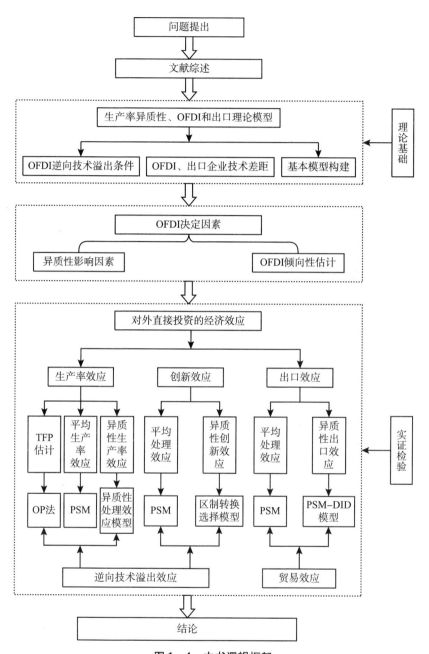

图1-4 本书逻辑框架

二、研究方法

(一) 理论研究与实证研究相结合

已有关于中国企业对外直接投资的经济效应研究多停留在国家或行业层面的定性分析和案例分析上，有关异质性生产率影响企业选择对外直接投资或出口的机理和对外直接投资逆向技术溢出产生机理及产生条件等方面的研究尚未进行深入探讨。本书构建企业生产率异质性、OFDI 和出口的理论模型，首先分析异质性生产率对 OFDI (或出口) 的影响机制，其次数理推导出技术替代型和研发新产品型 OFDI 逆向技术溢出产生的条件。

(二) 宏观研究与微观研究相结合

本书研究中国企业对外直接投资决定因素时，既从宏观角度分析了本国的经济因素、制度因素、行业因素等对企业 OFDI 的影响，也从微观角度分析了企业自身特征，诸如生产率水平、人均资本密集度、企业年龄等对 OFDI 决策的影响。在厘清企业对外直接投资的影响因素基础上，后文从微观视角研究 OFDI 对企业生产率、创新和出口影响的处理效应。

(三) 采用多种政策效应评价方法克服选择偏差

本书采用多种政策效应评价方法研究对外直接投资对企业生产率、创新和出口影响的处理效应。鉴于企业是否选择 OFDI 存在"自选择效应"，本书将采用以下四种方法克服选择偏差。

1. 倾向得分匹配法

倾向得分匹配法 (Propensity Score Matching, PSM) 的核心思想是将倾向得分 (propensity score, ps) 作为距离函数进行匹配，解决了维数灾难和匹配偏差问题。倾向得分匹配法为非参数方法，不需要对函数具体形式做出预先假定，因此可以避免函数形式设定偏误导致的误差。采用倾向得分匹配方法估计处理效应的步骤如下：首先，计算倾向得分值 ps；其次，根据 ps 值选用一定的匹配方法 (如最近邻匹配、半径匹配、核匹配等) 将处理组与控制组样本进行匹配；再其次，根据平行性检验和共同支撑假定等检验判断匹配质量；最后，根据罗森鲍姆和鲁宾

（Rosenbaum and Rubin，1983）的研究，处理效应为具有相同（或充分相近）倾向得分值的处理组与对照组的结果变量之差。本书采用倾向得分匹配法分别研究 OFDI 对企业生产率、创新和出口影响的平均处理效应。

2. 双重差分倾向得分匹配模型

双重差分倾向得分匹配模型（Propensity Score Matching with Difference In Difference，PSM - DID），可以解决不随时间改变的不可观测变量的选择行为问题（Heckman et al.，1997，1998；Smith et al.，2005）。PSM - DID 模型成立的前提是满足均值可忽略性假定，并要求样本数据是面板或者重复横截面数据。PSM - DID 模型的估计步骤可以简单概括为两步[①]：首先，计算 OFDI 的倾向得分值；其次，在共同支撑区域上，分别计算处理组个体前后变化和与其匹配的控制组个体的变化，并对控制组和处理组变化值取均值，做差得到 ATT。本书采用 PSM - DID 方法研究对外直接投资对企业出口影响的处理效应。

3. 异质性处理效应模型

异质性处理效应模型（heterogenous treatment model）是赫克曼和维特拉西尔（Heckman and Vytlacil，2005）基于广义 Roy 模型，在比约克伦德和莫菲特（Bjorklund and Moffitt，1987）提出的边际处理效应（MTE）的基础上发展而来。该模型可以处理涉及选择并且带有异质性的不可观测变量的政策评估问题。本书基于异质性处理效应模型，运用半参数局部工具变量估计方法（LIV）估计了中国企业对外直接投资的异质性生产率效应。

4. 区制转换选择模型

区制转换选择模型是第 V 类 Tobit 模型，这是对赫克曼经典样本选择模型的扩展。该模型采用不同选择区制不仅校正选择偏差保证估计结果的一致性，而且可以通过构建反事实状态估计出平均处理效应（ATT、ATU、ATE），采用李（Lee，1976）提出的赫克曼两阶段方法进行估计。由于不同选择下（选择 OFDI 和不选择 OFDI）企业创新行为可能表现出不同的机制，本书通过构建 OFDI 对企业创新影响的区制转换选择模型估计 OFDI 对企业创新影响的平均处理效应。

---

① 陈强编：《高级计量经济学及 Stata 应用》，高等教育出版社 2014 年版，第 557 页。

第四节　创新点与不足

本书可能的创新点主要体现在以下两方面。

一、构建理论模型考察 OFDI 逆向技术溢出产生的机理

已有关于中国企业对外直接投资经济效应的研究对于生产率究竟如何影响企业对外直接投资的机制，对外直接投资反过来又如何影响企业出口行为、企业生产率等方面涉及较少。为此，本书通过构建企业生产率异质性、OFDI 和出口的理论模型，考察了异质性生产率对 OFDI 决策的影响机制，在此基础上，分别研究技术替代型和研发新产品型 OFDI 逆向技术溢出产生的条件及传导机制。

二、基于微观数据采用政策效应评价方法研究 OFDI 经济效应

（一）从微观层面剖析 OFDI 经济效应异质性

相对于已有从宏观视角基于国家或行业层面数据对中国 OFDI 的实证研究，本书采用《中国工业企业数据库》和《境外投资企业（机构）名录》合并的微观企业数据，研究 OFDI 逆向技术溢出效应和出口效应，这样得出的结论更具微观化，据此提出的政策建议更有针对性。由于《中国工业企业数据库》是近年来才可得，因此目前将其与《境外投资企业（机构）名录》相结合，研究中国企业对外直接投资的生产率效应、创新效应和出口创造效应等微观层面的文献极为少见，本书的研究将在一定程度上丰富对外直接投资（微观）经济效应的研究。

（二）采用 PSM、异质性处理效应模型和区制转换选择模型，克服选择偏差

本书采用多种政策效应评价方法研究 OFDI 的经济效应，具体包括以下几种方法：（1）采用异质性处理效应模型研究中国企业对外直接投资的生产率效应问题，不仅估计了平均生产率效应，也估计了不同企业特征的

异质性生产率效应，可以得到企业生产率效应随着对外直接投资倾向度变化的特征；（2）采用区制转换选择模型及倾向得分匹配法研究 OFDI 创新效应，分别从创新产出和创新投入两个方面考察 OFDI 决策对企业创新的影响，进一步检验了 OFDI 对不同企业特征的异质性创新效应；（3）采用双重差分倾向得分匹配模型和倾向得分匹配法研究 OFDI 出口效应，不仅从出口额和出口密集度两个方面考察了 OFDI 对企业出口影响的平均处理效应，也考察了 OFDI 对不同特征的异质性企业出口效应。

第二章

文 献 综 述

自 2001 年中国实施"走出去"战略以来，中国（企业）对外直接投资（OFDI）规模呈现出快速增长的态势，这引起了国内外学者的广泛关注，出现了大量的研究文献。从检索到的文献资料看，大致可归为两类：一类主要是探讨中国 OFDI 的决定因素；另一类主要是研究对外直接投资的经济效应[①]。国际学术界有关对外直接投资的经济效应研究主要涉及对外直接投资与逆向技术溢出、对外直接投资与对外贸易（尤其是出口贸易）、对外直接投资与国际收支、对外直接投资与产业调整等方面。其中，有关对外直接投资的逆向技术溢出效应是近几年该领域的研究热点。考虑到相关数据的可得性以及对外直接投资经济效应研究的热点问题，本书仅研究对外直接投资经济效应中的逆向技术溢出效应和出口效应。

第一节　对外直接投资决定因素理论

对外直接投资决定理论是对企业对外直接投资行为的理论阐释。现有对外直接投资理论根据划分依据的不同可划分为不同的类别：（1）根据研究对象的不同，可划分为发达国家对外直接投资理论和发展中国家对外直接投资理论；（2）根据研究视角的不同，可划分为宏观层面的对外直接投资理论和微观层面的对外直接投资理论。本节首先分别介绍发达国家和发

---

① 对外直接投资的经济效应具体包括对外直接投资对母国（本国）和东道国的经济效应。本书研究中国企业对外直接投资的母国（本国）经济效应，重点从对外直接投资对中国企业生产率、创新和出口的影响，后文提到的经济效应，不做特殊说明，都是 OFDI 对本国（中国）的经济效应。

展中国家对外直接投资理论，其次介绍新新贸易理论与对外直接投资。

一、发达国家对外直接投资理论

发达国家对外直接投资理论包括宏观层面和微观层面的理论，从宏观层面对发达国家（企业）对外直接投资行为提供解释的代表性理论包括垄断优势理论、产品生命周期理论、边际产业扩张理论（Hymer，1960；Vernon，1966；Kojima，1978）；从微观层面对发达国家（企业）对外直接投资行为提供解释的代表性理论包括国际生产折衷理论、专有资产理论和内部化理论（Dunning，1977；Caves，2007；Buckley and Casson，1976）。鉴于本书重点关注微观层面的对外直接投资理论，故重点介绍国际生产折衷理论、专有资产理论和内部化理论。

（一）国际生产折衷理论

国际生产折衷理论（the eclectic theory of international production）由英国学者邓宁（Dunning）于1977年提出。该理论认为，企业具有所有权、内部化和区位优势时可以进行对外直接投资。并且，市场寻求、资源寻求、战略资产寻求和效率寻求是企业对外直接投资的四大动机因素，由此产生市场寻求型、资源寻求型、战略资产寻求型和效率寻求型四大对外直接投资活动类型。（1）市场寻求型对外直接投资是指企业为了扩张海外生产销售，建立国际联系，减少贸易壁垒而进行的投资活动。实证研究中，通常选择东道国的GDP、贸易开放度和OFDI流量作为解释变量检验市场寻求假说。（2）资源寻求型对外直接投资是指企业为了获取东道国稀缺资源而进行的投资活动。发展中大国（如中国和印度）对关键资源可能出现短缺，政府鼓励企业对资源领域进行投资。实证研究中，通常选择东道国重要资源，如铁矿石、石油、煤等的出口占比或者上述占比的加权平均值来检验资源寻求型动机。（3）战略资产寻求型对外直接投资是指为了获取诸如先进技术、品牌、核心技能、本地化能力等有关国际化经营的专有信息和知识而进行的投资活动。（4）效率寻求型对外直接投资是指为了获取成本优势、提高生产率而进行的投资活动，实证研究中，采用劳动力自由化指数检验效率寻求型对外直接投资。虽然邓宁的国际生产折衷理论是以发达国家跨国公司为研究对象，而中国是发展中国家，但已有文献从理论和实证方面都指出，国际生产折衷理论适用于解释我国企业对外直接投资行为（Yang，2005；Buckley et al.，2007；Cheung and Qian，2009；Luke Hurst，2011）。

（二）专有资产理论

专有资产理论提出，企业只有拥有体现其垄断优势或者所有权优势的特殊资产才进行对外直接投资（Hymer，1960；Caves，2007；Dunning et al.，2008）。企业对外直接投资的主要目的表现为：一是企业为了最大化投资收益同时最小化投资风险；二是充分发挥其自身相对于竞争对手的垄断优势，如技术优势、营销策略、组织管理能力、获取资本能力、占有市场份额等（Hymer，1960）。专有资产具有如下特征：清晰的所有权界定、较高的创造利润能力、可移动性、保值特性（如品牌、商标、创新能力、管理经验）以及制度上的优势（Caves，2007；Dunning et al.，2008）。

（三）内部化理论

英国学者巴克利和卡森（Buckley and Casson）从成本收益角度比较分析企业对外直接投资的原因，于1976年提出内部化理论（the theory of internalization）。该理论指出，跨国公司通过对外直接投资把各种中间产品（比如技术、营销知识等）的生产环节纳入企业内部的全球化生产、贸易体系，从而充分利用国际资源和内部转移价格降低交易成本，即把本来在外部市场交易的业务内部化。虽然内部化也需要成本，但只要OFDI内部化收益高于外部市场的交易成本和OFDI的内部化成本（包括建立海外子公司的成本或者并购重组过程中造成的利益损失、内部市场的管理成本），企业就拥有OFDI内部化优势，进而可以获得内部化收益。

上述对外直接投资理论都是基于欧洲、美国、日本等发达国家和地区（企业）OFDI实践总结发展而来，对发达国家（企业）对外直接投资活动有一定的说服力。随着发展中国家（企业）对外直接投资活动的日益频繁和规模的迅速扩大，发达国家对外直接投资理论已不能全面解释发展中国家（企业）对外直接投资行为。随着20世纪70年代以来发展中国家对外直接投资的快速增长，推动了学者们对发展中国家对外直接投资行为的研究，先后提出了小规模技术理论、地方化理论和技术积累理论等，逐步形成以发展中国家企业对外直接投资活动为研究对象的对外直接投资理论。

二、发展中国家对外直接投资理论

(一) 小规模技术理论

小规模技术理论由路易斯·威尔 (Louis Wells) 于 1983 在其著作《第三世界跨国公司：发展中国家对外直接投资的兴起》(Third World Multinationals：the Rise of Foreign Investments from Developing Countries) 中提出。该理论认为，发展中国家企业 OFDI 的比较优势为：(1) 发展中国家企业可以发展小规模生产技术。发展中国家工业制成品市场需求是有限的，难以产生规模效应，这使得发达国家跨国公司的大规模生产技术难以发挥作用，而发展中国家企业恰好利用这一小市场。为了发展这种小规模生产技术优势，发展中国家企业需要对国外先进技术进行修正与改进，使其成为发展中国家企业对外直接投资的特殊竞争优势。(2) 发展中国家的民族特色产品往往服务于国外同一种族团体的需要，在国际生产上具有一定的优势。发展中国家利用自身的资源，同时采用东道国的先进技术、设备等，进行民族特色产品的生产，由此带动了对外直接投资。(3) 大多数发展中国家拥有充裕的低成本劳动力，有利于企业降低成本，实现物美价廉的竞争优势，但由于国内市场需求有限，仍需要进行对外直接投资，以期能抢占一定的国际市场份额。

(二) 技术地方化理论

英国经济学家桑贾亚·拉尔 (Sanjaya Lall) 于 1983 年在其著作《新跨国公司—第三世界企业的发展》(The New Multinationals：The Spread of Third World Enterprises) 中提出技术地方化理论。该理论从技术变动角度分析发展中国家企业的对外直接投资行为，认为发展中国家企业具有特定优势，具体表现为：(1) 发展中国家技术知识的本土化与本国市场要素价格和质量相关；(2) 发展中国家企业不能只模仿和复制国外先进技术，而应是先对国外技术进行消化和吸收，在此基础上对其进行改造和创新使其满足当地市场需要，这些经过发展中国家企业改进和创新的国外技术逐步形成本国企业新的竞争优势；(3) 发展中国家企业能够开发出与国外品牌市场不同的消费品以满足本国消费者的品位和需求，尤其是当国内市场较大时，发展中国家的产品能够占有一部分市场。

此外，发展中国家对外直接投资代表性理论还包括技术创新升级与产业升级理论、动态比较优势投资理论和投资发展路径理论（Cantwell and Tolentino，1990；Ozawa，1992）。技术创新升级与产业升级理论是坎特维尔和托伦蒂诺（Cantwell and Tolentino）于1990年从技术累积角度出发提出的，该理论指出，技术积累使对外直接投资行为从资源依赖型逐步向技术依赖型发展，而且在此发展过程中产业也逐步升级。日本学者小泽（Ozawa）将经济发展、比较优势和对外直接投资纳入一个分析框架下，于1992年提出动态比较优势投资理论，该理论指出，发展中国家对外直接投资的产生和发展与其比较优势的动态变化相一致。随着发展中国家要素禀赋的变化，如物质资本和人力资本的积累以及劳动力成本比较优势的不断弱化，发展中国家将由资本输入转向资本输出。经济发展过程中比较优势的动态变化和对外直接投资的相互作用，促使发展中国家产业结构升级。邓宁将国际生产折衷理论应用于发展中国家，在此基础上提出投资发展路径理论（Dunning，1981），该理论认为，发展中国家的经济发展阶段（采用人均国民生产总值来划分发展阶段）与本国拥有的所有权优势、内部化优势和区位优势共同决定其对外直接投资活动。根据上述发达国家和发展中国家对外投资理论的梳理（见表2-1），我们发现来自美国和英国的学者提出的对外直接投资理论占国际直接投资理论的主导地位。

表2-1　　　　　　　　代表性对外直接投资决定因素理论概览

理论提出时间	理论代表人物	学者国籍	理论
1960	海默（Hymer）	美国	垄断优势理论
1966	费农（Vernon）	美国	产品生命周期理论
1976	巴克利和卡森	英国	内部化理论
1977	邓宁	英国	国际生产折衷理论
1978	小岛清（Kojima）	日本	边际产业扩张理论
1981	邓宁	英国	投资发展路径理论
1983	威尔	美国	小规模技术理论
1983	拉尔	英国	技术地方化理论
1990	坎特维尔和托伦蒂诺	英国	技术创新升级与产业升级理论

资料来源：笔者根据公开资料整理。

三、新新贸易理论与对外直接投资

新新贸易理论中最具影响力的研究是哈佛大学教授马克·梅利兹（Marc Melitz）于2003年发表的关于企业异质性与行业资源配置效率的经典论文《贸易对行业内重新分配和行业总生产率的影响》（The Impact of Trade on Intra‑Industry Reallocations and Aggregate Industry Productivity），研究指出，存在生产率异质性时，国际贸易使产业内（企业之间）资源重新配置，增加整体福利，这成为继赫克歇尔的比较优势、克鲁格曼的规模效应之后的又一个重要的贸易利益来源[1]，2003～2013年被称为异质性企业国际贸易理论辉煌发展的10年，该理论也被称为新新贸易理论（崔凡和邓兴华，2014）。梅利兹（2003）模型是克鲁格曼（Krugman，1980）新贸易理论（产业内贸易）模型的扩展，该模型在克鲁格曼（1980）的基础上，假设[2]企业的生产率是异质的、企业出口需要固定成本，存在冰山贸易成本[3]和边际成本与固定成本，将企业分为以下三类：出口型企业、国内型企业和非生产型企业。他们研究发现出口型企业的生产率最高，它们的产品同时在国内和国外销售；国内型企业的生产率居中；非生产型企业生产率最低，最后被驱逐出市场。赫尔普曼等（Helpman et al.，2004）拓展了梅利兹（2003）模型，将异质性生产率与对外直接投资相结合，研究异质性生产率与企业选择出口或对外直接投资的关系。赫尔普曼等指出，生产率最高的企业才能选择进行对外直接投资或在国内市场销售；生产率处于中等水平的企业则选择出口或在国内市场销售，而生产率较低企业的产品只能在国内市场销售。这在研究文献中通常被称为企业对外直接投资的"自选择效应"。诸多学者的经验研究也证实了对外直接投资企业存在"自选择效应"（Mayer and Ottaviano，2008；Tomiura，2007；Yeaple，2009；Ryuhei and Takashi，2012）。

此外，国内外对外直接投资决定因素的相关代表性实证研究包括：巴克利等（2007）基于1984～2001年中国对49个国家的OFDI数据进行分析，研究发现政治风险、文化差异、东道国市场规模以及自然资源禀赋是影响中

---

[1]　梅利兹（2003）的工作论文最早可查到的时间是1999年，并被BEJK（2003）以及Jean（2002）引用。Jean（2002）也独立提出了固定成本与边际成本的异质性问题。有关异质性企业起源的详细说明，请参考崔凡和邓兴华（2014）。

[2]　崔凡和邓兴华（2014）将该模型的假设归纳为20条。

[3]　任何运输的产品在运输途中都会有部分被损耗掉。

国 OFDI 的重要因素。张和钱（Cheung and Qian，2009）基于 1991~2005 年中国对外直接投资面板数据，研究发现中国对外直接投资既有资源寻求型也有市场寻求型。裴长洪等（2010）认为国家特定优势是解释中国企业对外直接投资的基本理论依据。田巍等（2012）基于 2006~2008 年浙江省企业面板数据，实证发现生产率水平越高，企业对外直接投资的概率越大。此外，学者们还从东道国制度环境（蒋冠宏等，2012）、母公司竞争优势（葛顺奇和罗伟，2013）、母国制度因素（冀相豹，2014）等角度考察了中国（企业）对外直接投资的决定因素，代表性文献见表 2-2。

表 2-2   中国（企业）对外直接投资决定因素代表性实证文献统计

来源	文献	数据类型	模型方法	主要理论依据	主要影响因素	角度
国外研究	巴克利等（2007）	1984~2001 年中国对 49 个国家的 OFDI 面板数据	引力模型	国际生产折衷理论	政治风险、文化距离、东道国市场规模以及自然资源禀赋	宏观层面
	卢克赫斯特（Luke Hurst，2011）	2003~2008 年中国 OFDI 的面板数据	随机效应模型		市场规模、OFDI 流量、自然资源、贸易开放度等	
国内研究	田巍等（2012）	2006~2008 年浙江省制造业企业数据	Probit 模型	新新贸易理论与 OFDI	生产率	行业层面
	葛顺奇和罗伟（2013）	《名录》和《中国工业企业数据库》合并后得到的 2419 家进行对外直接投资的制造业企业	Probit 模型和多元 Logit 模型	专有资产理论、内部化理论以及发展中国家 OFDI 理论	体现母公司竞争优势的因素如新产品占比、人均产出、资本密集度和出口强度等	
	冀相豹（2014）	《名录》和《中国工业企业数据库》合并得到 3446 家对外直接投资企业	Probit 模型	从制度理论视角	政治制度、经济制度、双边投资协定（BIT）	
	孙乾坤等（2021）	2000~2011 年《名录》和《中国工业企业数据库》合并得到的平衡面板数据	Multinominal Logit 模型	新新贸易理论与 OFDI	生产率、所有权视角	企业

资料来源：笔者根据公开资料整理。

第二节　对外直接投资的逆向技术溢出效应

技术进步是经济增长的重要源泉，开放获取国际技术溢出是实现技术进步的主要途径之一。凯勒（Keller，2004）对国际技术溢出相关研究做了详尽的文献综述，并指出地理距离、人力资本和 R&D 投资是影响技术溢出的重要因素。最新的研究成果表明，除了国际贸易和引进外商直接投资的国际技术溢出渠道，OFDI 也是国际技术溢出的重要渠道之一。本节分析企业对外直接投资逆向技术溢出的存在性和逆向技术溢出的机理。

一、对外直接投资逆向技术溢出效应存在性

国内外学者关于逆向技术溢出存在性的相关研究大致可归为两类[①]：一类是从生产结构角度，借鉴国际 R&D 溢出回归模型，采用全要素生产率（TFP）来衡量技术溢出效应；另一类是从知识成果角度，分别从 R&D 投入和 R&D 产出视角分析 OFDI 对企业技术创新的影响（Keller，2004）。

（一）生产率角度的逆向技术溢出效应存在性研究

国外学者从技术溢出对生产率影响的角度研究溢出效应，采用全要素生产率（Total Factor Productivity，TFP）的变化度量技术溢出效应。科古特和昌（Kogut and Chang，1991）最早通过考察日本制造业企业对美国直接投资研究 OFDI 对生产率的影响，发现获取东道国的逆向技术溢出是日本 OFDI 的重要动机。昌（1995）还发现日本电子制造业企业直接投资到美国市场的主要动机是提高技术能力。伊顿和科顿（Eaton and Kortum，1999）采用一般均衡模型研究国际 R&D 溢出效应对生产率增长的影响。科和赫尔普曼（Coe and Helpman，1995）提出国际 R&D 溢出理论框架（简称 CH 模型），指出一国的全要素生产率不仅与本国 R&D 相关，也与国际 R&D 相关。波特里和利希滕贝格（Potterie and Lichtenberg，2001）

---

① 国内学者潘素昆与杨慧燕（2013）也对此进行过分类。潘素昆、杨慧燕：《技术获取型对外直接投资逆向技术溢出效应研究综述》，载《工业技术经济》2013 年第 2 期，第 153 页。

从理论角度修正了 CH 模型，首次将对外直接投资作为逆向技术溢出渠道引入模型中（简称 LP 模型），从经验分析角度考察了进口贸易、吸引外商投资和对外直接投资三种渠道对生产率的影响，研究发现仅进口贸易和对外直接投资两种渠道促进国际技术溢出。

LP 模型和 CH 模型都是采用全要素生产率（TFP）衡量技术水平，研究国际贸易和国际直接投资的 R&D 溢出效应，后续很多理论和实证的研究都是基于这两个模型的各种扩展形式展开的（Driffield and Love，2003；Branstetter，2006；Lin et al.，2015）。布兰斯泰特（Branstetter，2006）采用 1980 ~ 1997 年日本对美国直接投资企业层面数据，研究发现日本企业对美国 OFDI 后专利申请数量明显增加，说明逆向技术溢出效应显著促进了日本企业的技术进步。格里菲斯等（Griffith et al.，2006）同样使用企业面板数据，研究发现英国企业对美 OFDI 对本国全要素生产率有很大贡献，但前提是必须要在美国进行研发投资。

但也有部分学者认为不存在 OFDI 的逆向技术溢出效应。李（Lee，2006）基于 1981 ~ 2000 年的 16 个 OECD 国家面板数据，实证检验了国际技术溢出的四种渠道［吸引外商投资、对外直接投资、中间品进口和非实体的直接渠道（adisembodied direct channel）］，研究发现，通过吸引外商投资和非实体的直接渠道的国际技术溢出效应显著存在，而对外直接投资和中间品进口对国际技术溢出效应并不显著。瓦特和马索（Vahter and Masso，2006）基于 1995 ~ 2002 年爱沙尼亚制造业和服务业企业数据研究 FDI 和 OFDI 对技术溢出的影响，研究指出，OFDI 和 FDI 的溢出效应针对不同的代理变量、不同的模型设定等，结果不稳健。针对 LP 模型中国际 R&D 溢出公式的不足，比泽尔和凯雷克斯（Bitzer and Kerekes，2008）提出以 OFDI 存量替代 OFDI 流量，同时考虑第三国溢出效应的修正 R&D 溢出模型，他们基于 1973 ~ 2000 年 17 个 OECD 国家的 10 个制造业产业层面数据，研究指出没有证据表明对外直接投资（OFDI）对技术溢出具有积极的影响。

国内研究对外直接投资逆向技术溢出都是遵循国际研究范式，主要采用国际 R&D 溢出模型，研究中国 OFDI 逆向技术溢出效应，研究结论也不统一。一方面，部分学者研究指出，中国 OFDI 存在逆向技术溢出效应，促进了我国技术进步（赵伟等，2006；常玉春，2011）。赵伟等（2006）利用中国 1985 ~ 2004 年的企业数据，采用修正的 LP 模型检验了 OFDI 与逆向技术溢出的关系，他们是国内最早研究 OFDI 逆向技术效应的学者。

实证结果表明，中国对外直接投资名义增长 10%，相应地促进全要素生产率增长近 1 个百分点。常玉春（2011）利用中国大型国有企业数据研究发现企业的境外资本对其技术创新绩效存在显著影响。另一方面，部分学者研究表明，中国 OFDI 逆向技术溢出效应不显著或者是负效应（王英等，2008；白洁，2009）。王英和刘思峰（2008）采用中国 1985～2005 年数据并基于 CH 模型和 LP 模型，研究发现 OFDI 和进口贸易并没有促进中国技术进步。白洁（2009）也采用 LP 模型基于中国 1985～2006 年对 14 个国家的 OFDI 数据，实证发现 OFDI 的逆向技术溢出效应能够对 TFP 产生积极的影响，但是统计上不显著。此外，也有部分学者将 OFDI 逆向技术溢出效应与地区差异、OFDI 投资动机、OFDI 区位选择等相结合，并且考虑吸收能力对 OFDI 逆向技术溢出的影响（李梅等，2012；王恕立等，2014）。李梅等（2012）基于 2003～2009 年中国省级面板数据实证发现对外直接投资逆向技术溢出效应仅发生在发达地区，而中、西部地区不存在，当代表吸收能力的人力资本和研发投入变量超过"门槛值"时，才存在逆向技术溢出效应。王恕立等（2014）利用 2003～2011 年中国 OFDI 面板数据，采用扩展的 CH 模型研究不同投资动机 OFDI 的逆向技术溢出与 TFP 的关系，采用工具变量法（R&D 资本存量和 OFDI 逆向技术溢出的滞后项作为工具变量），研究发现不同投资动机和区位选择对 TFP 的影响存在差异，仅有投资到发达国家的技术寻求型 OFDI 显著促进了 TFP 的增长。

上述国内外有关 OFDI 对生产率影响的研究，基本是基于宏观数据展开，仅有个别研究基于企业数据展开。比如，贾布尔（Jabbour，2010）基于法国企业数据研究发现离岸外包对企业生产率产生正向影响。蒋冠宏和蒋殿春（2014）基于 2004～2006 年 761 家 OFDI 工业企业数据，运用倍差法（DID）检验了企业对外直接投资的生产率效应，研究发现企业 OFDI 显著提升了企业生产率。

（二）技术创新角度的溢出效应存在性研究

目前关于 OFDI 是否能够提高本国（母国）创新水平，学者们并未达成一致看法，主要有以下两种观点：一部分学者认为 OFDI 有利于本国创新水平的提升。从理论角度，华尔兹（Walz，1997）将 FDI 和 R&D 投资纳入一般均衡模型（FDI 和 R&D 投资是内生决定），研究结果表明，当母国和东道国的技术水平相近时，对外直接投资和 R&D 投资之间是正相关的。陈菲琼和虞旭丹（2009）采用案例分析法研究指出 OFDI 通过四种主要的反馈机制（海外研发反馈机制、收益反馈机制、子公司本土化反馈机制以及 OFDI 的公共效应）影响企业的自主创新。从实证分析角度，力克劳（Lecraw，1993）研究发现印度尼西亚企业对外直接投资改善了企业绩效。利普西（Lipsey，1995）研究指出美国公司通过将其生产技术转移至低成本国家，进而促进本国创新。布拉科尼尔等（Braconier et al.，2001）基于瑞典四年（1978 年、1986 年、1990 年、1994 年）的企业和行业普查数据，采用 LP 模型研究吸引外资（FDI）和对外直接投资（OFDI）对 R&D 溢出的影响，研究指出 OFDI 在企业层面存在 R&D 溢出效应，而 FDI 仅在行业层面存在溢出效应。普拉丹和辛格（Pradhan and Singh，2009）基于 1988～2008 年印度汽车行业企业非平衡面板数据，样本数据包括 436 家汽车行业企业（3737 个观测值），其中约有 30% 的样本是有 R&D 支出的企业。他们采用 Tobit 模型研究发现印度汽车行业企业不论是对外直接投资到发达国家还是发展中国家，都存在逆向技术溢出效应。李思慧（2014）通过构建两步双寡头古诺博弈模型，采用 2010 年江苏省高新技术企业数据，实证检验国际化路径选择对企业创新的影响。毛其淋和许家云（2014）基于 2004～2009 年企业数据，采用 PSM 和 PSM - DID 方法评估了 OFDI 对中国企业创新的影响，研究结果表明，OFDI 对企业创新具有促进作用。

也有一部分学者认为 OFDI 对本国（母国）创新无显著影响或有负影响。从理论角度，瑟尔沃尔（Thirlwall，1982）指出，对外直接投资对国内投资有替代作用，如果企业进行 OFDI 则会减少国内投资，相应的也会减少国内 R&D 投资。陈和许（Chen and Hsu，2003）基于三阶段博弈模型，研究指出对外直接投资对国内 R&D 影响结论是不确定的。贝尔德博斯等（Belderbos et al.，2006）指出，当目标国有更多的技术机会和巨大的市场时，公司可能会重新分配给外国子公司更多的 R&D 投资，进而导致母国企业创新活动的下降。从实证分析角度，斯劳特（Slaughter，2000）实证发现美国总部跨国公司 OFDI 没有对国内研发产生显著影响。海德和里斯（Head and Ries，2002）基于日本跨国公司研究发现对外直接投资可能不会对本国技术强度产生积极影响，这取决于对外直接投资东道国的技术水平。相关代表性文献见表 2 - 3。

表2-3   对外直接投资逆向技术溢出代表性文献

文献	数据	方法	结论
国外代表性实证研究——基于宏观层面数据			
波特里和利希滕贝格（2001）	1971~1990年11个欧洲国家数据	面板数据回归方法	OFDI和进口贸易对本国生产率具有显著的正向溢出效应
德里菲尔德和爱（Driffield and Love, 2003）	1984~1992年英国制造业行业数据	动态面板GMM方法	OFDI对国内研发密集型制造业行业产生逆向技术溢出效应
普拉丹和辛格（2009）	1988~2008年印度汽车行业企业数据	Tobit-ML（最大似然估计）	OFDI均对国内企业产生了显著的逆向技术溢出效应
国外代表性实证研究——基于微观层面数据			
Gazaniol and Peltrault（2013）	1999~2007法国制造业企业数据	PSM-DID	OFDI显著提高了法国内资企业的经营绩效
国内代表性实证研究——基于宏观层面数据			
赵伟等（2006）	1985~2004年中国OFDI的十大国家FDI存量数据	C-H模型和LP模型的修正形式	OFDI对中国技术进步具有显著的正向作用
李梅等（2012）	2003~2009年中国省级面板数据	汉森（Hansen, 1999）面板门槛模型	发达的东部地区存在OFDI逆向溢出效应
沙文兵（2012）	中国省级面板数据	面板随机效应模型	OFDI显著促进国内创新能力，存在地区差异
董有德和孟醒（2014）	2009~2012年中国省级OFDI存量数据	建立创新的投入产出函数，采用固定效应模型	OFDI逆向技术溢出存在地区差异
邱丽萍和叶阿忠（2019）	2010~2017年中国省级面板数据	半参数面板空间滞后模型	OFDI对TFP的影响存在"双门槛"效应

资料来源：笔者根据公开资料整理。

二、对外直接投资逆向技术溢出途径

对外直接投资主要通过两条途径影响技术进步：第一，通过技术溢出效应扩散到本国进而影响技术升级；第二，通过改变本国熟练劳动力和非熟练劳动力的结构影响本国技术进步，前者主要是向发达国家投资的结果，后者主要是向发展中国家投资的结果（刘伟全，2010）。鉴于向发达国家直接投资和向发展中国家直接投资促进本国（母国）技术进步途径存在显著差异，下面分别进行介绍。

（一）向发达国家投资的逆向技术溢出途径

发达国家是技术创新的主要集中地，如果吸引发达国家直接投资无法达到获取技术溢出的目的，主动"走出去"进行对外直接投资则成为获取技术溢出的重要途径之一。一般认为，企业向发达国家直接投资获得逆向技术溢出的主要途径包括模仿示范效应、前后关联效应、人员流动效应和协同效应（刘伟全，2011）。（1）模仿示范效应。对外直接投资企业通过在发达国家建立 R&D 机构，进而可以通过学习、模仿东道国当地企业或科研机构的行为来提高自身的 R&D 水平。由于地理位置上的接近，可以使对外直接投资企业近距离地模仿跟随东道国企业的技术研发，同时东道国的企业也发挥了示范作用。（2）前后关联效应。母国企业通过向发达国家进行绿地投资，可使母国企业产品进入东道国市场，同时有助于母国企业嵌入全球产业链中，利用前后关联效应积极提升企业在产业链中的位置。（3）人员流动效应。OFDI 企业在东道国建立研发机构，通过引入东道国高素质技术人员加入研发团队来提升企业 R&D 能力。（4）跨国并购的协同效应。企业通过跨国并购当地企业可以取得相应技术上的协同效应，具体表现在获取专利技术、上下游技术等方面。

对外直接投资在企业层面的逆向技术溢出过程主要是通过获取和传导两个阶段。第一个阶段是先进技术的获取。OFDI 企业子公司（境外设立的研发机构）在东道国可通过前文介绍的各种途径（模仿示范效应、前后关联效应等）从东道国获取先进技术。第二阶段是获取技术的传导。OFDI 企业子公司可以通过企业内部的各种渠道，将先进技术转移到母公司，并通过母公司对获取技术进行进一步的消化、吸收和应用，进而促进母国的技术进步。对外直接投资在企业层面的逆向技术溢出路径见图 2-1。

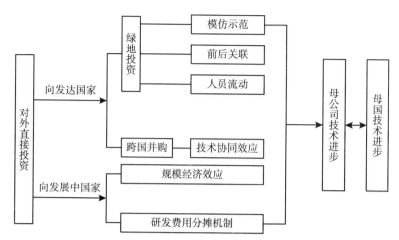

图2-1 对外直接投资逆向技术溢出途径

资料来源：笔者根据公开资料整理。

（二）向发展中国家投资的逆向技术溢出途径

对发展中国家的直接投资，无论是绿地投资还是并购，虽然不是以获取技术为直接目的，但是因为发展中国家劳动力资源丰富、劳动生产成本较低，随着企业生产规模的扩大、产品产量的上升、市场的拓展带来的规模经济效应和母公司 R&D 费用分摊比例的降低也会带来整个公司技术水平的提升，从而对母公司的技术进步具有正效应。具体来说，所谓的规模经济效应，是指企业通过对外直接投资，实现生产规模的扩大，进而降低产品单位成本，实现规模经济收益，为企业的研发增加了投入来源；所谓的 R&D 费用分摊机制，是指对外直接投资通过在世界范围内进行产品的生产和销售，实现规模经济来分摊研发成本，大大降低了研发成本。此外，企业通过对外直接投资更贴近国际市场，可以及时获取国际市场和先进技术的信息，从而可以大大降低企业研发投资的风险。

综上所述，如图2-1所示，对发达国家的绿地投资主要是通过模仿示范效应、前后关联效应和人员流动效应等途径，跨国并购是通过技术协同效应等途径促进了母国企业的技术进步，从而实现了逆向技术溢出；而对发展中国家的直接投资，无论是绿地投资还是跨国并购则主要通过规模经济效应和分摊研发费用机制来促进母国企业的技术进步。

第三节　对外直接投资与出口的关系

关于对外直接投资与出口关系的研究，重点探究二者之间到底是替代关系还是互补关系。本节重点总结与分析有关对外直接投资与出口关系的理论研究，具体内容安排如下：首先，回顾 OFDI 与出口相互替代的理论研究；其次，总结 OFDI 与出口互补的理论研究；最后，在梳理相关理论研究的基础上，总结提炼 OFDI 影响企业出口的传导途径。

一、对外直接投资与出口相互替代的理论

从理论角度说明对外直接投资与出口是相互替代的，代表性理论包括贸易与投资替代模型、产品生命周期理论以及对外直接投资与出口的成本选择模型（Robert A. Mundell，1957；Raymond Vernon，1966；Hirsch，1976）。贸易与投资替代模型由罗伯特·蒙代尔（Robert A. Mundell）于1957 年提出，该模型指出存在国际贸易壁垒时，企业实施对外直接投资并在东道国进行产品生产，容易产生对出口贸易的替代。产品生命周期理论（Raymond Vernon，1966）则将产品生命周期划分为创新时期、成熟时期和标准化时期，并将这三个时期与企业生产的区位选择联系起来分析国际直接投资与企业出口之间的关系。随着产品生命周期的延伸，企业的投资行为将由商品的生产出口逐渐转为对外直接投资，再由对外直接投资转为商品进口。因此，对外直接投资是产品生命周期发展到一定阶段替代对外贸易的企业行为。赫克施（Hirsch，1976）的对外直接投资与出口的成本选择模型认为，当国内产品生产成本和出口销售成本之和小于其他各类成本时，企业将通过产品出口参与国际生产经营；反之企业将选择对外直接投资参与国际生产经营。

二、对外直接投资与出口互补的理论

对外直接投资与本国（母国）出口贸易的互补关系是指对外直接投资能够给母国创造新的贸易机会，从而扩大出口规模。反映二者互补关系的代表性理论包括内部化理论、小岛清的边际产业扩张理论、新新贸易理论

等。内部化理论（Buckley and Casson，1976）提出跨国公司通过对外直接投资把各种中间产品的生产环节纳入企业内部的全球化生产、贸易体系，增加企业内部的贸易量，并随着企业内部分工的细化而不断扩大规模，由此可以看出，国际直接投资与国际贸易之间存在一定程度的互补关系。边际产业扩张理论（Kojima，1978）认为对外直接投资应该由投资国的比较劣势产业开始，将这一产业的一系列资本、技术和管理输出到其他国家，将引起本国的产业结构调整和进出口组成的变化，而且这一产业也将在东道国演变为一种新的比较优势，扩大两国间的比较成本差距，为出口贸易创造条件。由此可见，国际直接投资与国际贸易之间存在一定程度的互补关系，国际直接投资可以促进和扩大对外贸易。新新贸易理论支持 OFDI 与贸易的互补关系，该理论的不同模型研究都表明 OFDI 和贸易二者之间在不同条件下存在不同的相互补充关系（Helpman，1985；Grossman and Helpman，1989）。此外，也有个别理论表明对外直接投资与国际贸易之间的关系是不确定的（Bhagwati et al.，1987；Dinopoulos and Bhagwati，1989，1990，1992）。巴格瓦蒂等（Bhagwati et al.，1987）从政治经济学角度解释贸易与投资之间的关系时提出补偿投资模型（Quid Pro Quo Investment），他们认为不同利益集团之间的博弈结果将导致贸易与投资之间的关系出现不确定性。

通过上述理论研究的梳理和分析可知，对外直接投资与本国企业出口贸易之间究竟是替代关系还是互补关系，不仅受对外直接投资动机、企业自身特征、企业所处行业等因素的影响，而且与所建立的理论模型、实证设计方法等有关。越来越多的理论研究显示，对外直接投资对本国企业出口贸易有一定的影响，二者之间不是简单的互补或替代关系，而是两者的综合效果，可能表现出互补关系，也可能表现出替代关系。

三、对外直接投资影响企业出口贸易的传导途径

理论研究表明，对外直接投资既有可能抑制本国企业的出口，表现出替代效应，也有可能促进本国企业的出口，表现出互补效应[①]，但替代效应和互补效应二者的传导途径是不相同的。（1）OFDI 替代出口的传导途径。主要是通过如下几种途径抑制了本国企业的出口。第一，对外直接投资提高了国际资本流动，降低国家之间的禀赋结构和要素价格差异进而影

---

① 此外，还有一部分理论指出 OFDI 与出口的关系不确定，笔者在文献综述部分详细介绍。这里是影响机制分析，所以没有介绍不确定的关系。

响出口贸易。根据赫克歇尔－俄林理论（H－O理论），国际贸易量随着国家间的禀赋结构和要素价格差异的缩小而缩小（Mundell，1957）。第二，对外直接投资企业通常会在投资东道国建立境外企业，就地生产和销售，对母国企业出口产生直接替代作用。由于境外企业生产和销售的通常是母国企业趋于标准化的产品，于是境外企业在当地生产销售标准化产品将对母国企业的出口产生直接的替代作用（Vernon，1966；Buckley et al.，1976；Rugman，1980）。此外，在企业绿地投资过程中，投资东道国的本地企业也可能会通过模仿和技术扩散等途径掌握该投资产品的核心技术，进而生产该产品，这将会进一步替代母国企业的出口（毛其淋等，2014）。

(2) 对外直接投资促进出口的传导途径。对外直接投资主要通过如下几种途径促进母国企业的出口：第一，对外直接投资尤其是绿地投资可以促进从母国进口中间产品，进而增加母国出口。具体来说，OFDI企业需要在投资东道国新建境外投资机构（子公司或者合资企业等），在其筹办过程中，往往需要从母公司或者母国的其他相关企业购买原材料、中间产品等，这将会促进母国企业的出口。马库森（Markusen，1995）研究指出，OFDI企业在境外投资有助于母公司将各类中间品出口到其境外投资机构。第二，生产率的提高有利于企业出口贸易。根据本书第五章的内容，对外直接投资通过逆向技术溢出提高了母公司的生产率，也相应地提高了母公司产品市场的竞争力进而增加其出口贸易。此外，资源寻求型对外直接投资企业为了更好地利用东道国的资源，往往需要从母国企业进口必要的机械设备等，进而间接地促进了母国的出口（毛其淋等，2014）。上述传导途径可以简单地概括为图2－2。

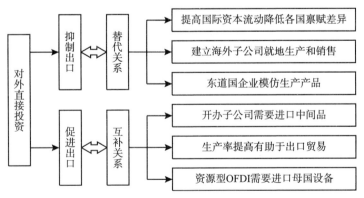

图2－2 对外直接投资影响企业出口传导途径

第四节 简 要 评 述

通过对上述文献的回顾和梳理，可以看出对外直接投资决定因素与 OFDI 的逆向技术溢出效应和出口效应研究呈现如下特点。

第一，国内外学者关于 OFDI 经济效应的实证研究主要集中在国家和行业层面，鲜有研究考察诸如企业的不同投资动机、企业不同的生产率水平、不同的行业分布等企业异质性特征对 OFDI 经济效应带来的差异性影响。而在现实中，企业对外直接投资对本国（母国）经济效应的影响存在一定的差异性，往往随着投资动机、行业类型、企业生产率水平等因素的不同而表现出不同的影响。

第二，从数据的选取来看，尽管不同学者在研究中使用的统计数据来源略有区别，但研究对外直接投资逆向技术溢出效应和出口效应的文献几乎是基于宏观层面的数据，主要包括国家层面的时间序列数据和省级层面的面板数据。近年来，国内学者使用的中国对外直接投资的统计数据主要有：联合国贸易和发展会议（UNCTAD）每年发布的《世界投资报告》[①]中的数据；《中国对外直接投资统计公报》[②]。《公报》被认为是有关中国对外直接投资的权威数据，但这些数据的统计信息不够详细，比如《公报》只提供了国家、行业和省级层面的对外直接投资流量和存量数据，而没有报告具体的企业对外直接投资的信息。最近，文献中出现了个别学者采用《境外投资企业（机构）名录》（以下简称《名录》）[③] 和《中国工业企业数据库》进行 OFDI 研究。本书第五章、第六章和第七章的实证分析也是基于《中国工业企业数据库》和《名录》合并构成的微观数据研究 OFDI 的生产率效应、创新效应和出口效应。相对于以往研究的数据来源，上述合并构成的数据库提供了丰富的企业信息，可以细致探究异质性企业特征对 OFDI 决定因素的差异性影响和中国企业对外直接投资经济效应的异质性特征。

---

① 比如 2013 年的是联合国贸易和发展组织：《世界投资报告 2013 全球价值链：促进发展的投资与贸易》，经济管理出版社 2013 年版。

② 以下简称《公报》，《公报》由中国商务部、国家统计局和国家外汇管理局三部门联合发布。

③ 《境外投资企业（机构）备案结果公开名录》，商务部网站，http：//femhzs. mofcom. gov. cn/fecpmvc_zj/pages/fem/CorpJWList. html。

第三，从 OFDI 逆向技术溢出效应的研究来看，学术界广泛采用全要素生产率（TFP）及其增长率、研发费用（R&D）和专利数据等变量衡量逆向技术溢出效应。其中 TFP 测算涉及多种方法，主要包括柯布·道格拉斯（Cobb Douglas）生产函数的索罗余值法、数据包络分析（DEA）和随机前沿方法。已有文献存在不足之处表现在以下两个方面：一是缺乏关于对外直接投资逆向技术溢出对本国企业生产率和创新影响机制分析；二是从微观层面检验对外直接投资逆向技术溢出效应的实证研究略显不足。

第四，从 OFDI 与出口的关系的研究来看，无论是理论研究还是实证研究，都显示二者可能存在替代关系或者互补关系或者关系不确定。由于众多实证研究文献在数据与变量选取、研究设计等方面存在很大差异，于是得出不同的结论。本书认为，OFDI 与企业出口之间是互补关系还是替代关系需要采用更加可靠的实证方法进行验证，本书将在第七章基于 PSM – DID 方法详细探讨二者的关系，最终结论支持企业 OFDI 与出口之间存在互补关系，即存在出口效应。

第三章

企业生产率异质性、OFDI 和出口的一般均衡分析

本章从分析消费者行为、生产者行为入手，分析国内生产企业、出口企业的生产率临界条件和 OFDI 企业生产率门槛条件进而构建生产率异质性、OFDI 和出口的理论模型；研究异质性生产率对企业选择国内生产、出口和 OFDI 决策的影响机制，进一步分析技术替代型和研发新产品型 OFDI 逆向技术溢出的产生条件。本章理论分析为后文实证检验提供理论支撑。

第一节　企业生产率异质性、OFDI 和出口的理论模型

本节分析技术替代型和研发新产品型 OFDI 逆向技术溢出产生的条件，主要参考梅利兹（2003）与赫尔普曼等（2004）的研究。假设：考虑两个国家，本国（D）和外国（F），每个国家都具有相同的消费者偏好，每个国家都只利用一种生产要素劳动进行生产，每个国家的劳动力禀赋都为 L。生产要素在部门间可以自由流动，但在国家之间完全不能流动。每个国家拥有不同的生产技术。企业对外直接投资（OFDI），如果支付学习成本 f_L，可以学习一次他国的先进技术。市场结构是 D – S（Dixi and Stiglitz, 1977）垄断竞争市场，每个企业只生产一种产品，所以产品的种类数目即为公司数目。

一、消费者行为

假设每个国家代表性消费者的效用函数是标准的 *CES* 效用函数：

$$U = U(Q), \quad Q = \Big[\int_{\nu \in \Omega} q(\nu)^{\rho} \mathrm{d}\nu \Big]^{\frac{1}{\rho}} \tag{3.1}$$

其中，Q 表示 i 国的一揽子商品，Ω 表示可供消费的产品种类。假设所有商品都是彼此不完全替代的，因此有 $0 < \rho < 1$。下面通过求解代表性消费者的效用最大化问题得出市场上产品 ν 的需求函数。i 国代表性消费者的效用最大化问题表示为：

$$\max U = \Big[\int_{\nu \in \Omega} q(\nu)^{\rho} \mathrm{d}\nu \Big]^{\frac{1}{\rho}} \tag{3.2}$$

$$\mathrm{s.\,t.} \quad p(\nu)q(\nu)\mathrm{d}\nu = R \tag{3.3}$$

其中，U 为 i 国代表性消费者的效用，$q(\nu)$ 为产品 ν 的消费量，令 $\sigma = 1/(1-\rho)$，σ 为需求的价格弹性，$p(\nu)$ 是 i 国产品 ν 的价格，R 是 i 国的消费者可支配收入。通过构造拉格朗日函数，得到一阶最优条件：

$$\rho q(\nu)^{\rho-1} = \lambda p(\nu) \tag{3.4}$$

根据迪西和斯蒂格利茨（Dixi and Stiglitz，1977）的研究，消费者的行为可以通过定义综合商品消费指数（一揽子商品）与综合物价指数来简化计算。令 P 为 i 国一揽子商品 Q 的价格指数。根据价格指数的定义有：$PQ = \int_{\nu \in \Omega} p(\nu)q(\nu)\mathrm{d}\nu$，整理得到价格指数 P：

$$P = \Big[\int_{\nu \in \Omega} p(\nu)^{1-\sigma}\mathrm{d}\nu \Big]^{\frac{1}{1-\sigma}} \tag{3.5}$$

由一阶最优性条件式（3.4）有：

$$\frac{p(\nu)^{1-\sigma}}{\rho^{1-\sigma}} = \frac{q(\nu)^{\rho}}{\lambda^{1-\sigma}} \tag{3.6}$$

对式（3.6）在区间 Ω 上进行积分，得到：

$$\frac{\int_{\nu \in \Omega} p(\nu)^{1-\sigma}\mathrm{d}\nu}{\rho^{1-\sigma}} = \frac{\int_{\nu \in \Omega} q(\nu)^{\rho}\mathrm{d}\nu}{\lambda^{1-\sigma}} \tag{3.7}$$

根据式（3.6）和式（3.7），注意使用价格指数 P 和一揽子商品 Q 的定义，得到产品 ν 的需求为：

$$q(\nu) = Q\Big[\frac{p(\nu)}{P}\Big]^{-\sigma} \tag{3.8}$$

于是，代表性消费者对产品 ν 的支出 $r(\nu)$ 表示为：

$$r(\nu) = p(\nu) \cdot q(\nu) = p(\nu) \cdot Q \left[\frac{p(\nu)}{P} \right]^{-\sigma} = R \left[\frac{p(\nu)}{P} \right]^{1-\sigma} \quad (3.9)$$

其中，$R = PQ = \int_{\nu \in \Omega} r(\nu) d\nu$ 代表了总消费。其中 R 和 P 代表了每个国家的总支出和综合物价指数，收支平衡的条件下，R 也代表了一个国家的总收入。

二、生产者行为（国内生产、出口和 OFDI 企业）

假设每个企业都生产不同的产品，劳动力作为唯一的生产要素，总供给水平给定为 L，它是体现一国经济规模的唯一指标。企业的生产技术通过生产函数体现，生产函数包括边际成本和固定成本两部分。企业对劳动的需求由其产出决定，表示为：

$$l_i = f_i + q_i / \varphi_i \quad (3.10)$$

其中，企业的固定成本 $f_i > 0$，每个企业拥有不同的生产技术，通过生产技术指数 $\varphi_i > 0$ 表示。由式（3.10）可以看出，生产率高的企业生产产品所需要的边际成本较低，花费相同的情况下生产出的产品数量更大。需要说明的是，这里没有考虑出口市场和 OFDI 市场的不确定性。事实上，当出口市场和 OFDI 投资的东道国市场存在不确定性时，企业在决定是否出口或 OFDI 之前，需要考虑时间成本和沉没成本。已有文献研究表明，一个企业只有在了解了自身生产率水平之后才会决定是否出口或 OFDI，由此可以认为，出口或 OFDI 市场的不确定性对于企业的出口或 OFDI 决策没有决定性作用（余淼杰，2013）。

假设一家企业进入一个行业（试图出口或 OFDI）必须支付进入成本（后来成为沉没成本），进入行业之后才能了解自身生产率水平，根据自身生产率水平，企业再做出对外直接投资或出口的选择①。如果企业只在国内生产，还需要进一步支付额外的固定成本 f_D；若企业选择出口，则需要进一步承担进入国外市场的固定成本 f_X 和产品从 i 国出口到 j 国的"冰山贸易成本"，即为了运输一单位的产品至目的地，必须有 $\tau^{ij} > 1$ 单位的产品被运输，也就是说任何运输的产品在运输途中都会有部分被损耗掉；若企业选择通过对外直接投资（OFDI）服务外国市场，则需要进一步承担

---

① 为简单起见，本模型不考虑出口或 OFDI 市场的不确定性。

进入每个外国市场的固定成本 f_I，进一步假定这三类企业的固定成本依次递增（Helpman et al.，2004）。如果 i 国企业服务于一个国外市场 j，则需要选择通过出口还是对外直接投资建立子公司进入国外市场，这种选择面临邻近—集中权衡原则（proximity-concentration trade-off），与出口相比，OFDI 节省了运输成本，但通过 OFDI 建立子公司比国内建立子公司需承担更高的固定成本。参考赫尔普曼等（2004）的研究，假设：

$$\left(\frac{w^j}{w^i}\right)^{\sigma-1} f_I > (\tau^{ij})^{\sigma-1} f_X > f_D \tag{3.11}$$

其中 w^i 表示工资率。

（一）国内生产企业

通过国内生产企业的最优化问题，说明该类企业出厂价格、利润和收入。

生产技术为 φ_i 的企业最优化行为表示为：

$$\max_{p(\varphi_i)} \pi_D^i = \max_{p(\varphi_i)} \left[r(\varphi_i) - w_D f_D - w_D q(\varphi_i)/\varphi_i \right] \tag{3.12}$$

对 $p(\varphi_i)$ 求导，得到一阶最优条件：

$$p(\varphi_i) = \frac{w_D}{\rho \varphi_i} \tag{3.13}$$

其中，w_D 为本国的工资率，w_D/φ 为边际生产成本。由于企业所处的市场结构为垄断竞争类型，因此企业将根据各自利润最大化问题的一阶条件（即 $MR = MC$）决定定价规则，表示为式（3.13）。于是，国内生产企业 i 的利润为：

$$\pi(\varphi_i) = r(\varphi_i) - w_D f_D - w_D q(\varphi_i)/\varphi_i = \frac{r(\varphi_i)}{\sigma} - f_D w_D \tag{3.14}$$

进一步，根据式（3.13）和式（3.9），得到收入 $r(\varphi_i)$ 为：

$$r(\varphi_i) = R(P\rho\varphi_i)^{\sigma-1} w_D^{1-\sigma} \tag{3.15}$$

由此可以看出，企业 i 的总利润受到物价指数和收入的共同影响。这表明，如果不考虑生产率，那么每个企业都面临相同需求价格弹性 σ 的需求函数。企业为了达到利润最大化，会选择相同的成本加价 $1/\rho$。此外，在同一个国家（工资率是相同的）任意两个企业产出之比为：

$$\frac{q(\varphi_1)}{q(\varphi_2)} = \left(\frac{\varphi_1}{\varphi_2}\right)^\sigma \tag{3.16}$$

任意两个企业的收入之比为：

$$\frac{r(\varphi_1)}{r(\varphi_2)} = \left(\frac{\varphi_1}{\varphi_2}\right)^{\sigma-1} \quad (3.17)$$

由式（3.16）和式（3.17）可以看出，两个企业产出之比和收入之比仅取决于它们的生产率之比，这表明生产率高的企业比生产率低的企业拥有更大的产出、更多的收入，从而可以获得更高的利润。

（二）出口企业

生产技术为 φ_i 的出口企业的最优化行为表示为：

$$\max_{p(\varphi_i)}\pi_X^i = \max_{p(\varphi_i)}\left[r(\varphi_i) - w_D f_X - \tau w_D q(\varphi_i)/\varphi_i\right] \quad (3.18)$$

对 $p(\varphi_i)$ 求导，得到一阶最优条件：

$$p(\varphi_i) = \frac{\tau w_D}{\rho\varphi_i} \quad (3.19)$$

其中，w_D 表示国内工资率，τ 是冰山成本。因为边际成本的增加，出口企业将设定更高的价格为式（3.19）。同理，根据式（3.19）和式（3.9），有：

$$r(\varphi_i) = R\left(P\rho\varphi_i\right)^{\sigma-1}\left(\tau w_D\right)^{1-\sigma} \quad (3.20)$$

（三）OFDI 企业

生产技术为 φ_i 的 OFDI 企业最优化行为表示为：

$$\max_{p(\varphi_i)}\pi_I^i = \max_{p(\varphi_i)}\left[r(\varphi_i) - w_F f_I - w_F q(\varphi_i)/\varphi_i\right] \quad (3.21)$$

对 $p(\varphi_i)$ 求导，得到一阶最优条件：

$$p(\varphi_i) = \frac{w_F}{\rho\varphi_i} \quad (3.22)$$

其中，w_F 表示国外工资率，其余变量含义与前文相同。同理，根据式（3.22），可以计算出 OFDI 企业的收入：

$$r(\varphi_i) = R\left(P\rho\varphi_i\right)^{\sigma-1}\left(w_F\right)^{1-\sigma} \quad (3.23)$$

三、生产率临界条件

对于任一行业，假定存在很多潜在进入企业。企业在进入市场之前面临不同的生产率概率密度函数 $g^j(\varphi)$，对应的分布函数是 $G^j(\varphi)$。参考已有文献（Melitz et al.，2004；Antras and Helpman，2004；Chaney，2008；高国伟，2009），假定生产率 φ_i 服从帕累托分布（Pareto distribution）：

$$\varphi_i \sim G^j(x) = 1 - (b^j)^k x^{-k}, \quad j = D, \ F \qquad (3.24)$$

其中，参数 x 的取值范围是：$x \in [b^j, \ +\infty)$；k 为形状参数，表示随机变量 x 的离散程度，反映企业生产率的异质性，k 值越大，则随机变量 x 的方差越小，当且仅当 $k > \sigma + 1$ 时，随机变量 x 的方差是有限的；b^j 为每个国家初始的技术水平。假定企业在每期都面临 δ 概率的外界冲击，可能被迫退出市场，这个概率与企业的生产率水平无关。

下面考虑稳态下的均衡（即各种综合指数都保持恒定时的均衡）。在稳态均衡状态下，每个企业的生产率不随时间变化，故企业每期的最优利润也不随时间改变。当一家企业亏损时（利润转为负值），它会立即退出市场，当一家企业盈利时（利润为正值），它会维持生产活动。假设不存在时间贴现因素，于是每家企业的市场价值为：

$$v^i(\varphi) = \max\left\{0, \ \sum_{t=0}^{\infty} (1-\delta)^t \pi_i(\varphi)\right\} = \max\left\{0, \ \frac{1}{\delta}\pi_i(\varphi)\right\} \quad (3.25)$$

其中，$\pi(\varphi)$ 受到 R 和 P 的影响。$\varphi_D^* = \inf\{\varphi: v(\varphi) > 0\}$ 表示可以维持在市场中生产的最低生产率水平。因为 $\pi(0) = -wf$ 小于零，$\pi(\varphi^*)$ 一定等于零。若企业的生产率 $\varphi_i < \varphi_D^*$ 则会立即停止生产并退出市场。假定企业受外生冲击而退出市场的概率与生产率无关，退出过程不影响均衡生产率的概率密度函数 $\mu(\varphi_i)$。真实的生产率概率密度函数仅由存在于市场上企业的生产率水平决定。所以，$\mu(\varphi)$ 是 $g(\varphi)$ 在 $[\varphi_D^*, \infty)$ 的条件下分布，即：

$$\mu(\varphi) = \begin{cases} \dfrac{g(\varphi)}{1 - G(\varphi_D^*)} & \text{当 } \varphi \geq \varphi_D^* \\ 0 & \text{其他情况} \end{cases} \qquad (3.26)$$

其中，$p_{in} \equiv 1 - G(\varphi_D^*)$ 表示成功进入市场的概率。

企业进行某种生产行为（国内生产、出口）的临界条件是指恰好可以选择生产或者退出的条件，即此时企业的利润恰好为零。国内生产、出口厂商的零利润条件决定了具有临界生产率水平的企业收入。除了具有临界生产率的企业，所有在市场上存活的企业都能够获取正利润，所以市场的平均利润一定为正。一家企业有可能面对国内和国外两个市场。面对国内市场，每家企业仅有生产或退出两种选择；而面对国外市场，每家企业则有出口、OFDI 和退出三种选择。

（一）国内生产企业生产率临界条件

国内生产企业的利润表示为：

$$\pi_D^i = B_D^i (\varphi_D^i)^{\sigma-1} w_D^{1-\sigma} - w_D f_D, \quad \forall i \tag{3.27}$$

其中，$B_D^i = \dfrac{R_D (P_D \rho)^{\sigma-1}}{\sigma}$，$P_D$ 为本国价格指数。国内生产企业的临界条件 $\pi_D^i = 0$，于是，国内生产企业 i 的临界生产率水平是 $\varphi_D^{i*} = \left(\dfrac{f_D w_D^{\sigma}}{B_D^i}\right)^{1/(\sigma-1)}$，当企业 i 的生产率水平大于 φ_D^{i*} 时，供给国内市场，当企业 i 的生产率水平低于 φ_D^{i*} 时，退出国内市场。

（二）出口企业生产率临界条件

考虑一家企业的出口状态，从本国出口到外国的利润表示为：

$$\pi_X^i = B_D^i (\varphi_X^i)^{\sigma-1} (\tau w_D)^{1-\sigma} - w_D f_X \tag{3.28}$$

其中，$B_D^i = \dfrac{R_D (P_D \rho)^{\sigma-1}}{\sigma}$。根据出口企业的临界条件 $\pi_X^i = 0$，于是临界生产率水平是 $\varphi_X^{i*} = \left[\dfrac{f_X (\tau w_D)^{\sigma}}{B_D^i}\right]^{1/(\sigma-1)}$。

（三）OFDI 企业生产率临界条件

对外直接投资的固定成本高于国内生产成本，也高于出口成本，OFDI 企业为了弥补其对外直接投资成本，需要更高的生产率。按照惯例假设不存在既出口又 OFDI 的企业，即国内生产企业如果"走出去"服务国外市场，只能选择出口或者 OFDI[①]（Helpman et al.，2004）。鉴于 OFDI 企业的固定成本大于出口成本，故只有当 OFDI 的利润大于等于出口企业的利润时，企业才有 OFDI 的动机，表示为 $\pi_I^i \geqslant \pi_X^i$，其中，$\pi_I^i = B_F^i (\varphi_I^i)^{\sigma-1} w_F^{1-\sigma} - w_F f_I$。通过 $\pi_I^i - \pi_X^i = 0$ 求解出 OFDI 企业的临界生产率水平 φ_I^{i*}。具体求解过程如下，根据 OFDI 企业利润函数和出口企业利润函数及前述临界条件可知：

$$B_F^i (\varphi_I^i)^{\sigma-1} w_F^{1-\sigma} - B_D^i (\varphi_X^i)^{\sigma-1} (\tau w_D)^{1-\sigma} = w_F f_I - w_D f_X \tag{3.29}$$

为分析方便，假设 $B_F^i = B_D^i = B^i$，有：

$$\frac{B^i}{w_F^{\sigma-1}} \left[1 - \left(\frac{w_F}{w_D}\right)^{\sigma-1} \right] \cdot (\varphi_I^i)^{\sigma-1} = w_F f_I - w_D f_X \tag{3.30}$$

---

① 在带有不确定性的动态模型中，一家企业可能选择出口或者 OFDI 服务国外市场，详见 Rob, R Vettas, N Foreign Direct Investment and Exports with Growing Demand. *The Review of Economic Studies*, Vol. 70, No. 3, 2003, pp. 629–648.

解得临界生产率水平 $\varphi_I^{i*} = \left[\dfrac{w_F f_I - w_D f_X}{B_F^i w_F^{1-\sigma} - B_D^i (\tau w_D)^{1-\sigma}}\right]^{1/(\sigma-1)}$ 。

当生产率位于 φ_X^{i*} 和 φ_I^{i*} 之间的企业供给国内市场同时出口到国外市场。如图 3-1 所示,国内生产企业的零利润临界生产率水平 φ_D^{i*},拥有在此之上的生产率水平的企业供给国内市场,当低于 φ_D^{i*} 时退出市场;生产率水平位于 φ_X^{i*} 和 φ_I^{i*} 之间的企业供给国内市场同时出口到国外市场;OFDI 企业临界生产率水平 φ_I^{i*},生产率在此之上的企业选择供给国内市场同时对外直接投资到国外市场。

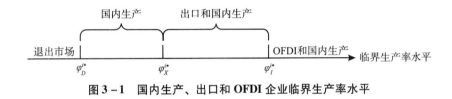

图 3-1　国内生产、出口和 OFDI 企业临界生产率水平

当出口企业的固定成本高于国内生产企业的成本时,出口企业临界生产率水平高于国内生产企业的临界生产率水平。这是因为,需要弥补出口成本的收益要大于弥补国内生产成本的收益,故需要更高的生产率。OFDI 企业的固定成本高于国内生产企业的成本,也高于出口企业成本,故 OFDI 企业临界生产率水平高于国内生产企业临界生产率水平和出口企业的临界生产率水平。这是因为,需要弥补对外直接投资的成本的收益要大于弥补国内生产成本和出口成本的收益,故需要更高的生产率。

第二节　OFDI 逆向技术溢出—技术替代型

对外直接投资(OFDI)之后,企业若多支付学习成本 f_L,可以学习一次外国的先进技术,此时企业面临两种选择:第一种是采用国外技术替代国内技术,维持现有生产模式生产已有产品,本书将其定义为技术替代型 OFDI 逆向技术溢出;第二种是采用国内技术研发新产品或者采用国外技术研发新产品,本书将其定义为研发新产品型 OFDI 逆向技术溢出。本节主要讨论技术替代型 OFDI 逆向技术溢出。

一、技术替代型 OFDI 逆向技术溢出产生条件

企业选择对外直接投资（OFDI），若多支付学习成本 f_L，可以学习一次外国的先进技术。为讨论方便，本书假定在学习国外先进技术一期后，采用学习的新技术和原技术中较先进的技术进行生产。为表述方便，表示具体某家企业的下标 i 全部省略。

既在国内市场生产销售又对国外市场 OFDI 的企业净利润表示为：

$$\pi_D + \pi_I = V \tag{3.31}$$

企业根据利润最大化原则，当采用从国外学习的先进技术 $G^F(\varphi)$ 获得的预期收益大于等于采用国内技术 $G^D(\varphi)$ 时的收益，企业才有学习动机，即只有满足式（3.32）时，企业才有学习国外技术的动机：

$$V \leqslant E_{G^F} V - f_L \tag{3.32}$$

其中，f_L 表示学习成本，$E(\cdot)$ 表示取期望，V 是既在国内市场又通过 OFDI 服务国外市场企业的利润，$G^F(\varphi)$ 表示国外生产技术。式（3.32）左端表示采用国内技术 $G^D(\varphi)$ 实现的收益，右端表示采用从国外学习的先进技术 $G^F(\varphi)$ 实现的预期收益。相比使用国内技术的企业，采用国外技术需要提前支付学习成本 f_L，故右端需要减去学习成本 f_L。式（3.32）表示当且仅当企业采用国外技术和国内技术实现的预期收益之差大于等于学习成本 f_L 时，他们才有学习动机。也就是说，采用国内技术和国外技术实现的预期收益之差与学习成本 f_L 孰高孰低决定了企业是否有学习动机。将国内生产企业利润和 OFDI 企业利润代入式（3.32），于是得到：

$$\int_{\varphi_I^{i*}}^{+\infty} (\pi_D + \pi_I) \, dG^F - f_L \geqslant \pi_D + \pi_I \tag{3.33}$$

根据国内生产企业的利润和 OFDI 企业的利润以及生产率技术的定义得到：

$$\int_{\varphi_I^*}^{+\infty} \left\{ \left[B_D \left(\varphi / w_D \right)^{\sigma-1} - w_D f_D \right] + \left[B_F \left(\varphi / w_F \right)^{\sigma-1} - w_F f_F \right] \right\} k (b^F)^k$$

$$\varphi^{-k-1} d\varphi - f_L \geqslant \left\{ \left[B_D \left(\varphi / w_D \right)^{\sigma-1} - w_D f_D \right] + \left[B_F \left(\varphi / w_F \right)^{\sigma-1} - w_F f_F \right] \right\} \tag{3.34}$$

式（3.34）取等号时表示采用外国技术实现的预期收益恰好等于采用国内技术实现的收益，此时的临界生产率水平记为 φ_L^*。企业的生产率水平 $\varphi \leqslant \varphi_L^*$ 时，企业需要学习国外先进技术，存在逆向技术溢出效应；当

$\varphi > \varphi_L^*$ 时，表示国内技术水平高于国外技术水平时，企业不需要学习国外技术。这初步印证了为什么发达国家直接投资到发展中国家，发生逆向技术溢出的机会较少，因为发达国家的技术显著高于发展中国家，此时发达国家的企业不需要学习东道国的技术，所以企业没有学习动机，也不会发生逆向技术溢出。

下面介绍具体如何求解临界生产率 φ_L^*。将式（3.34）取等号，根据多项式积分公式进行积分，整理化简得到：

$$(\varphi_L^*)^{\sigma-1} = \frac{w_F f_F + w_D f_D}{B_D w_D^{1-\sigma} + B_F w_F^{1-\sigma}} - \left[\frac{k}{(\sigma-k-1)} \cdot (\varphi_I^*)^{\sigma-k-1} \right.$$
$$\left. + \frac{w_F f_F + w_D f_D}{B_D w_D^{1-\sigma} + B_F w_F^{1-\sigma}} \cdot (\varphi_I^*)^{-k} \right] (b^F)^k$$
$$- \frac{f_L}{B_D w_D^{1-\sigma} + B_F w_F^{1-\sigma}} \tag{3.35}$$

从式（3.35）可以看出，企业 OFDI 时产生技术替代型逆向技术溢出的临界生产率水平 φ_L^* 与学习成本、国外技术、各类企业的固定成本、各国的价格指数、总收入、工资比率以及 OFDI 企业的零利润临界点相关，可以简单表示为：

$$\varphi_L^* = h\left(f_D, \ f_I, \ f_L, \ \frac{w_F}{w_D}, \ \frac{B_D}{B_F}, \ \varphi_I^*, \ b^F \right) \tag{3.36}$$

企业 OFDI 时发生技术替代型逆向技术溢出的临界生产率水平 φ_L^* 与前文所述的临界生产率水平的关系如图 3－2 所示。从长期来看，固定成本 f_D 和 f_I 可以看作常数，B^j 根据其定义，可以理解为每个国家的人均购买力，从长期看基本上波动性不大。短期来看，工资比率和学习成本会对企业 OFDI 逆向技术溢出的临界值产生影响。比较静态分析时主要考察学习成本和工资比率的影响。在此之前，需要先分析企业 OFDI 时学习国外技术产生技术替代型逆向技术溢出的概率。

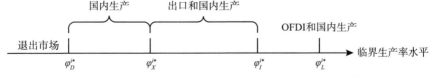

图 3－2　OFDI 企业学习国外先进技术后生产率水平比较

二、技术替代型 OFDI 逆向技术溢出产生概率

下面从 OFDI 逆向技术溢出概率角度进行分析，OFDI 企业采用学习来的国外先进技术替代国内技术的学习概率表示为 P_L。根据条件概率定义及生产率分布函数定义，OFDI 企业学习概率 P_L 表示为：

$$P_L = \frac{\int_{\varphi_I^*}^{\varphi_L^*} \mathrm{d}G^D}{\int_{\varphi_I^*}^{+\infty} \mathrm{d}G^D} = \frac{[1 - G(\varphi_I^*)] - [1 - G(\varphi_L^*)]}{[1 - G(\varphi_I^*)]} = 1 - \left(\frac{\varphi_I^*}{\varphi_L^*}\right)^k$$

(3.37)

从式（3.37）可以看出，OFDI 企业学习国外先进技术替代国内技术，发生技术替代型 OFDI 逆向技术溢出的概率是 $1 - \left(\dfrac{\varphi_I^*}{\varphi_L^*}\right)^k$，表示 OFDI 企业学习国外技术的概率主要受到技术替代型逆向技术溢出产生的临界生产率水平、企业 OFDI 的临界生产率水平 φ_I^* 和反映企业生产率异质性参数 k 的影响。类似的，所有企业学习国外技术替代国内技术的学习概率表示为：

$$P_L' = \int_{\varphi_I^*}^{\varphi_L^*} \mathrm{d}G^D = [1 - G(\varphi_I^*)] - [1 - G(\varphi_L^*)] = \frac{(b^D)^k}{(\varphi_I^*)^k}\left[1 - \left(\frac{\varphi_I^*}{\varphi_L^*}\right)^k\right]$$

(3.38)

简单动态化上述模型。$\sum \beta^t u(c(t))$，β 是贴现银因子，$c(t)$ 是 CES 的，$u[c(t)] = \dfrac{c(t)^{1-r} - 1}{1 - r}$，$r$ 是风险厌恶系数，则 δ 确定，可以将 $\delta = \delta(\beta, r)$ 理解为厂商的利率，不影响厂商行为和前面的结论，且认为价格 P 和工资率 w 保持不变，则 $P_L(t) = P_L$。定义 θ_t 是企业生产率落在 φ_I 和 φ_L 之间的厂商占总厂商的比例，表示为：

$$\theta_t = G_{D,t}(\varphi_L) - G_{D,t}(\varphi_I) \qquad (3.39)$$

长期来看，随着时间的推移，$\lim\limits_{t \to \infty} \theta_t = 0$，表示长期来看生产率落在 φ_I 和 φ_L 之间的企业趋于零，也就是说，这个生产率区间内的 OFDI 企业由于学习先进技术，生产率均提高至 $[\varphi_L, +\infty)$ 区间。于是有：

$$\inf(\varphi_I) > \sup(\varphi_x) + \xi > 0 \qquad (3.40)$$

表示 OFDI 企业最低技术水平与出口企业最高技术水平存在技术差距。随着时间的推移，OFDI 企业和出口企业之间存在技术差距（见图 3-3）。

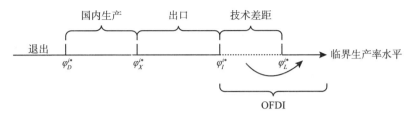

图 3-3　OFDI 企业和出口企业之间的技术差距

三、比较静态分析

关于学习成本的影响。根据式（3.35），计算得到：$\dfrac{\partial \varphi_L^*}{\partial f_L} < 0$。表示企业 OFDI 学习成本 f_L 越大，OFDI 逆向技术溢出的临界点越小，可供学习的技术越少。对此可以理解为，企业对外直接投资，学习国外先进技术的成本越高，企业可以接触到先进技术的机会越少，那么可供学习的技术自然也越少。

关于工资比率的影响。根据式（3.35），分析两国的工资比率 $\dfrac{w_F}{w_D}$ 对技术替代型 OFDI 逆向技术溢出的影响方向是不确定的，根据生产率分布函数定义可知 $k > \sigma + 1$，易得 $k/(\sigma - k - 1) < 0$。当 $(f_I + f_D)[1 - (\varphi_I^*)^{-k}(b^F)^k] > f_L$ 时，$\dfrac{\partial \varphi_L^*}{\partial (w_F/w_D)} < 0$；反之大于零。上述分析表示，当学习成本足够大时，两国的工资比率差异越大，可供学习的国外技术越多。

综上所述，当企业 OFDI 学习成本 f_L 与国内工资比率差异越大时，企业需要权衡国内国外市场的收益，两害相较取其轻。具体来说，若国内外工资比率相差很大且国外工资率较高时，企业 OFDI 的成本越大，相应的获利空间越小；而国内工资率较低时，相应的国内市场获利空间较大，此时企业 OFDI 学习国外技术，产生技术替代型 OFDI 逆向技术溢出，此时主要是为了在国内市场获利，这可能是中国目前大部分企业 OFDI 的现状。

第三节　OFDI 逆向技术溢出——研发新产品型

当企业实施 OFDI 之后，需要支付一定的学习成本 f_L，可以学习国外的先进技术。前一节分析了学习新技术替代国内已有技术生产产品的学习条件等相关内容，本节将分析研发新产品时，企业采用国内技术还是采用通过支付学习成本获得国外技术研发新产品。需要说明的是，技术替代型 OFDI 逆向技术溢出指的是当企业 OFDI 时支付了一定的学习成本之后获得了国外的先进技术，此时企业决定采用国内技术还是采用国外技术进行已有产品的生产，前一节推导出相应的临界生产率水平。本节研究的是企业需要研发新产品，采用国内已有的技术研发新产品还是采用通过支付学习成本获得的国外先进技术研发新产品；采用国内已有技术研发新产品，那么新产品可以在国内市场销售，也可以出口，还可以 OFDI 到国外市场；同样，企业如果采用国外技术研发新产品，这些新产品可以在国内市场销售，也可以出口，还可以 OFDI 到国外市场。那么，企业研发新产品时采用国外先进技术的动机是什么呢？只有当企业采用国外技术获得的预期收益大于采用国内技术获得的预期收益时，企业才有学习新技术的动机。于是，企业采用国外先进技术研发新产品的动机表示为：

$$\int_{\varphi_D^{i*}}^{\varphi_X^{i*}} \pi_D \mathrm{d}G^D + \int_{\varphi_X^{i*}}^{\varphi_I^{i*}} (\pi_D + \pi_X)\mathrm{d}G^D + \int_{\varphi_I^{i*}}^{+\infty} (\pi_D + \pi_I)\mathrm{d}G^D \leqslant \int_{\varphi_D^{i*}}^{\varphi_X^{i*}} \pi_D \mathrm{d}G^F$$

$$+ \int_{\varphi_X^{i*}}^{\varphi_I^{i*}} (\pi_D + \pi_X)\mathrm{d}G^F + \int_{\varphi_I^{i*}}^{+\infty} (\pi_D + \pi_I)\mathrm{d}G^F - f_L \qquad (3.41)$$

式（3.41）左端表示采用国内技术 $G^D(\varphi)$ 的预期收益，右端表示采用从国外学习的先进技术 $G^F(\varphi)$ 的预期收益。将各类企业的利润函数代入式（3.41），上述不等式取等号时可以计算出企业研发新产品时 OFDI 逆向技术溢出的临界条件：

$$\frac{b^F}{b^D} = \left[\frac{f_L}{(b^D)^k} \cdot \frac{1}{g(\cdot)} + 1 \right]^{1/k} \qquad (3.42)$$

其中，　　$g(\cdot) = \dfrac{k}{(\sigma - k - 1)} \cdot B_X \tau^{\sigma-1} \cdot [(\varphi_I^*)^{\sigma-k-1} - (\varphi_X^*)^{\sigma-k-1}]$

$$- \frac{k}{(\sigma - k - 1)} \cdot B_F (w^F/w^D)^{\sigma-1} \cdot (\varphi_I^*)^{\sigma-k-1}$$

$$- \frac{k}{(\sigma - k - 1)} \cdot B_D (\varphi_D^*)^{\sigma-k-1} - f_X [(\varphi_I^*)^{-k}$$

$$- (\varphi_X^*)^{-k}] - f_I (\varphi_I^*)^{-k} - f_D (\varphi_D^*)^{-k} \qquad (3.43)$$

从式（3.43）可以看出，企业研发新产品型 OFDI 逆向技术溢出临界条件与国内和国外的技术差异、学习成本，各类企业的固定成本，各国的价格指数、总收入、工资比率以及各类企业的零利润临界点相关，可以简单表示为：

$$\frac{b^F}{b^D} = = h\left(f_D, f_X, f_I, f_L, \frac{w_F}{w_D}, \frac{B_D}{B_F}, \varphi_I^*, \varphi_X^*, \varphi_D^*\right) \quad (3.44)$$

从长期来看，f_D，f_X，f_I 固定成本可以看作常数，B^j 根据其定义，可以理解为每个国家的人均购买力，所以从长期看，基本上波动性不大。短期来看，工资比率和学习成本对企业 OFDI 逆向技术溢出的临界值有影响。具体来说，当学习成本与国内外工资比率差异越大时，可供学习的外国技术越多，越容易产生 OFDI 逆向技术溢出。

综上所述，当国外的技术与国内的技术相比大于某个常数时，研发新产品型 OFDI 企业一定会支付学习成本学习并采用国外先进技术研发新产品，存在逆向技术溢出。也就是说，只要国外的技术与国内技术比值大于某个常数，此时研发新产品型 OFDI 一定会产生逆向技术溢出。与前文的技术替代型 OFDI 逆向技术溢出相比，此种研发新产品 OFDI 逆向技术溢出概率更大一些，因为研发新产品型 OFDI 只要满足大于某常数就会产生逆向技术溢出，而技术替代型 OFDI 逆向技术溢出需要以一定的概率才会产生逆向技术溢出。

第四节　本章小结

本章通过构建企业生产率异质性、OFDI 和出口的理论模型，研究了异质性生产率对企业选择国内生产、出口和 OFDI 决策的影响机制，在此基础上，分别考察技术替代型和研发新产品型 OFDI 逆向技术溢出产生的条件及比较静态分析。研究发现：

第一，国内生产、出口和 OFDI 企业的生产率水平存在显著差异。国内生产企业的临界生产率水平为 φ_D^{i*}，拥有在此之上的生产率水平的企业供给国内市场，当低于 φ_D^{i*} 时退出市场；生产率水平位于 φ_X^{i*} 和 φ_I^{i*} 之间的企业供给国内市场同时出口到国外市场；对外直接投资生产率临界点为 φ_I^{i*}，生产率在此之上的企业选择供给国内市场同时对外直接投资到国外市场。此外，长期来看，OFDI 企业和出口企业之间存在技术差距。

第二，技术替代型 OFDI 逆向技术溢出产生的条件与临界生产率水平相关。对于技术替代型 OFDI，采用国外技术实现的预期收益恰好等于采用国内技术实现收益时的临界生产率水平 φ_L^*。当 $\varphi \leqslant \varphi_L^*$ 时，企业需要学习国外先进技术，产生逆向技术溢出效应；当 $\varphi > \varphi_L^*$ 时，企业不需要学习国外技术。OFDI 企业学习国外技术的概率主要受到技术替代型逆向技术溢出产生的临界生产率水平 φ_L^*、企业 OFDI 的临界生产率水平 φ_I^* 和反映企业生产率异质性的参数 k 的影响。此外，企业 OFDI 学习成本 f_L 越大，OFDI 逆向技术溢出的临界点越小，可供学习的技术越少。短期来看，工资比率和学习成本会对企业 OFDI 逆向技术溢出的临界生产率水平产生影响。

第三，研发新产品型 OFDI 产生逆向技术溢出的条件，与国内与国外的技术差异、学习成本，各类企业的固定成本，各国的价格指数、总收入、工资比率以及各类企业的零利润临界点相关。研发新产品型 OFDI 逆向技术溢出概率大于技术替代型 OFDI。只要国外的技术与国内技术比值大于某个常数，研发新产品型 OFDI 一定会产生逆向技术溢出，而技术替代型 OFDI 逆向技术溢出需要一定的概率才会发生逆向技术溢出。

第四，本章理论模型是一般均衡模型。当确定了进入市场的固定成本后，经由计算加总企业的收益，使得其为零利润的①，即可确定此时的市场上企业的数目。这是因为企业数目越多，价格指数越低，加总企业的收益越低，则此时确定企业的总收入。由各类企业的比例，则可完全确定市场上的生产、消费行为。但需要指出的是，均衡条件是可能随市场结构变化而变化，与单个企业的生产率水平无关，但可能与生产率的分布函数有关，从而需要进一步研究。故本章并未讨论一般均衡下的工资、企业数目。

---

① 由于垄断竞争市场结构中企业可以自由进出市场，因此在均衡时企业利润总是为零，由此可以推导出国内生产企业和出口企业的零利润条件。

第四章

中国企业对外直接投资的决定因素

本章从国家制度环境、行业特征和企业特征三个维度研究中国企业对外直接投资的决定因素。主要解决以下两个问题：第一，明确哪些因素影响或决定中国企业的对外直接投资行为；第二，进一步考察中国企业对外直接投资决策在不同企业之间是否存在差异，即当中国国内企业面对相同的国际国内环境时，具备哪些特征的企业更倾向于对外直接投资？

第一节　中国企业对外直接投资的典型事实

本节基于《境外投资企业（机构）名录》2003~2009①年的数据分析中国企业对外直接投资的典型事实。我国平均每家 OFDI 企业在海外至少建立 1.2 家境外投资企业或者子公司；从境外企业经营范围来看，接近 1/3 的企业主要从事销售类业务，研发加工类 OFDI 企业数目较少，仅占 1/10；从区位分布来看，接近 60% 的企业分布在亚洲地区，欧洲和北美洲分别是中国企业 OFDI 的第二和第三大目的地；从东道国收入水平来看，接近 3/4 的境外企业分布在中低收入国家。

具体来说，从表 4-1 可知，共有 6532 个观测值②，而不是 6532 家企业，主要由于样本中不仅存在同一家企业（境内投资主体）在某一年同时

① 由于笔者整理的《中国工业企业数据库》的时间是 1998~2009 年，我国大规模对外直接投资始于 2003 年以后，因此本书的样本期间在 2003~2009 年。

② 虽然《境外投资企业（机构）名录》公布的 2003~2009 年共计 8173 条记录，但是由于包含很多重复值，笔者删除重复值后，最终得到 6532 个观测值。数据下载截止日期是 2015 年 1 月 10 日。

对多个国家进行投资，建立多家境外投资企业（机构），也存在同一家企业在不同年份持续对同一个国家进行对外直接投资。比如中兴通讯有限公司在 2003~2009 年间，对全球 48 个国家（地区）进行了直接投资，建立了 49 家境外投资企业（机构）。其中，2003 年对葡萄牙等 9 个国家进行对外直接投资，2004 年没有发生对外直接投资，2005 年对意大利等 19 个国家（地区）进行了对外直接投资，2006 年对日本等 12 个国家进行了对外直接投资，2007 年对英国等 6 个国家进行了投资①，2008 年对科威特以及 2009 年对巴林和克罗地亚进行投资。通过整理发现，共计有 5107② 家企业选择 OFDI。OFDI 企业在海外共计建立 6496 家境外投资企业（机构）③，它们的投资遍布全球 161 个国家和地区。对外直接投资企业数目从 2003 年的 54 家，增加至 2008 年的 1242 家。受到金融危机的影响，2009 年的企业数据稍有回落，为 956 家。中国对外直接投资企业在海外建立子公司和分支机构也是逐年显著增加，从 2003 年的 67 家增加到 2008 年的 1430 家，在 2009 年回落至 1161 家。

表 4 – 1　　　　中国对外直接投资企业基本概况（2003~2009 年）

年份	观测值（个）	对外直接投资企业（境内投资主体）（家）	境外投资企业（机构）（家）	国家和地区（个）
2003	68	54	67	41
2004	209	190	208	52
2005	1017	868	1016	104
2006	1279	1139	1278	103

---

①　2003 年中兴通讯有限公司对外直接投资的国家：葡萄牙、哥伦比亚、塞浦路斯、罗马尼亚、俄罗斯、墨西哥、瑞典、塔吉克斯坦、坦桑尼亚；2005 年中兴通讯有限公司对外直接投资的国家（地区）：中国澳门、缅甸、泰国、塞尔维亚和黑山、叙利亚、尼泊尔、约旦、阿富汗、牙买加、阿联酋、刚果（金）、意大利、拉脱维亚、哈萨克斯坦、开曼群岛、斯里兰卡、巴拿马、巴基斯坦、安哥拉；2006 年中兴通讯有限公司对外直接投资的国家：日本、蒙古国、乌拉圭、赤道几内亚、埃及、亚美尼亚、乌兹别克斯坦、阿塞拜疆、乌克兰、也门、白俄罗斯、加蓬；2007 年中兴通讯有限公司对外直接投资的国家：爱沙尼亚、刚果（布）、阿联酋、立陶宛、阿尔巴尼亚、英国。

②　2003~2009 年对外直接投资企业数据是 5107，而不是各年的加总数目 6532，主要原因是有的企业在不同年份均有对外直接投资，所以 2003~2009 年间的投资主体不能用前面各年的数据加总。境外投资企业（机构）是 6496，而不是加总的 6521，原因类似。

③　境外投资企业（机构），是指境内投资企业在海外建立的企业，《境外投资企业（机构）名录》数据库将其称为"境外投资企业（机构）"，我们也借用境外投资企业（机构）表示对外直接投资的企业在海外建立的分支机构或子公司的统称。

年份	观测值 （个）	对外直接投资企业 （境内投资主体）（家）	境外投资企业 （机构）（家）	国家和地区（个）
2007	1362	1196	1361	109
2008	1434	1242	1430	106
2009	1163	956	1161	126
合计	6532	5107	6496	161

从图 4-1 可以看到，2003~2009 年间，境外投资企业（机构）数目显著高于境内投资主体（对外直接投资企业）数目，这说明我国对外直接投资企业平均在海外至少建立一家以上境外投资企业或机构（平均每家 OFDI 企业拥有 1.2 家境外企业）①。此外，中国企业对外直接投资的足迹逐年在扩大，从 2003 年对海外 41 个国家和地区投资，到 2009 年已经增加到 126 个国家和地区。

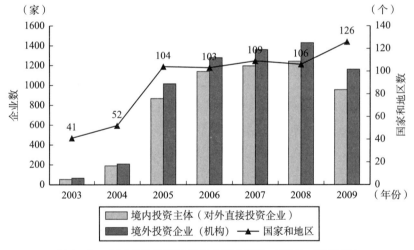

图 4-1　中国对外直接投资企业基本概况（2003~2009 年）

借鉴已有研究（葛顺奇和罗伟，2013；蒋冠宏和蒋殿春，2014；毛其

---

① 接近 4342 家 OFDI 企业仅有一个分支机构或子公司，而拥有 10 个以上境外分支机构或子公司的企业仅有 206 家。

淋和许家云，2014），本书将对外直接投资企业划分为五类①：第一类是非经营型 OFDI 企业，是指境外企业仅从事信息收集、市场开发、可行性研究、客户联络、产品推介、售后服务等非经营性业务，共计 1309 家，占境外企业总数的 20.04%；第二类是贸易销售型 OFDI 企业②，是指仅在海外从事进出口贸易、批发、采购、零售等业务的境外投资企业，共计 2051 家，占比高达 31.40%；第三类是研发加工型 OFDI 企业，是指境外投资企业（机构）仅在东道国进行产品研发（R&D）、设计、加工等业务，共计 674 家，仅占 1/10 左右；另外，有的企业同时拥有"贸易销售型"和"研发加工型"两种企业性质的境外投资企业（机构），本书将这类企业归属为综合型 OFDI 企业，共有 1016 家；上述四类 OFDI 企业外的所有 OFDI 企业为其他型 OFDI 企业，共计 1482 家，约占 23%，详见表 4-2。

表 4-2   OFDI 企业类型统计

OFDI 企业类型	OFDI 企业数目（家）	比例（%）	OFDI 观察值（个）	比例（%）
非经营型 OFDI 企业	1309	20.04	968	18.95
贸易销售型 OFDI 企业	2051	31.40	1582	30.98
研发加工型 OFDI 企业	674	10.32	522	10.22
综合型 OFDI 企业	1016	15.55	831	16.27
其他型 OFDI 企业	1482	22.69	1204	23.58
合计	6532	100	5107	100

基于本书的研究样本，从区位分布来看，中国 OFDI 企业在全球 157 个国家和地区设立了境外投资企业 6496 家，覆盖率为 67.4%。其中亚洲地区的境外企业覆盖率高达 91.7%，欧洲为 75.5%，非洲为 76.7%，北美洲为 75%，南美洲和大洋洲比较低，分别是 41.7% 和 29.2%。从具体

---

① 文献中还有一种划分对外直接投资动机的方法，是黄益平等（2013）提到的。根据国家发展改革委公布的大型对外直接投资项目的资料，通过投资者自己申报的对外投资的动机（包括以下四类：追求市场份额、投资矿产资源、寻求战略资产以及提高生产效率）和根据项目投资地的选择，利用多重分类评定模型来验证企业自报的动机是否合理来判断企业对外直接投资的动机。鉴于数据的可得性，笔者无法获得具体每家企业对外直接投资时申请填报的信息，所以不能使用该方法。笔者采用根据《名录》中提供的"经营范围"变量来区分投资动机。

② 从对境外企业的主要活动的分析可知，大部分企业的进出口贸易都附带从事母公司产品的销售，而笔者又无法寻求其他信息区分纯粹的进出口贸易与附带销售母公司产品的进出口贸易，因此，在分类时对两者不加以严格区分（葛顺奇，2013）。

的 OFDI 企业建立的境外投资企业区位分布来看，半数以上分布在亚洲地区，地域相对集中，在亚洲设立的境外投资企业有 3644 家，占比高达 56.1%，主要分布在中国香港①、越南、日本等。在欧洲地区设立的境外投资企业占 16.4%，主要分布在俄罗斯、德国等国家。在非洲地区设立的境外投资企业占比为 9.3%；在北美洲地区设立的境外企业占比为 11.1%；在南美洲和大洋洲地区设立的境外投资企业数量比较少，分别为 4.2% 和 2.9%。OFDI 企业的分布情况与境外投资企业的分布情况一一对应，只是具体数值上稍有差别，因为 OFDI 企业总数是 5107 家，而境外投资企业总数是 6496 家。此外，目前公认的避税"天堂"，在样本中包括英属维尔京群岛、百慕大群岛和开曼群岛，因为没有在冰岛的投资，共计有 94 家境外投资企业分布在避税"天堂"，详见表 4 - 3。

表 4 - 3　　　　　　　　　OFDI 企业在全球的地区分布

地区	OFDI 企业② （家）	比重 （%）	境外投资 企业 （家）	比重 （%）	国家和 地区③总数 （个）	境外企业覆 盖的国家和 地区（个）	投资覆盖 率（%）
亚洲	2952	57.80	3644	56.10	48	44	91.67
欧洲	812	15.90	1065	16.40	49	37	75.51
非洲	424	8.30	603	9.28	60	46	76.67
南美洲	174	3.41	273	4.20	48	20	41.67
北美洲	598	11.70	721	11.10	4	3	75.00
大洋洲	147	2.88	190	2.92	24	7	29.17
合计	5107	100.00	6496	100	233	157	67.38

注：亚洲国家和地区包括中国。

　　从东道国收入水平来看，根据 2008 年世界银行对收入水平的划分

---

① 其中在中国香港地区设立的境外企业为 1156 家，约占境外投资企业总数的 18%。
② 值得说明的是，我们的企业数目以及样本企业覆盖的国家和地区，都是针对本国企业统计的。根据《境外投资企业（机构）名录》提供的数据中的"投资主体"以及"境外投资企业（机构）"之间的一一对应关系，我们根据境外投资企业（机构）所处的国别，进而区分投资主体的区位分布情况，也就是说，我们借助境外企业间接对 OFDI 本国企业投资区位分布统计。我们研究的对象是本国的企业，而不是境外投资企业（机构）。
③ 国家和地区总数数据截至 2012 年末。

依据①，并借鉴蒋冠宏等（2014）的做法，将高收入国家划分为一类，其余国家划分为中等收入国家。1/4 以上（27%）的我国 OFDI 企业直接投资到高收入国家（地区），大部分 OFDI 企业（73%）直接投资到中低收入水平国家。在实际操作过程中，借鉴《2012 年度中国对外直接投资统计公报》中区分发达国家和发展中国家的做法，"发展中国家（地区）"是指扣除联合国贸易和发展会议《世界投资报告》中确定的发达国家②以外的所有国家（地区），基于本书的样本，有 1731 家 OFDI 企业对外直接投资到美国、英国、法国等 34 个发达国家和地区。

第二节　理论分析与变量选取

研究中国企业对外直接投资的决定因素，既要关注作为投资主体的微观企业，也不能忽视企业所处的行业环境和国家制度环境。出于计量分析需考虑以下两方面：一是变量的可计量性，有些因素（如政治、外交等）影响企业对外直接投资决策，却难以计量，所以不能进行计量分析；二是数据的可获得性，由于无法获得具体每家企业对外直接投资的金额，故本书不对企业对外直接投资金额的变化做具体分析，而是分析各种因素对企业对外直接投资决策的影响。

一、被解释变量

参考葛顺奇和罗伟（2013）的方法，本书使用四种方式来反映企业

---

① 按照世界银行 2008 年对收入水平的划分：低于 975 美元的为低收入国家，975～3855 美元为中等收入国家，3855～11906 美元为中等偏上收入国家，高于 11906 美元为高收入国家。我们按照此分类方法，将高收入国家分为一类，其余国家为中等收入国家，此分类方法与蒋冠宏等（2014）做法一致。另外，虽然世界对发达国家和发展中国家的划分标准每年都在变化，但都大致认为，如果一国（或经济体）的人均 GDP 高于 10000 美元，则属于发达国家；如果一国（或经济体）的人均 GDP 低于 10000 美元，则属于发展中国家。参见余淼杰：《国际贸易学理论、政策与实证》，北京大学出版社 2013 年版，第 7 页。

② 发达国家具体包括：经合组织成员国（除了智利、墨西哥、韩国、土耳其），非经合组织成员国的欧盟新成员国（保加利亚、塞浦路斯、拉脱维亚、立陶宛、马耳他，罗马尼亚），以及安道尔、列支敦士登、百慕大、摩纳哥、圣马力诺。资料来源：《世界投资报告 2013》，联合国贸易和发展组织，经济管理出版社，中译本，第 1 页。发达国家详细名单：27 个欧盟成员国（奥地利、比利时、保加利亚、塞浦路斯、捷克、丹麦、爱沙尼亚、芬兰、法国、德国、希腊、匈牙利、爱尔兰、意大利、拉脱维亚、立陶宛、卢森堡、马耳他、荷兰、波兰、葡萄牙、罗马尼亚、斯洛伐克、斯洛文尼亚、西班牙、瑞典、英国）；欧洲其他发达国家和地区（直布罗陀、冰岛、挪威、瑞士）；北美洲国家（加拿大、美国）；其他发达国家和地区（澳大利亚、百慕大、以色列、日本、新西兰）。

OFDI 状况。(1) 根据是否进行 OFDI 划分，当企业选择对外直接投资时，虚拟变量 OFDI 取值为 1，否则为 0；(2) 根据企业 OFDI 的类型划分，根据境外企业的经营范围将 OFDI 企业划分为五类，非经营型 OFDI 企业（OFDI_NO）、贸易销售型 OFDI 企业（OFDI_TS）、研发加工型 OFDI 企业（OFDI_RD）、综合型 OFDI 企业（OFDI_CP）和其他型 OFDI 企业（OFDI_OT）；(3) 根据东道国收入水平划分，向高收入国家进行 OFDI 的企业（OFDI_H）和向中低收入国家进行 OFDI 的企业（OFDI_L）；(4) 根据境外投资企业区位分布划分，OFDI 企业分布在亚洲地区（OFDI_AS）、欧洲地区（OFDI_EU）、非洲地区（OFDI_AF）、北美洲地区（OFDI_NA）、南美洲地区（OFDI_LA）和大洋洲地区（OFDI_OC）。

二、解释变量

（一）企业层面

1. 新产品占比

体现企业创新的新产品占比（ynewratio）属于对外直接投资理论所归纳的所有权优势范畴。借鉴葛顺奇等（2013），毛其淋等（2014）的研究，本书用新产品占比作为企业所有权优势的代理变量，用新产品销售额占企业总销售额的比重表示。企业新产品占比越高，其创新能力往往越强，对外直接投资的概率就越大，预期新产品占比的估计系数为正。此外，进行稳健性检验时，采用研发支出强度作为所有权优势的代理变量，用研发支出与总销售额的比值表示。

2. 劳动生产率

随着新新贸易理论的发展，劳动生产率在企业 OFDI 决策中的作用逐渐受到学者们的重视。已有理论和实证研究指出，劳动生产效率是企业进行对外直接投资决策中的重要影响因素之一（Helpman et al.，2004；Antràs et al.，2006；Bernard et al.，2009；葛顺奇等，2013；蒋冠宏等，2014）。

3. 融资约束

据中国贸促会调查显示，企业 OFDI 决策时将面临不同程度的融资约束（蒋冠宏等，2014）。企业的融资渠道一般有两种途径：第一种是内源融资，主要包括企业的自有资金、留存收益等；第二种是外源融资，主要包括债务融资和股权融资等。借鉴葛顺奇等（2013）的研究，本书采用利润率衡量内源融资约束程度，采用债务利息率衡量外源融资约束；企业利润率用营业利润与销售额的比值来表示，债务利息率用利息支出与销售额的比值来表示。

4. 出口强度

影响中国企业 OFDI 的另一重要因素是其投资前的全球扩张水平。约翰逊和瓦恩（Johanson and Vahlne, 1977, 2009）与莱钦科等（Leichnko et al., 1997）研究指出企业国际化进程表现在两方面：（1）企业扩张市场范围顺序是本地市场→地区市场→海外临近市场→全球市场；（2）跨国经营方式的顺序是纯国内生产→通过中间商间接出口→直接出口→设立海外销售分布→海外生产。于是，一个已经实现出口的企业更倾向于进行对外直接投资，这表明出口与 OFDI 存在互补效应。然而也有文献研究表明，出口与 OFDI 存在替代关系。因此，出口与 OFDI 的净影响取决于其对 OFDI 正向的促进力度与负向的抑制力度的比较①。出口强度定义为出口交货值和工业总产值的比值。此外，人力资本集中体现企业的核心竞争优势，采用企业的年均从业人数作为人力资本的代理变量；人均管理成本从一个侧面反映了一家企业的公司治理情况，采用管理成本与从业人数的比值来衡量；企业资本密集度对 OFDI 决策也有重要影响，采用固定资产与从业人员数的比重来衡量。

（二）行业、地区层面

一个公司的战略和业绩依赖于诸如竞争程度、进入壁垒以及垄断程度等行业条件（Porter, 1990）。企业实施对外直接投资的国际化决策是行业内企业运营水平竞争的结果（Hymer, 1976；Boter and Holmquist, 1996）。如果一个行业中的竞争程度比较高，企业可能通过国际扩张来寻求更有利的机会，行业内竞争度越高，企业对外直接投资的概率越大。本书用以下两个变量反映行业差异：（1）行业分类。参考李（Li, 1997）的方法，在两位数行业的基础上将企业根据所属行业划分为轻工业、化工业、材料工业和机械工业四类②。（2）行业竞争度。借鉴刘志彪等（2003），本

---

① 关于 OFDI 和出口是贸易创造还是贸易替代，将在第六章详细阐述。
② 轻工业包括农副食品加工业 13，食品制造业 14，饮料制造业 15，烟草制品业 16，纺织业 17，纺织服装、鞋、帽制造业 18，皮革、毛皮、羽毛（绒）及其制品业 19，木材加工及木、竹、藤、棕、草制品业 20，家具制造业 21，造纸及纸制品业 22，印刷业和记录媒介的复制 23，文教体育用品制造业 24，工艺品及其他制造业 42；化工业包括化学原料及化学制品制造业 26，医药制造业 27，化学纤维制造业 28，橡胶制品业 30，塑料制品业 34；材料工业包括非金属矿物制品业 31，黑色金属冶炼及压延加工业 32，有色金属冶炼及压延加工业 33，废弃资源和废旧材料回收加工业 43；机械工业包括通用设备制造业 35，专用设备制造业 36，交通运输设备制造业 37，电气机械及器材制造业 39，通信设备、计算机及其他电子设备制造业 40。其中后面的数字表示《中国工业企业数据库》中两位数行业代码标识。

书采用赫芬达指数（hhi）作为行业竞争程度的代理变量，用 $hhi = \sum (X_i/X)^2$ 表示，其中 X_i 是企业 i 的销售额，$X = \sum X_i$，根据各年份同一产业内企业的销售总产值计算。因此，当每个行业内企业数目固定时，赫芬达指数越小，说明市场竞争强度越大。此外，中国各个地区的发展水平差异很大，对企业进行对外直接投资决策有一定的影响。本书将企业按照所属地区分为东部、中部和西部地区三类[①]。

（三）国家层面

企业实施对外直接投资战略时不仅受到前文提到的企业特征和行业特征影响，还会受到国家层面的制度环境影响（Scott，1995；Wang，2012）。企业国际化战略受到本国的制度环境的影响，一方面，企业国际化通常依赖于一国的制度环境，比如政府制定相关鼓励企业"走出去"的政策；另一方面，如果本国存在不完善的制度环境因素（高赋税、腐败严重、对知识产权保护程度不高，政府干预市场太强），将促使企业到国外寻求制度更好的国家发展。彭等（Peng et al.，2008）将制度观与企业战略管理理论的产业观、资源观进行融合，正式提出由"资源 – 产业 – 制度"三因素构成的"战略三支柱"理论，并认为其可以更好地理解发展中国家的对外投资行为。此外，企业所有制类型不同，对外投资模式的选择上也会有差异。参考已有文献做法，采用如下变量反映国家制度特征：（1）市场化指数。樊纲等（2011）的市场化指数反映了各地区市场化改革的相对进程，由五个方面的分指数构成[②]。相关研究使用市场化指数来测量制度环境的原因在于，市场化程度高的地区制度环境往往更好。另外，市场化指数的分指数本身包含了多个制度环境的重要构成维度，比如政府与市场的关系。借鉴李等（2013）、方军雄（2007）、周业安等（2004）的做法，本书也采用樊纲等（2011）市场化指数的总指数度量企业所在省份的制度环境。为检验研究结论的稳健性，本书使用分指数"政府与市场的关系"

---

①　东部地区包括北京 11、天津 12、河北 13、辽宁 21、上海 31、江苏 32、浙江 33、福建 35、山东 37、广东 44 和海南 46 十一个省份；中部地区包括山西 14、吉林 22、黑龙江 23、安徽 34、江西 36、河南 41、湖北 42、湖南 43；西部地区包括四川 51、重庆 50、贵州 52、云南 53、西藏 54、陕西 61、甘肃 62、青海 63、宁夏 64、新疆 65、广西 45、内蒙古 15。其中后面的数字表示《中国工业企业数据库》中的省份代码。由于西藏的数据缺失太严重，回归样本中均删除了"西藏 54"。

②　五个分指数分别为：政府与市场的关系、非国有经济的发展、产品市场的发育程度、要素市场的发育程度以及市场中介组织发育和法律制度环境。

度量各地区的制度环境，也采用了分指标"金融市场化程度"，度量各地区的金融发展水平。（2）所有制类型。借鉴张维迎等（2003）以及葛顺奇等（2013），本书根据《中国工业企业数据库》提供的变量"登记注册类型（企业类型）"将企业所有制类型分为国有企业、外资企业和民营企业。在做稳健性检验时，根据实收资本占总实收资本的比重来衡量。（3）政府补贴。政府补贴在一定程度上反映了国家政策倾向，由于规模不同的企业，相同金额的政府补贴产生的作用完全不同，所以本书用标准化后的政府补贴作为回归分析变量。此外，宏观政策效应通过时间虚拟变量控制。

三、控制变量

控制变量如下：企业年龄变量用来控制企业经营经验对 OFDI 决策的影响，用样本统计年份减去企业开业年份[①]表示；采用企业资产负债率（lev）反映企业的资本结构，用总负债与总资产的比重来表示；企业规模（size），用企业销售总产值取对数来表示，其中销售额总产值采用样本企业注册地所在省份工业品出厂价格指数平减，价格指数取自"中国经济与社会发展与数据库"[②]。本书主要变量定义见表 4 – 4。

表 4 – 4　　　　　　　　　　　主要变量定义

变量	变量表示	变量描述
被解释变量 OFDI		
根据是否进行 OFDI 区分	OFDI	二元变量，1 = 对外直接投资
根据投资目的国的收入水平区分	OFDI_H	二元变量，1 = 对高收入国家进行 OFDI
	OFDI_L	二元变量，1 = 对中低收入国家进行 OFDI
根据 OFDI 类型区分	OFDI_NO	二元变量，1 = 非经营型 OFDI 企业
	OFDI_TS	二元变量，1 = 贸易销售型 OFDI 企业
	OFDI_RD	二元变量，1 = 研发加工型 OFDI 企业

────────

① 另外，本书根据企业成立时间距 2009 年的年数定义企业年龄虚拟变量，进一步将其分为三类：3～5 年，6～10 年和 10 年以上三类，分别表示为 age_low，age_mid，age_high。

② "中国经济与社会发展研究数据库"只提供了各地区工业品出厂价格指数（上年 = 100）和固定资产投资价格指数（上年 = 100），笔者整理换算成以 2000 年为基期的价格指数。

变量	变量表示	变量描述
被解释变量 OFDI		
根据 OFDI 类型区分	*OFDI_CP*	二元变量，1 = 综合型 OFDI 企业
	OFDI_OT	二元变量，1 = 其他型 OFDI 企业
企业特征变量		
新产品占比	*ynewratio*	新产品销售额占企业总销售额的比重
人均管理成本	*pmanage*	管理成本与年均从业人数的比值
劳动生产率	*ylratio*	工业总产值与年均从业人员数的比值，回归时取对数
资本密集度	*klratio*	固定资产与年均从业人员数的比值，回归时取对数
利润率	*profitratio*	营业利润与销售额的比值，作为内源融资约束的代理变量
利息率	*lixiratio*	利息支出和债务总和的比值，作为外源融资约束的代理变量
出口密集度	*exp_s*	出口交货值和企业销售额的比重
年龄	*age*	企业年龄
企业规模	*size*	企业销售总产值取对数
人力资本	ln*L*	企业的年均从业人数取对数
资本结构	*lev*	资产负债率，总负债与总资产的比重
制度变量		
市场化程度	*high_MartktIndx*	二元变量，根据"市场化指数"定义，大于样本中位数的省份定义为1，否则为0
政府与市场的关系	*high_GovMartk*	二元变量，根据"市场化指数"的分指标"政府与市场的关系"定义，大于样本中位数的省份定义为1，否则为0
金融市场化程度	*high_FD*	二元变量，根据"市场化指数"的分指标"金融业市场化程度"定义，大于样本中位数的省份定义为1，否则为0
市场化指数	*MartktIndx*	樊纲等（2011）各省的指数数值

续表

变量	变量表示	变量描述
制度变量		
政府与市场关系的指数	*GovMartkIndx*	樊纲等（2011）各省的指数数值
金融业市场化指数	*FDIndx*	樊纲等（2011）各省的指数数值
政府补贴	*subsdy_ta*	政府补贴与企业总资产的比重
外资企业	*foreign*	注册类型为外商投资企业
国有企业	*state*	根据注册类型，国有企业包括国有、国有联营、国有独资公司或国有经济处于绝对控股地位的股份合作、联营或有限责任公司
民营企业	*private*	定义为包括除国有和外商投资企业以外的全部企业
政策开放度	*open*	各个省份的进出口总值占 GDP 的比重
专利数	*patent*	各个省份授予专利数目取对数
行业变量		
产业结构	*indus_first*, *indus_second*, *indus_third*	第一、第二、第三产业占比
行业竞争度	*hhi*	赫芬达指数
行业虚拟变量	*indus_light*, *indus_chemical*, *indus_materil*, *indus_mechanical*	参考李（1997）在两位数行业的基础上将企业分为四类：轻工业、化工业、材料工业和机械工业
地区变量		
地区虚拟变量	*east*, *middle*, *west*	参考蒋冠宏等（2014）将企业所属地区分为东部、中部和西部地区

　　表4-5 给出了上述变量的简要统计描述，表4-6 报告了主要变量之间的相关系数。

表 4 - 5   描述性统计

变量	单位	全样本 （n = 464751）		非 OFDI （n = 460000）		OFDI（n = 4751）	
		均值	标准差	均值	标准差	均值	标准差
OFDI	0/1	0.005	0.070	0	0	1	0
ynewratio	[0, 1]	0.003	0.014	0.002	0.013	0.026	0.044
pmanage	log（元/人）	4.387	0.868	4.382	0.864	4.882	1.078
ylratio	log（元/人）	2.182	0.080	2.182	0.079	2.210	0.088
klratio	log（元/人）	6.065	0.921	6.061	0.919	6.459	1.023
profitratio	[-]	0.052	0.044	0.052	0.044	0.062	0.053
lixiratio	[-]	0.021	0.042	0.021	0.026	0.037	0.318
exp_s	[-]	0.167	0.333	0.164	0.331	0.396	0.383
lev	[-]	0.546	0.238	0.546	0.239	0.563	0.209
age_low	0/1	0.206	0.404	0.207	0.405	0.097	0.296
age_mid	0/1	0.450	0.498	0.451	0.498	0.417	0.493
age_high	0/1	0.344	0.475	0.342	0.474	0.486	0.500
state	0/1	0.009	0.097	0.009	0.096	0.018	0.133
foreign	0/1	0.182	0.386	0.181	0.385	0.292	0.455
private	0/1	0.809	0.393	0.810	0.392	0.690	0.462
indus_light	0/1	0.380	0.485	0.380	0.485	0.392	0.488
indus_chemical	0/1	0.156	0.363	0.156	0.363	0.132	0.338
indus_materil	0/1	0.165	0.372	0.166	0.372	0.127	0.333
indus_mechanical	0/1	0.296	0.456	0.295	0.456	0.347	0.476
east	0/1	0.830	0.375	0.830	0.376	0.877	0.328
middle	0/1	0.120	0.325	0.120	0.325	0.066	0.249
west	0/1	0.050	0.217	0.050	0.217	0.057	0.231
indus_first	[-]	0.087	0.042	0.087	0.043	0.080	0.040
indus_second	[-]	0.523	0.041	0.523	0.041	0.525	0.047
indus_third	[-]	0.390	0.045	0.390	0.045	0.395	0.054
hhi	[-]	0.049	0.039	0.049	0.039	0.048	0.037

续表

变量	单位	全样本 （n = 464751）		非 OFDI （n = 460000）		OFDI（n = 4751）	
		均值	标准差	均值	标准差	均值	标准差
open	log（－）	0.488	0.271	0.488	0.271	0.480	0.230
patent	log（件）	9.814	1	9.814	0.999	9.886	1.012
MartktIndx	0/1	9.078	1.535	9.075	1.534	9.309	1.617
GovMartkIndx	0/1	9.517	0.702	9.517	0.702	9.506	0.724
FDIndx	0/1	9.991	1.722	9.987	1.721	10.340	1.820

注：单位"0/1"表示在 0 和 1 间取值；"［0，1］"表示变量的取值在 0 到 1 之间；"［－］"表示变量为某一比值。

　　在研究样本中 OFDI 企业占全部观测值的 1%[①]。从表 4－5 可以看出，从企业特征来看，对于新产品产值来说，OFDI 企业的平均值是 0.026，这表示 OFDI 企业的新产品产出平均占销售总产出的 2.6%；非 OFDI 企业的平均值只有 0.002，表明非 OFDI 企业的新产品产出平均只占销售总产出的 0.2%，OFDI 企业新产品产值是非 OFDI 企业的 13 倍。人均管理成本、劳动生产率、资本密集度、出口密集度等变量，OFDI 企业的平均值均高于非 OFDI 企业。从行业层面来看，就产业结构而言，在第一产业中，OFDI 企业平均比非 OFDI 企业低 0.7 个百分点；在第二产业中，OFDI 企业的平均比非 OFDI 企业高 0.2 个百分点；在第三产业中，OFDI 企业平均比非 OFDI 企业高出 0.5 个百分点，这说明对外直接投资企业和非对外直接投资企业在产业结构之间存在一定差异。反映行业竞争度的赫芬达指数（hhi），OFDI 企业与非 OFDI 没有显著差异。从国家制度层面来看，OFDI 企业的市场化指数（MartktIndx）和金融市场化程度（FDIndx）的平均值均高于非 OFDI 企业的平均值；而政府对市场的干预（GovMartIndx），OFDI 企业的又低于非 OFDI 企业的。这初步表明市场化程度越高，金融程度越发达，越有助于企业进行对外直接投资。

　　表 4－6 列示的主要变量的相关系数检验结果中，OFDI 与新产品占比的相关系数在 5% 的水平上显著为正，说明企业的新产品占比越大，实施

[①]　这个比例与葛顺奇和罗伟（2013）的研究中 OFDI 占比为 0.8% 的结果近似。葛顺奇、罗伟：《中国制造业企业对外直接投资和母公司竞争优势》，载《管理世界》，第 32 页。

OFDI 的可能性越大。其他变量间的相关系数均在合理范围之内。

表 4 – 6　　　　　　　主要变量的相关系数

	OFDI	ynewratio	pmanage	ylratio	ylratio	profitratio	lixiratio	exp_s	lev
OFDI	1								
ynewratio	0. 04 **	1							
pmanage	0. 032 ***	0. 105 ***	1						
ylratio	0. 015 ***	0. 013 ***	0. 418 ***	1					
klratio	0. 022 ***	0. 060 ***	0. 359 ***	0. 447 ***	1				
profitrati	– 0. 001	0. 005 **	0. 064 ***	0. 101 ***	0. 16 ***	1			
lixiratio	– 0. 005 **	– 0. 02 ***	– 0. 009 ***	0. 101 ***	0. 015 ***	0. 093 ***	1		
exp_s	0. 051 ***	0. 060 ***	– 0. 066 ***	– 0. 19 ***	– 0. 19 ***	– 0. 09 ***	– 0. 06 ***	1	
lev	0. 012 ***	0. 027 ***	0. 059 ***	– 0. 08 ***	– 0. 11 ***	– 0. 28 ***	– 0. 28 ***	0. 1 ***	1

注：*** 和 ** 分别表示 1% 和 5% 的显著性水平。

第三节　企业对外直接投资的倾向性估计

一、数据来源及处理

（一）数据来源

本书所有实证研究的基础数据主要来源于以下两个数据库：（1）《中国工业企业数据库》（China Annual Surveys of Industrial Firms, CASIF）。该数据库包括全部国有工业企业以及规模以上非国有工业企业，"规模以上"要求企业每年的主营业务收入在 500 万元及以上[①]。《中国工业企业数据库》直接由国家统计局负责整理，仅作为统计和研究之用，因此数据库信息较为可靠（Cai and Liu, 2009；唐东波, 2014）。在该数据库中，

———————

① 2011 年该标准改为 2000 万元及以上。

每年进入普查的企业样本数大致有 10 万 ~ 30 万家[1]，贡献了中国 90% 左右的工业总产值[2]。该数据库提供了包括企业名称、行业门类和行业大类代码、所有制注册类型、企业经营状况等 100 多个指标。[3] 最近几年，《中国工业企业数据库》在学术界得到了广泛的应用。本书借鉴布兰特等（Brandt et al.，2012）中数据处理部分，采用 SAS 和 Stata 软件对该数据库进行了详细整理并处理为面板数据，该数据为本书的实证研究提供了丰富的数据资料，成为后续实证研究的基础[4]。（2）《境外投资企业（机构）名录》。该名录提供了"证书号""境内投资主体""境外投资企业（机构）""对外直接投资的国家或地区""核准日期""经营范围""境内投资主体所在省市"等方面的信息。对于该名录的详细介绍参见本章第一节中国企业对外直接投资的典型事实。

（二）数据处理

（1）处理面板。针对《中国工业企业数据库》而言，需要将各年数据进行合并进一步处理成面板数据。为了使匹配结果可靠，需要提前将匹配变量如公司名称、法人名称、主要产品等字符串中的空格删除，否则在采用 Stata 软件识别过程中，同一家企业会被误认为是不同的企业。开始匹配时，首先，根据九位数公司代码进行逐年循环匹配；针对公司代码匹配不上的企业，进一步根据企业名称（法人代码）进行逐年循环匹配；针对公司代码和企业名称都没有匹配上的企业，根据"行政区别 + 法定代表人"逐年循环匹配。其次，根据电话号码、主营产品 1[5]、行业代码、省份代码等进一步识别。最后，将上述循环匹配结果合并得到面板数据[6]。（2）处理异常值。本书综合考虑刘小玄和李双杰（2008）、蔡和刘（Cai and Liu，2009）以及聂辉华等（2012）的做法，对样本进行了如下筛选：

---

[1]　在本书的考察样本区间内，普查企业数量从 2000 年的 162885 家增长至 2009 年的 301961 家。

[2]　根据《中国工业企业数据库》本身的介绍说明，每年进入该数据库的企业所贡献的总产值约占中国工业总产值的 95% 左右。为了验证这一比例，我们借助经济普查获得全部工业总产值数据，结果发现，2004 年的工业企业数据库所包含的规模以上工业企业的总产值约占当年中国工业总产值的 90.7%，而出口值的占比约为 97.5%。

[3]　需要指出的是，工业普查中的出口交货值既包括本企业自营出口的产品价值，也包括通过贸易公司代理出口的产品价值。

[4]　后续几章实证研究基础数据也是工业企业数据库和名录，但是细节处理略有区别，每一章再详细说明。

[5]　《中国工业企业数据库》同时报告了主营产品 1、主营产品 2 和主营产品 3。

[6]　本部分的面板数据构建主要使用 Stata 编程实现，原始程序借鉴 Brandt et al.（2012），笔者对此做了一些修改。

第一，删除基础变量的样本。在总共 2723376 个观测值中，删除工业销售产值、利润总额、从业人员年平均人数、资产合计以及固定资产缺失的观测值。[1] 第二，删除不符合会计标准的样本。删除流动资产或固定资产净值大于等于总资产的样本以及当期折旧大于等于累计折旧的样本。第三，删除极端值。删除工业销售总产值低于 500 万元的样本，占总样本的 7.128%；删除利润率低于 0.1% 或者高于 99% 的观测值，占总样本的 18.671%。此外，删除从业人员年平均人数不超过 10 人的样本，占总样本的 1.377%；删除实收资本小于或等于零的样本，占总样本的 0.279%。综上所述，总共剔除了大约 24 万个观测值，将近占总样本的 9%，样本的筛选过程见表 4-7。

表 4-7　　　　主要指标筛选过程（异常值处理）（1999~2009 年）

剔除规则	异常值数目（个）	观测值总数（个）	异常值占比（%）
工业销售产值、利润总额、从业人员年平均人数、资产合计、固定资产缺失	47	2723376	0.002
年均从业人员数≤10 人	37499	2723376	1.377
流动资产或固定资产≥总资产；当期折旧≥累计折旧	466	2723376	0.017
工业销售总产值≤500 万元	194128	2723376	7.128
利润率≤0.1% 或者≥99%	508470	2723376	18.671
实收资本≤0	7588	2723376	0.279

（三）合并数据库

将《中国工业企业数据库》处理为面板数据，并删除异常值之后，根据《中国工业企业数据库》中的"企业名称"与《名录》中的"境内投资主体"名称进行匹配（葛顺奇等，2013），二者合并后所得的数据集是本研究的基础数据。对于能够成功匹配的企业，本书将其标记为对外直接投资企业（OFDI 企业）。在合并两个数据库的过程中，针对不同的研究目

---

① 其中 1999 年各个关键指标没有报告，故 1999 年的缺失数据没有统计在内。

的，采取了不同的合并方式，具体来说，涉及 1：1 匹配和 m：m 匹配。在本书的第四章和第六章，由于研究过程中只涉及企业是否对外直接投资，本书根据在样本期间内只要有一年实施对外直接投资，将这样的企业定义为对外直接投资企业（OFDI 企业），此时不需要区分对外直接投资的具体年份，而只关注是否对外直接投资，所以采取 m：m 匹配，成功匹配的 OFDI 企业是 5600 多个观测值。在本书的第七章出口效应部分，由于使用 PSM – DID 方法，此时需要区分企业实施对外直接投资的具体年份，因为需要定义时间虚拟变量，用以区分对外直接投资前后，所以此时采取 1：1 匹配，成功匹配的 OFDI 企业是 1800 多个观测值。在第五章生产率效应部分，涉及计算全要素生产率（TFP），此时的样本数据较以往各章都少很多，因为计算全要素生产率时，需要剔除中间投入、工业增加值、资本存量等变量缺失或者负值或者零值的样本。

（四）描述性统计

表 4 – 8 报告了经过筛选和处理后的 OFDI 企业与非 OFDI 企业的基本情况。在样本期内，OFDI 企业从 2003 年的 818 个观测值增加到 2006 年的 1286 个观测值。不过 OFDI 企业占全样本的比重仍然很低，例如 2008 年仅有 0.55%，2003 年比重最高有 0.70%。在整个样本期内，OFDI 企业平均占全样本的 0.6%。

表 4 – 8 　　　　　经过筛选和处理的 OFDI 企业与非 OFDI
企业观测值统计（2003 ~ 2009 年）

年份	全样本（个）	OFDI 企业		非 OFDI 企业（个）
		观测值（个）	占比（%）	
2003	116964	818	0.699	116146
2004	125977	820	0.651	125157
2005	182430	1176	0.645	181254
2006	220694	1286	0.583	219408
2007	230959	1251	0.542	229708
2008	128776	703	0.546	128073
2009	126761	699	0.551	126062
合计	1132561	6753	0.602[①]	1125808

---

① 这里是样本期间 OFDI 企业占全样本的平均值。

在开始实证分析之前，先对样本期内中国 OFDI 企业的特征进行简单分析。将 OFDI 企业根据不同标准分为三类：（1）按照东道国收入水平划分。根据表 4 - 9，在样本期内我国企业对外直接投资到中低收入国家的比重为 69.1%[①]，直接投资到高收入国家的比重相对较少，仅为 30.9%。（2）按照企业的经营范围划分。从表 4 - 9 可以看出，贸易销售型 OFDI 企业占比高达 35.6%，超过 1/3；其次是非经营型 OFDI 企业（为 26.1%），这表明超过 1/4 的境外企业实际仅是办事处或代表处等非经营性组织。综合型 OFDI 占比为 13.1%，而研发加工型 OFDI 企业所占的比例最低，仅为 6.4%；另外，其他型 OFDI 企业占 18.8%。（3）按照境外投资企业区位分布划分。中国 OFDI 企业在全球 160 个国家和地区设立了境外投资企业 6496 家，覆盖率为 67.4%。OFDI 企业在亚洲地区（OFDI_AS）设立的境外投资企业数量占 53.4%，其中在中国香港地区设立的境外企业约占境外投资企业总数的 18.7%；在欧洲地区（OFDI_EU）设立的境外投资企业占 19.5%，主要分布在俄罗斯、德国等国家；在非洲地区（OFDI_AF）设立的境外投资企业占 7.4%；在北美洲地区（OFDI_NA）设立的境外投资企业占 14.6%，其中在美国设立的境外企业约占境外投资企业总数的 12.1%。此外，在南美洲（OFDI_LA）和大洋洲地区（OFDI_OC）设立的境外投资企业数量比较少，分别占 3.0% 和 2.1%。

表 4 - 9　　　　　　　　各类型企业基本统计（观测值数目）　　　　　　单位：个

划分标准	变量	2003 年	2004 年	2005 年	2006 年	2007 年	2008 年	2009 年
按照是否进行对外直接投资划分	非 OFDI	116146	125157	181254	219408	229708	128073	126062
	OFDI	818	820	1176	1286	1251	703	699
按照东道国收入水平划分	OFDI_H	254	269	373	397	384	205	203
	OFDI_L	563	549	802	887	866	498	496
按照企业经营范围划分	OFDI_NO	220	223	312	325	317	182	182
	OFDI_TS	294	292	411	453	445	253	252
	OFDI_RD	56	50	70	84	80	47	45

①　根据表 4 - 9 的统计结果进一步计算得到，下同。

划分标准	变量	2003 年	2004 年	2005 年	2006 年	2007 年	2008 年	2009 年
按照企业经营范围划分	OFDI_CP	110	102	153	170	165	93	92
	OFDI_OT	137	151	229	252	243	128	128
按照境外投资企业区位分布划分	OFDI_NA	122	122	176	188	181	97	96
	OFDI_OC	18	18	28	26	27	16	15
	OFDI_AF	64	53	91	96	87	55	56
	OFDI_LA	30	28	34	39	35	19	19
	OFDI_EU	161	175	230	250	237	131	130
	OFDI_AS	422	424	616	686	683	385	383

二、企业对外直接投资影响因素分析（系数）

下面将估计前述因素对企业是否进行 OFDI 决策的影响。实证模型为：

$$P(\text{OFDI} = 1 \mid X_i) = \Psi(X_i\beta) \tag{4.1}$$

其中，下标 i 表示特定的企业，X 为所有解释变量的集合；β 为相应变量的系数；Ψ 为标准正太分布函数。为了解释以下模型，参见表 4 - 10，表中第 1、2、3、4、5 列分别代表以下五个模型。模型（1）只包含新产品产值等六个核心解释变量，作为基准回归；模型（2）至模型（4）依次加入三个维度的变量，具体来说，模型（2）加入企业层面的控制变量，模型（3）加入行业及地区层面的解释变量，模型（4）加入国家制度层面的解释变量；最后在模型（5）中同时加入国家、行业和企业层面解释变量。

在模型（1）中，仅加入人均管理成本、生产率、资本密集度、新产品占比。结果显示，新产品占比越高，企业对外直接投资的概率越大。劳动生产率的估计系数不显著。在模型（2）中加入反映企业融资状态的变量：利润率和债务平均利息率，并加入反映企业国际经营经验的变量：出口强度。回归结果表明，劳动生产率对企业进行 OFDI 具有正向促进作用，并且在 1% 的水平上显著为正，这与异质性企业理论的预测一致。此外，新产品占比、人均管理成本和资本密集度的估计结果显著为正；利润率越高，企业进行 OFDI 的概率越大，而债务平均利率越高，企业进行 OFDI 的概率越小。出口强度的估计系数显著为正，说明企业的出口经营经验越丰富，企业 OFDI 的概率越大，这表明企业出口和 OFDI 之间存在贸易互补效应。

模型（3）进一步加入反映企业特征的其他控制变量，表示企业年龄的两个虚拟变量显著为正，表明企业年龄越大进行 OFDI 的可能性越大；政府补贴的估计系数不显著，表明政府补贴对中国企业 OFDI 决策没有显著影响。国有企业虚拟变量的系数为负但不显著，而外资虚拟变量的系数在 5% 的水平上显著为负，这表明相对于外资企业来说，国有企业和民营企业对外直接投资的概率更大一些，而国有企业和民营企业之间并无显著差异。这和人们的常规预期不太一致，可能的解释是，在我们的样本中，国有企业比例较低，另外，《2013 年度中国对外直接投资统计公报》显示，目前对外直接投资的主体中国有企业的比重正在逐渐下降。

在模型（4）中进一步加入反映行业特征的变量，轻工业企业对外直接投资概率显著高于材料工业，而轻工业企业和机械制造业以及化工业企业相当。反映行业竞争程度的赫芬达指数在 10% 的显著性水平上为正，表明行业竞争度越高，处于该行业的企业对外直接投资的概率越高。此外，反映产业结构的第二产业及第三产业占比，在 1% 的水平上显著为正，表明处于第二产业与第三产业的企业选择实施对外直接投资战略的概率显著高于处于第一产业的企业。

在模型（5）中进一步加入地区虚拟变量和国家制度层面的变量。结果显示，西部地区虚拟变量的估计系数显著为负，而中部地区虚拟变量不显著。金融市场化程度的变量在 1% 的显著性水平上为正，表明金融市场化程度越高，企业 OFDI 的概率越高。而反映市场程度的综合指数和企业对市场干预程度的变量不显著，这表明在控制了企业特征、行业差异、地区差异、金融市场化程度差异的情况下，整体市场化程度和政府与市场的干预对企业进行 OFDI 的概率没有显著关系。此外，进行了稳健性检验①。

---

① 为了进一步考察可能存在的遗漏变量问题，我们借鉴葛顺奇等（2013）使用两位数行业和省份虚拟变量代替基准回归方程中的行业类型虚拟变量和地区虚拟变量。结果显示，各变量估计系数的符号和显著性未出现改变，数值本身略有变化，说明我们的估计结果是稳健的。

表 4 – 10　　　　　　　企业对外直接投资决定因素分析（系数）

解释变量	被解释变量：OFDI				
	（1）	（2）	（3）	（4）	（5）
pmanage	0. 104 ***	0. 100 ***	0. 119 ***	0. 146 ***	0. 120 ***
	（11. 28）	（10. 037）	（4. 528）	（8. 660）	（6. 710）
ylratio	− 0. 383	0. 046 ***	0. 198 ***	0. 687 ***	0. 741 ***
	（ − 1. 421）	（3. 193）	（4. 477）	（9. 171）	（8. 973）
klratio	0. 051 ***	0. 085 ***	0. 097 ***	0. 059 ***	0. 063 ***
	（6. 330）	（9. 814）	（3. 790）	（4. 016）	（4. 210）
ynewratio	0. 0875 ***	0. 760 ***	0. 328 ***	0. 483 ***	0. 372 ***
	（23. 11）	（19. 332）	（5. 178）	（7. 588）	（5. 717）
proftratio		0. 888 ***	1. 107 ***	0. 326	0. 782 ***
		（5. 147）	（2. 694）	（1. 173）	（2. 757）
lixiratio		− 0. 744 ***	− 0. 571	− 0. 545 ***	− 0. 125 ***
		（ − 12. 289）	（ − 0. 688）	（ − 5. 193）	（ − 4. 118）
exp_s		0. 724 ***	0. 865 ***	0. 631 ***	0. 555 ***
		（43. 348）	（18. 469）	（17. 130）	（15. 366）
age_middle			0. 282 ***	0. 055	0. 022
			（3. 402）	（1. 279）	（0. 511）
age_high			0. 399 ***	0. 060	0. 029
			（4. 890）	（1. 379）	（0. 667）
state			− 0. 328	− 0. 604	− 0. 516
			（ − 0. 694）	（ − 1. 030）	（ − 1. 445）
foreign			− 0. 174 ***	− 0. 168 ***	− 0. 141 ***
			（ − 3. 417）	（ − 4. 518）	（ − 3. 742）
subsdy_ta			− 0. 549	0. 142	0. 024
			（ − 0. 809）	（0. 472）	（0. 065）
size				0. 284 ***	0. 305 ***
				（22. 416）	（23. 146）

续表

解释变量	被解释变量：OFDI				
	（1）	（2）	（3）	（4）	（5）
middle					-0.038 （-0.629）
west					-0.112 *** （3.403）
high_FD					0.138 *** （3.347）
high_MartktIndx					0.120 （1.013）
high_GovMrtk					0.089 （0.824）
indus_second				0.008 *** （4.343）	0.007 * （1.953）
indus_third				0.010 *** （5.399）	0.010 *** （2.626）
hhi				0.352 * （1.693）	-0.678 （-1.421）
indus_chemical				-0.070 （-1.624）	-0.052 （-1.187）
indus_materil				-0.122 *** （-2.845）	-0.097 ** （-2.246）
indus_mechanical				0.002 （0.057）	-0.011 （-0.331）
Constant	0.022 *** （5.449）	-3.958 *** （-18.900）	-6.524 *** （-12.027）	-1.845 *** （-5.138）	-1.846 *** （-4.785）
N	466994	466994	26323	335204	335204
准 R^2	0.0213	0.078	0.080	0.129	0.138
似然度	-16598.224	-15636.140	-11004.624	-10945.334	-10831.055

注：括号内的数据为相应参数的 Z 统计量，系数的标准差均为异方差稳健标准误；***，
**，* 分别表示1%，5%和10%的显著性水平。

三、企业对外直接投资影响因素分析（效应）

鉴于 Probit 模型是非线性模型，估计量 $\hat{\beta}$ 并非边际效应（Marginal Effects），故不能直接反映各因素对企业 OFDI 概率的影响大小，需要计算平均边际效应和边际弹性。鉴于连续变量和离散变量的边际效应定义不同，下面分别进行介绍。（1）x_k 为连续变量，边际效应 $= \partial P(\text{OFDI} = 1 \mid X) / \partial x_k = \phi(X'\beta) \cdot \beta_k$，其中 $\phi(\cdot)$ 是标准正态分布的概率密度函数。（2）x_k 为虚拟变量，边际效应为 $= P(\text{OFDI} = 1 \mid X_i^*, x_{ki} = 1) - P(\text{OFDI} = 1 \mid X_i^*, x_{ki} = 0)$。其中 X_i^* 表示除 x_k 以外的所有解释变量。由边际效应定义可知，边际效应随着解释变量的取值变化而变化，每家企业可能都不相同，通常需要计算全体样本企业的平均边际效应（average marginal effect），即分别计算每个样本的边际效应，然后对所有样本进行加权平均[1]得到平均边际效应：

$$M_x^d = \begin{cases} \dfrac{1}{N} \sum_i \phi(X'\beta) \cdot \beta_k, & x_k \text{ 为连续变量} \\[2ex] \dfrac{1}{N} \sum_i \big[P(\text{OFDI} = 1 \mid X_i^*, x_{ki} = 1) \\ \qquad - P(\text{OFDI} = 1 \mid X_i^*, x_{ki} = 0) \big], & x_k \text{ 为虚拟变量} \end{cases}$$

为了规避边际效应可能低估各因素对企业 OFDI 决策的影响，本书将进一步计算 x_k 的边际弹性，即 x_k 变动导致因变量 OFDI 变动的百分比。当 x_k 为连续变量时，弹性为：

$$\frac{\partial P(\text{OFDI} = 1 \mid X_i) / \partial x_k}{P(\text{OFDI} = 1 \mid X_i)} = \frac{\phi(X'\beta) \cdot \beta_k}{\Phi(X'\beta)} \tag{4.2}$$

当 x_k 为离散变量时，弹性为：

$$\big[P(\text{OFDI} = 1 \mid X_i^*, x_{ki} = 1) - P(\text{OFDI} = 1 \mid X_i^*, x_{ki} = 0) \big] / P(\text{OFDI} = 1 \mid X_i) \tag{4.3}$$

于是 x_k 的平均弹性[2]可写为如下形式：

---

[1] 常用的边际效应概念包括平均边际效应、样本均值处的边际效应和在某代表处的边际效应。详细参见陈强（2014），第 171 页。对于 Logit 回归的估计系数可以解释为"对数几率比"的边际变化，而 Probit 模型没有这么直观的含义。

[2] Stata12 估计 probit 或 logit 模型后，使用命令 margins, dydx 可以计算平均边际效应；margins, eyex 可以计算平均弹性。当然，也可以计算平均半弹性，详细内容请参见 stata 帮助手册。

$$M_x^e = \begin{cases} \dfrac{1}{N}\sum_i \dfrac{\phi(X'\beta) \cdot \beta_k}{\Phi(X'\beta)}, & x_k \text{ 为连续变量} \\[4mm] \dfrac{1}{N}\sum_i \left[\dfrac{P(\text{OFDI}=1\,|\,X_i^*,\ x_{ki}=1) - P(\text{OFDI}=1\,|\,X_i^*,\ x_{ki}=0)}{P(\text{OFDI}=1\,|\,X)} \right], & \\ & x_k \text{ 为虚拟变量} \end{cases}$$

在 Probit 模型估计系数的基础上,进一步计算平均边际效应和平均边际弹性,见表 4 – 11 的第一栏和第二栏。从平均边际效应看,出口强度每提高 1 个百分点,企业 OFDI 决策的概率会增加 1.7 个百分点。平均边际弹性的估计结果显示,企业出口强度增加 1 个百分点促使其选择 OFDI 的可能性近似增加 1.85 个百分点,这印证了平均边际效应会低估对企业 OFDI 决策的影响。下面分析以边际弹性为基准分析。新产品占比增加 1 个百分点可促使 OFDI 概率增加 1.26%,这比出口强度对 OFDI 决策的影响略低一些。资本密集度、劳动生产率增加 1% 只能促使企业选择 OFDI 的概率增加 0.34% 和 0.85%。人均管理成本和利润率增加 1%,企业对外直接投资概率提高 1‰左右;债务利息率下降 1 个百分点可促使企业对外直接投资概率上升 0.41%。回归结果还指出,国有企业和民营企业 OFDI 概率相当,而民营企业高于外资企业;化工业企业 OFDI 概率与轻工业企业无系统差异,而机械工业企业 OFDI 概率比轻工业企业高 0.07%,材料业 OFDI 概率比轻工业企业低 0.3%;中部和东部地区 OFDI 概率相当,西部地区 OFDI 概率比东部地区低 0.23%。所在地区金融业发展程度高的企业 OFDI 概率比金融业发展程度低的企业高 0.26%。

表 4 – 11　　　　　　企业对外直接投资决定因素分析 (效应)

变量	Probit 模型				LPM 模型	
	(1)		(2)		(3)	
	M_x^d	Z 统计量	M_x^e	Z 统计量	β 系数	T 统计量
manageratio	0.0014 ***	(6.550)	0.185 ***	(6.650)	0.02 ***	(10.019)
ylratio	0.003 ***	(8.880)	0.851 ***	(9.090)	0.046 ***	(15.959)
klratio	0.003 ***	(4.040)	0.338 ***	(4.080)	0.035 ***	(8.730)
ynewratio	0.0113 ***	(5.690)	1.256 ***	(6.100)	0.052 ***	(9.689)
profratio	0.001 ***	(3.680)	0.113 ***	(3.700)	0.016 ***	(4.436)
lixiratio	− 0.003 ***	(− 4.080)	− 0.410 ***	(4.160)	− 0.0029 ***	(− 4.732)

续表

| 变量 | Probit 模型 | | | | LPM 模型 | |
| | (1) | | (2) | | (3) | |
	M_x^d	Z 统计量	M_x^e	Z 统计量	β 系数	T 统计量
exp_s	0.017 ***	(14.110)	1.854 ***	(16.390)	0.063 ***	(20.264)
age_middle	0.003	(0.500)	0.6	(0.750)	0.001 *	(1.682)
age_high	0.004 ***	(4.320)	0.51 ***	(3.630)	0.007	(3.017)
state	− 0.001	(− 1.400)	0.021	(− 1.020)	− 0.008 ***	(− 6.767)
foreign	− 0.002 ***	(− 3.590)	− 0.32 ***	(− 3.510)	− 0.005 ***	(− 9.463)
subsdy_ta	− 0.0005	(0.060)	− 0.006	(0.091)	0.004	(0.061)
size	0.0005 ***	(19.420)	0.051 ***	(22.010)	0.008 ***	(29.468)
middle	− 0.006	(− 0.640)	− 0.7517	(− 0.630)	− 0.002	(− 0.564)
west	− 0.002 ***	(4.410)	− 0.233 ***	(3.430)	0.001 **	(2.150)
indus_chemical	− 0.001	(1.980)	− 0.254	(1.140)	− 0.001 *	(− 1.892)
indus_material	− 0.002 ***	(− 3.640)	− 0.302 ***	(6.630)	− 0.001 ***	(− 3.017)
indus_mechanisam	0.00045 ***	(− 4.640)	0.069 ***	(8.635)	− 0.004	(− 0.011)
hhi	0.0056	(1.480)	0.0066	(1.470)	0.0064 ***	(− 2.826)
high_FD	0.002 ***	(3.360)	0.262 ***	(3.390)	0.002 ***	(6.664)
high_MartktIndx	0.002	(1.000)	0.236	(1.000)	0.003 ***	(5.562)
high_GovMrtk	0.001	(0.880)	0.129	(0.890)	0.001	(1.443)

注：Probit 模型中各变量的平均边际弹性的标准差由自助法（Bootstrap）计算得到；***，**，* 分别表示1%，5%和10%的显著性水平。

为了直接比较各影响因素对企业选择对外直接投资倾向性差异的解释力，本书在表4 – 11 的第三栏报告线性概率模型（Linear Probility Model，LPM）回归结果。回归结果表明，在增加1 个标准差下，出口强度的解释力最强；新产品占比的解释力明显高于劳动生产率；人均资本密集度一个标准差变动对 OFDI 概率差异的解释力是人均管理成本的一倍多；相对于前述各影响因素，企业利润率在一个标准差变动的解释力更弱。相对于出口强度和新产品占比来说，企业所有制因素、所处行业特征以及国家制度环境对企业选择对外直接投资倾向性差异的解释力度有限，这与葛顺奇等（2013）的研究结果基本一致。

四、企业对外直接投资异质性影响因素分析

（一）不同类型的 OFDI 企业

采用多元 Logit（Multinormial Logit，MNL）[①] 模型对解释变量与企业 OFDI 类型选择之间的关系进行估计。表 4 - 12 回归结果显示，出口强度和新产品占比对非经营型、贸易销售型、研发加工型和综合类 OFDI 企业均有正向影响作用，且通过 5% 的显著性水平检验，其中新产品占比和出口强度对研发加工类 OFDI 企业的影响低于对其他三类 OFDI 的影响；劳动生产率对研发加工型 OFDI 企业没有显著影响，但对其余三类 OFDI 存在显著的正向影响；利润率对贸易销售型企业存在显著的正向影响，而对其余三类 OFDI 企业没有显著影响。对非经营类 OFDI 企业，国有企业和外资企业进行 OFDI 概率显著低于民营企业。例外情况是，非经营型 OFDI 企业选择轻工业企业高于材料工业企业，而与化工业企业和机械制造业企业没有显著差异。对于贸易销售型 OFDI 企业来说，行业竞争越激烈，企业 OFDI 的概率越高，而行业竞争度对非其他三类 OFDI 企业没有显著影响。表示制度的相关变量的估计结果显示，对于贸易销售型 OFDI 企业而言，市场化程度越高、金融发展程度越好的地区进行 OFDI 的倾向性越高。对于研发加工类和综合类 OFDI 企业来说，企业年龄越大，进行 OFDI 的概率越大，而对贸易销售型 OFDI 企业没有显著影响。企业规模对四类 OFDI 概率均有正向作用，即企业规模越大，进行 OFDI 的概率都越高。政府补贴对于研发加工类 OFDI 企业有显著的正向作用，但对于其他三类 OFDI 企业的影响并不显著。政府补贴在一定程度上缓解了研发加工型企业的研发费用支出，有助其开展对外直接投资。总的来说，在四种 OFDI 类型的估计结果中，新产品占比越高、人均产出越大、资本密集度越大、利润率和出口强度越大，企业选择对外直接投资的可能性越大，即反映企业竞争优势的变量都对其 OFDI 有促进作用，而债务利息率却会阻碍企业 OFDI。

[①]   使用多项 Logit 或多项 Probit 在实际上并无多少区别；只是多项 Probit 的计算时间较长，且无法从几率比角度解释系数估计值，故实践中常使用多项 Logit（陈强，2014），故本书也适用多元 Logit 模型。

表 4 – 12　　　　　　　　不同类型 OFDI 决定因素分析（系数）

解释变量	MNL 模型			
	非经营型	贸易销售型	研发加工型	综合型
pmanage	0.288 *** (3.642)	0.285 *** (4.428)	0.129 (0.868)	0.541 *** (5.391)
ylratio	0.015 *** (6.265)	0.496 *** (6.791)	0.561 (1.571)	0.353 *** (6.102)
klratio	0.101 * (1.652)	0.109 ** (2.144)	− 0.053 (− 0.405)	0.235 *** (2.819)
ynewratio	0.953 *** (4.659)	0.353 *** (3.563)	1.298 ** (2.358)	1.228 *** (3.723)
proftratio	0.521 (1.217)	0.682 *** (2.659)	0.194 (1.283)	− 1.000 (− 0.606)
lixiratio	− 0.096 ** (− 2.273)	− 0.331 *** (− 3.861)	0.864 (0.363)	− 0.485 ** (− 2.151)
exp_s	0.665 *** (15.993)	0.409 *** (14.101)	0.188 *** (4.086)	0.457 *** (10.728)
age_middle	0.310 (1.644)	− 0.181 (− 1.356)	0.732 * (1.793)	− 0.088 (− 0.438)
age_high	− 0.392 (− 1.060)	− 0.179 (− 1.318)	0.560 (1.334)	0.432 ** (2.057)
state	− 15.723 (− 0.017)	− 0.275 (− 0.696)	− 16.444 (− 0.007)	− 1.431 ** (− 1.971)
foreign	− 1.041 *** (− 7.821)	0.062 (0.673)	− 0.390 (− 1.412)	− 0.487 *** (− 2.986)
subsdy_ta	0.595 (0.589)	− 4.244 (− 0.851)	0.634 ** (2.005)	− 4.030 (− 0.564)
size	0.724 *** (16.087)	0.971 *** (24.606)	0.690 *** (6.710)	0.764 *** (12.168)

续表

解释变量	MNL 模型			
	非经营型	贸易销售型	研发加工型	综合型
middle	− 1. 580 *** (− 3. 102)	− 0. 198 (− 0. 917)	− 0. 915 *** (− 2. 882)	− 0. 334 (− 1. 263)
west	− 0. 088 *** (− 6. 341)	0. 254 (1. 053)	− 1. 571 (− 1. 512)	0. 135 (0. 441)
high_FD	0. 079 *** (9. 555)	0. 455 *** (3. 988)	− 0. 333 (− 1. 171)	− 0. 457 ** (− 2. 494)
high_MartktIndx	− 0. 822 *** (− 4. 525)	0. 346 *** (3. 293)	0. 894 (1. 269)	− 0. 215 (− 0. 533)
high_GovMrtk	0. 642 *** (6. 282)	− 0. 557 (− 1. 436)	− 0. 737 (− 1. 125)	0. 334 (0. 903)
indus_second	0. 112 *** (5. 285)	0. 005 (0. 495)	0. 018 (1. 082)	0. 034 *** (2. 966)
indus_third	− 0. 147 *** (− 7. 080)	− 0. 028 *** (− 2. 807)	− 0. 011 (− 0. 667)	− 0. 017 (− 1. 479)
hhi	0. 985 (0. 607)	0. 394 *** (2. 705)	− 0. 615 (− 0. 627)	0. 939 (0. 079)
indus_chemical	− 0. 070 (− 0. 438)	− 0. 552 *** (− 3. 863)	− 0. 156 (− 0. 439)	0. 313 * (1. 675)
indus_materil	− 0. 421 ** (− 2. 330)	− 0. 294 ** (− 2. 278)	− 0. 160 (− 0. 469)	0. 086 (0. 432)
indus_mechanical	0. 284 (1. 099)	− 0. 425 *** (− 4. 040)	0. 266 ** (2. 433)	− 0. 105 (− 0. 612)
Constant	− 4. 835 *** (− 2. 780)	− 4. 385 *** (− 3. 326)	− 8. 470 *** (− 2. 641)	− 3. 178 (− 1. 581)
N	334997			
拟 R^2	0. 130			
似然度	− 12351. 245			

注：省略了"其他类 OFDI"的估计结果；括号内的数据为相应参数的 t 统计量，系数的标准差均为异方差稳健标准差；***，**，*分别表示 1%，5% 和 10% 的显著性水平。

（二）不同行业的企业对外直接投资

为了检验不同行业企业 OFDI 的动机异质性，表 4 - 13 报告了不同行业的估计结果，其中第一至第四列分别对应轻工业、化工业、材料工业和机械工业。结果显示，在不同行业中各变量的估计系数与全样本下的估计结果基本一致。然而，各行业的估计结果之间也存在不同程度的差异。对于化工业而言，人均管理成本不显著；机械工业的新产品产值对企业 OF-DI 决策作用显著超过其他行业，而利润率对机械工业行业的企业 OFDI 决策有显著影响，而对其余三个行业没有显著影响。

表 4 - 13　　　　　　　不同行业：OFDI 的决定因素（系数）

OFDI	轻工业（1）	化工业（2）	材料工业（3）	机械工业（4）
pmanage	0. 112 *** (4. 359)	0. 044 (0. 991)	0. 138 *** (2. 647)	0. 180 *** (4. 836)
ylratio	0. 647 *** (5. 652)	0. 708 *** (3. 651)	0. 040 *** (3. 105)	0. 650 *** (4. 533)
klratio	0. 061 *** (2. 763)	0. 103 ** (2. 397)	0. 089 ** (2. 061)	0. 056 ** (2. 000)
ynewratio	0. 257 ** (2. 213)	0. 224 *** (4. 056)	0. 208 *** (3. 825)	0. 526 *** (5. 635)
proftratio	0. 330 (0. 716)	0. 318 (0. 465)	0. 454 (0. 580)	0. 553 *** (3. 086)
lixiratio	- 0. 498 ** (- 2. 023)	- 0. 514 (- 1. 002)	- 0. 761 *** (- 2. 851)	- 0. 500 ** (- 2. 410)
exp_s	0. 537 *** (10. 487)	0. 478 *** (3. 913)	0. 705 *** (6. 670)	0. 585 *** (9. 123)
age_middle	- 0. 114 * (- 1. 860)	0. 111 (0. 942)	0. 218 (1. 401)	0. 128 (1. 502)
age_high	- 0. 036 (- 0. 576)	0. 100 (0. 827)	0. 256 (1. 626)	0. 041 (0. 468)
state	- 0. 059 (- 0. 298)	- 0. 216 (- 0. 717)		- 1. 305 *** (- 4. 188)

续表

OFDI	轻工业（1）	化工业（2）	材料工业（3）	机械工业（4）
foreign	−0.055 （−1.028）	−0.185 （−1.642）	−0.104 （−0.957）	−0.295 *** （−4.012）
subsdy_ta	−3.548 * （−1.914）	1.249 ** （2.178）	−2.405 （−0.841）	0.237 （0.501）
size	0.303 *** （14.488）	0.286 *** （8.633）	0.369 *** （9.402）	0.295 *** （12.630）
middle	0.023 （0.255）	−0.283 * （−1.785）	−0.168 （−1.008）	0.142 （1.271）
west	0.089 （0.584）	−0.039 （−0.219）	0.273 （1.379）	0.186 （1.414）
indus_second	0.013 * （1.783）	−0.002 （−0.292）	0.016 * （1.930）	0.006 （0.957）
indus_third	−0.014 ** （−1.961）	−0.000 （−0.058）	−0.016 * （−1.893）	−0.012 * （−1.955）
hhi	−31.560 ** （−2.010）	11.535 * （1.859）	−10.018 （−1.484）	−0.074 （−0.015）
high_FD	0.167 ** （2.257）	0.020 （0.227）	0.108 （0.882）	0.218 *** （3.230）
high_MartktIndx	0.237 （1.081）	−0.091 （−0.409）	0.066 （0.185）	0.157 （0.815）
high_GovMrtk	−0.031 （−0.154）	0.262 （1.320）	0.147 （0.430）	0.046 （0.268）
Constant	−1.946 *** （−3.336）	−1.598 （−1.506）	−2.400 * （−1.873）	−2.235 *** （−3.139）
N	122881	52809	56210	101233
准 R^2	0.134	0.113	0.176	0.156
似然度	−4472.265	−1422.786	−1253.442	−3547.312
击中率	99.4%	96.1%	97.8%	99.3%

注：括号内的数据为相应参数的 t 统计量，系数的标准差均为异方差稳健标准差；***，**，* 分别表示 1%，5% 和 10% 的显著性水平。

（三）东道国收入水平差异

根据对外直接投资理论，我国企业对发达国家和发展中国家直接投资可能存在差异，表4－14报告了企业直接投资到发达国家（高收入水平国家）和直接投资到发展中国家（中低收入水平国家）的回归结果。由于企业在发达国家和发展中国家的 OFDI 决策具有相关性，即两个决策方程的扰动项之间可能存在相关性，故本书采用双变量 Probit 回归模型①（田巍等，2012；葛顺奇等，2013）。表4－14结果表明，主要解释变量与全样本的回归结果基本一致。不同之处在于，企业年龄对投资高收入水平国家的 OFDI 决策有显著正效应，而对于投资中低收入国家来说，没有显著影响。此外，市场化程度对投资高收入水平国家的 OFDI 决策有显著的促进作用，而对于投资中低收入国家来说没有显著影响。政府对市场的干预程度变量估计结果显示，政府对市场干预程度越高，企业直接投资中低收入水平国家的概率越高，而对投资高收入水平国家来说没有显著影响。

表4－14　　　　分东道国收入水平：企业 OFDI 决定因素（系数）

解释变量	双变量 Probit 回归	
	被解释变量为 OFDI_H	被解释变量为 OFDI_L
pmanage	0.159 *** (7.729)	0.091 *** (6.043)
ylratio	0.436 *** (−6.754)	0.726 *** (−10.872)
klratio	0.044 *** (2.603)	0.061 *** (4.810)
ynewratio	0.410 *** (6.154)	0.287 *** (5.104)
proftratio	1.250 *** (3.715)	0.435 * (1.709)

---

① 有关双变量 Probit 模型的较为详细的介绍可参见 Greene（2012）；陈强（2014）。陈强：《高级计量经济学及 Stata 应用》，高等教育出版社2014年版，第187页。Stata12 使用命令 biprobit 实现估计。

续表

解释变量	双变量 Probit 回归	
	被解释变量为 OFDI_H	被解释变量为 OFDI_L
lixiratio	−0.891 *** (−5.010)	−0.493 *** (−3.235)
exp_s	0.559 *** (12.508)	0.459 *** (14.971)
age_middle	0.123 ** (2.380)	−0.018 (−0.542)
age_high	0.144 *** (2.793)	−0.024 (−0.705)
state	0.402 *** (86.107)	0.359 *** (3.414)
foreign	−0.052 (−1.397)	−0.175 *** (−6.052)
subsdy_ta	−0.575 (−0.548)	0.144 (0.427)
size	0.248 *** (19.101)	0.303 *** (29.586)
middle	0.029 (0.438)	−0.082 * (−1.780)
west	0.110 (1.259)	0.093 (1.579)
high_FD	0.070 * (1.673)	0.173 *** (5.552)
high_MartktIndx	0.272 ** (2.132)	0.019 (0.218)
high_GovMrtk	−0.003 (−0.023)	0.137 * (1.710)
indus_second	0.006 (1.545)	0.006 ** (2.212)

续表

解释变量	双变量 Probit 回归	
	被解释变量为 OFDI_H	被解释变量为 OFDI_L
indus_third	− 0. 004 (− 0. 998)	− 0. 013 *** (− 4. 605)
hhi	− 6. 017 ** (− 2. 329)	− 2. 264 (− 1. 138)
indus_chemical	− 0. 035 (− 0. 794)	− 0. 063 * (− 1. 920)
indus_materil	− 0. 052 (− 1. 195)	− 0. 115 *** (− 3. 554)
indus_mechanical	0. 010 (0. 298)	− 0. 021 (− 0. 873)
Constant	− 2. 962 *** (− 6. 991)	− 1. 554 *** (− 4. 835)
N	335204	
似然度	− 12094. 459	

注：括号内的数据为相应参数的 t 统计量，系数的标准差均为异方差稳健标准差；***，**，* 分别表示1%，5%和10%的显著性水平。

第四节　本章小结

本章通过《中国工业企业数据库》和《境外投资企业（机构）名录》合并构成的数据库，分别从国家层面、行业层面和企业层面三个维度考察了中国企业对外直接投资的决定因素。研究发现。

第一，企业的竞争力越强，选择对外直接投资的概率越大。体现企业竞争优势的因素有：新产品占比、人均管理成本、生产率、资本密集度、出口强度和企业年龄，与企业 OFDI 概率正相关；而体现企业竞争劣势的债务利息率与 OFDI 负相关。此外，本章进一步从企业所处行业四种行业类型（轻工业、化工业、材料工业和机械制造业）、投资目的地（发达国家和发展中国家）、OFDI 类型（非经营型、贸易销售型、研发加工型、综

合型和其他类型）等不同角度研究了企业 OFDI 影响因素的异质性。实证
结果显示，反映企业竞争优势的上述各因素与 OFDI 概率正相关，而体现
企业竞争劣势的因素与 OFDI 负相关，这再次证明了结论的稳健性。

　　第二，出口强度增加 1 个百分点可促使 OFDI 概率增加 1.85%，新产
品占比增加 1 个百分点可促使 OFDI 概率增加 1.26%，这比出口强度对
OFDI 决策的影响略低一些。劳动生产率和资本密集度增加 1% 可促使企业
OFDI 增加 0.85% 和 0.34%。人均管理成本和利润率增加 1%，企业对外
直接投资概率提高 1‰ 左右；债务利息率下降 1 个百分点可促使企业对外
直接投资概率上升 0.41%。国有企业和民营企业 OFDI 概率相当，而民营
企业高于外资企业；中部地区和东部地区 OFDI 概率相当，西部地区 OFDI
概率比东部地区低 0.23%。所在地区金融业发展程度高的企业 OFDI 概率
比金融业发展程度低的企业高 0.26%。

　　第三，对于中国企业实施 OFDI 倾向性的解释力，出口强度的解释力
最强。新产品占比和劳动生产率的解释力分别排在第二位和第三位，新产
品占比解释力强于劳动生产率。所有制因素、行业因素、国家制度环境对
企业 OFDI 概率差异的解释力度有限。此外，在控制了企业特征、行业差
异、地区差异、金融市场化程度差异的情况下，整体市场化程度和政府与
市场的干预对企业进行 OFDI 的概率没有显著影响。

第五章

中国企业对外直接投资的
经济效应 I：生产率效应

任何技术进步，最终都体现在全要素生产率的变化上，通常对外直接投资被认为是发展中国家获取国外先进技术、促进本国技术创新的重要渠道。那么，中国快速发展的对外直接投资是否获得了来自投资东道国的逆向技术溢出进而促进本国技术进步呢？本章从生产率角度入手，研究对外直接投资对企业生产率的影响，如果对外直接投资对企业生产率有提升作用，则表明存在"生产率效应"[1]。

根据第二章文献综述部分可知，虽然已有大量关于国家或企业对外直接投资的逆向技术溢出效应的研究，但是仅有个别研究直接检验 OFDI 的"生产率效应"[2]。检验企业 OFDI "生产率效应"，目前常用的方法是将对外直接投资的企业与非对外直接投资的企业直接进行比较，但这样得出的结论往往是不可靠的。由于企业进行对外直接投资存在"自选择效应"[3]，如果直接将二者进行比较，那么我们将无法区分对外直接投资企业的生产率提升是由于投资前的"自选择效应"还是投资后的"生产率效应"导致的。因此，要检验企业对外直接投资的"生产率效应"，首先必须解决

---

[1] 所谓"生产率效应"，是指"知识资本"或其他"非技术信息"通过 OFDI 渠道促进企业生产率的提升（蒋冠宏和蒋殿春，2014）。

[2] 仅有蒋冠宏和蒋殿春（2014）基于 2004 ~ 2006 年 761 家 OFDI 工业企业数据，运用倍差法（DID）直接检验生产率效应。本书与其最大的不同点在于，采用比较前沿的非参数方法 LIV 估计边际处理效应，并以此为基础计算各类政策效应，进而检验 OFDI 决策对企业生产率影响的处理效应，详见本章第四节和第五节内容。

[3] 赫尔普曼等（Helpmam et al., 2004）将梅利兹（2003）的企业异质性从出口延伸到对外直接投资，他们认为生产率最高的企业选择对外直接投资，生产率居中的企业选择出口，而生产率最低的企业只能服务本国市场。由于企业对外直接投资只有克服更高的固定成本，因此只有生产率较高的企业才能在海外市场上有足够的盈利弥补直接投资带来的固定成本。这被称为企业对外直接投资的"自选择效应"（余淼杰，2013）。

自选择偏差问题。需要注意的是，每家企业是根据自身特征选择是否对外直接投资，一类特征是研究者可以观察到的，如企业的规模、年龄、固定资产、所属行业等；另一类是观察不到的，如企业学习新技术的能力，CEO 的创业精神，企业文化、团队合作等。对这类涉及选择并且带有异质性的不可观测变量的政策评估问题，采用异质性处理效应模型来解决，该模型是赫克曼等基于 Roy 模型，在比约克伦德和莫菲特（1987）提出的边际处理效应（MTE）及因本斯和安格里斯特（Imbens and Angrist）提出的局部平均处理效应（LATE）的基础上发展而来。本章以边际处理效应（MTE）为研究框架，研究中国企业对外直接投资的生产率效应问题，不仅估计了平均生产率效应，也估计了异质性生产率效应。

第一节　异质性处理效应与选择偏差

企业 OFDI 决策对生产率的影响问题，传统的方法是采用普通最小二乘法（OLS）估计如下公式：

$$TFP_i = \alpha \cdot OFDI_i + \beta X_i + U_i, \quad E(U_i) = 0 \tag{5.1}$$

其中，$i = 1, 2, \cdots, n$，表示不同的企业，TFP_i 表示企业 i 的全要素生产率，$OFDI_i$ 是一个虚拟变量，如果企业选择了对外直接投资则 $OFDI_i = 1$，否则等于零。X_i 是包括影响企业生产率的其他解释变量向量（如企业年龄、资本密集度、企业利润率等），U_i 是期望为零的扰动项。在式（5.1）中，OLS 估计的参数 α 表示 OFDI 对企业生产率的影响，即 α 刻画的是 OFDI 决策的生产率效应。

式（5.1）假定了变量 $OFDI_i$ 是外生的，而且 OFDI 对企业生产率效应 γ 对所有参与 OFDI 的企业都是相同的。但事实上，企业是否选择 OFDI 存在自选择[①]，模型（5.1）中的不可观察变量（扰动项）也可能在不同企业之间存在显著差异，此时虚拟变量 $OFDI_i$ 就不能被视为外生变量。当存在选择问题的异质性时，直接对式（5.1）使用 OLS 并不能得到一致的估计值（Heckman and Li，2004；Carneiro and Heckman，2011）。

---

① 根据本书第三章企业异质性生产率、出口和 OFDI 的理论模型分析可知，企业进行对外直接投资时需要克服更高的固定成本，因此只有生产率较高的企业才能在海外市场上有足够的盈利弥补对外直接投资带来的固定成本，这在文献中通常被称为企业对外直接投资的"自选择效应"。

一、OFDI 决策对生产率影响的异质性处理效应模型

本部分主要参考赫克曼和维特拉西尔（1999，2000）、赫克曼和李（2004）、赫克曼等（2006）、王海港等（2009）建立的异质性模型和半参数估计方法。在不同的投资决策下，每家企业 i 都存在两种潜在的生产率水平（TFP_{1i}，TFP_{0i}），TFP_{1i} 表示企业选择了 OFDI 时的生产率，TFP_{0i} 表示没有选择时的生产率，于是 $TFP_{1i} - TFP_{0i}$ 表示企业选择 OFDI 与没有选择 OFDI 时的生产率变化，就是每家企业 i 的处理效应（treatment effect）。显然，这是一个数据缺失问题，在任何时候同一家企业只可能处于两种状态[1]之一，要么选择了 OFDI，记为 $OFDI_i = 1$，要么没有选择 OFDI，记为 $OFDI_i = 0$。具体来说，通常不可能在某一时点上同时获得同一家企业在不同投资选择行为下的生产率水平 TFP_{0i} 与 TFP_{1i}。若企业 i 选择了对外直接投资，那么在任一时点，该企业选择对外直接投资时的生产率水平是可以观测到的，而该企业没有选择对外直接投资时的生产率水平却不能同时被观测到；同样，若企业 i 没有选择 OFDI，那么在任一时点，该企业没有选择 OFDI 时的生产率是可以观测到的，而该企业选择对外直接投资时的生产率却不能同时被观测到。因此可观察到的企业 i 的生产率可以表示为：$TFP_i = OFDI_i \cdot TFP_{1i} + (1 - OFDI_i) \cdot TFP_{0i}$。

进一步的，企业 i 在两种投资决策下的潜在选择结果 TFP_{1i} 和 TFP_{0i} 是可观测的解释变量（X_i）和不可观测的随机扰动项（U_{1i}，U_{0i}）的函数，表示为：

$$TFP_{1i} = \beta_1 X_i + U_{1i} \quad \text{if} \quad OFDI_i = 1 \tag{5.2}$$

$$TFP_{0i} = \beta_0 X_i + U_{0i} \quad \text{if} \quad OFDI_i = 0 \tag{5.3}$$

企业是否选择对外直接投资取决于这两种状态下的效用高低，企业选择对外直接投资的决策机制表示为：

$$OFDI_i^* = Z_i \gamma_{OFDI} - V \triangleq Z_i \gamma_D - V \triangleq \mu_D(Z_i) - V[2]$$

$$OFDI_i = 1(OFDI_i^* > 0) \tag{5.4}$$

---

[1]　可以扩展为几种状态的问题，详见 Heckman, J., S. Urzua and Vytlacil, Understanding Instrumental Variables in Models with Essential Heterogeneity. *Review of Economics and Statictics*, Vol. 88, 2006, pp. 389 – 432.

[2]　为了后文叙述方便，将 $\gamma_{OFDI} Z_i$ 表示为 $\mu_D(Z_i)$，即 $\gamma_{OFDI} Z_i \triangleq \mu_D(Z_i)$，下标 D 就是 OFDI 的简写形式，OFDI = 1 即 $D = 1$。

这里 Z_i 是一组可以观察到的控制变量（Z_i 可能包含部分的 X_i），$Z_i\gamma_D$ 相当于选择对外直接投资的效用；V 表示企业在参与决策中不可观测的误差和异质性，可以理解为企业选择对外直接投资的净成本[①]。$Z_i\gamma_D$ 和 V 两者决定了 $OFDI_i^*$ 的值，$OFDI_i^*$ 是潜变量，表示企业从选择对外直接投资（状态 1）中获得的净效用或收益，如果它是正的，企业选择对外直接投资，否则不选择对外直接投资。当 $Z_i\gamma_D = V$，企业选择对外直接投资与否是无差异的。不失一般性，参考已有文献有 $\mu_D(Z) > V \Leftrightarrow F_V(\mu_D(Z)) > F_V(V)$，其中 $F_V(V)$ 是变量 V 的累积分布函数，$P(Z)$ 表示特征为 Z 的企业选择 OFDI 的概率（也称为倾向得分值），于是有 $P(Z) = \Pr(OFDI = 1 \mid Z = z) = \Pr(D = 1 \mid Z = z) = F_V(\mu_D(Z))$，定义 $U_D = F_V(V)$（于是 $U_D \sim Unif(0, 1)$），则不同 U_D 对应不同的不可观测变量 V。因此，可以基于 U_D 的均匀分布特征对不同 $P(Z)$ 的企业的异质性生产率效应进行描述（张巍巍和李雪松，2014）。将式（5.2）和式（5.3）代入 TFP_i，于是观测到的企业 i 的生产率为：

$$TFP_i = OFDI \times TFP_{1i} + (1 - OFDI_i) \times TFP_{0i}$$
$$= [(\beta_1 - \beta_0)X_i + (U_{1i} - U_{0i})] \times OFDI_i + \beta_0 X_i + U_{0i}$$
$$= \beta_i \times OFDI_i + \beta_0 X_i + U_{0i} \qquad (5.5)$$

其中：

$$\beta_i = (\beta_1 - \beta_0)X_i + (U_{1i} - U_{0i}) \qquad (5.6)$$

如果 $OFDI_i$ 是外生的，即选择或不选择对外直接投资的企业是随机挑选的，那么 β_i 对任何企业都是一致的，这就是式（5.1）的情形。但是，当 $\beta_1 \neq \beta_0$（即存在可观测的异质性 $(\beta_1 - \beta_0)X_i$）或 $U_{1i} \neq U_{0i}$（即存在不可观测的异质性 $(U_{1i} - U_{0i})$）时，β_i 在总体中是一个变量，于是全要素生产率是一个服从一定分布的随机变量。即使在控制了企业的个体特征 X_i 以后，[②] β_i 对每家企业也是不一样的，处理效应不是常数，这时 β_i 被称为异质性处理效应（heterogeneous treatment effect），表示企业 i 的异质性生产率效应。在给定 X 的条件下，β_i 的平均值为：

$$\bar{\beta} = E(\beta_i \mid X_i) = E[(\beta_1 - \beta_0)X_i] \qquad (5.7)$$

---

① 对研究者而言不可观测的成本，如企业为了实现 OFDI 所付出的努力、由于参与 OFDI 而失去了其他国内的投资机会等。

② 如果控制了决策企业的个体特征 X_i，所有相关的不可观测因素都已被可观测的 X_i（或倾向得分值）精确代理了，这时 TFP_{0i}，$TFP_{1i} \perp OFDI_i \mid X_i$（符号 $\perp$ 表示独立于），任何 X_i（或倾向得分值）在设定的同一区间的企业有相同的 β_i，这时使用匹配模型。

二、选择偏差与边际处理效应

令 $\Delta_i = TFP_{1i} - TFP_{0i}$，表示企业选择 OFDI 使企业 i 从 $OFDI_i = 0$ 转变到 $OFDI_i = 1$ 时的生产率效应。根据式（5.2）、（5.3）、（5.6）可知，$\Delta_i = \beta_i$。根据式（5.2）、（5.3）、（5.5）可知，普通最小二乘法（OLS）估计量的概率极限为：

$$
\begin{aligned}
plim(\hat{\beta}_{OLS}) &= E(TFP_{1i} \mid OFDI_i = 1) - E(TFP_{0i} \mid OFDI_i = 0) \\
&= E(\beta_1 X_i + U_{1i} \mid OFDI_i = 1) - E(\beta_0 X_i + U_{0i} \mid OFDI_i = 0) \\
&= \hat{\beta} + \left[E(U_{1i} \mid OFDI_i = 1) - E(U_{0i} \mid OFDI_i = 0) \right] \\
&\quad \text{（ATE）} \qquad\qquad \text{（偏差）}
\end{aligned}
\tag{5.8}
$$

平均处理效应 ATE 表示随机挑选一个具有特征 X_i 的企业选择对外直接投资与不选择对外直接投资时生产率变化的均值，定义为：

$$
ATE = E(\Delta_i \mid X_i) = E(\beta_i \mid X_i) = \bar{\beta}
\tag{5.9}
$$

由于 $OFDI_i$ 与 U_{0i} 及 U_{1i} 相关，式（5.8）的第二项将不为零。因此 OLS 是对平均处理效应 ATE 的有偏估计。将式（5.8）中的第二项 $E(U_{1i} \mid OFDI_i = 1) - E(U_{0i} \mid OFDI_i = 0)$ 定义为偏差，表示实际选择对外直接投资企业生产率中不可观测因素与实际没有选择对外直接投资企业生产率中不可观测因素均值的差值。注意到式（5.8）还可以表示为：

$$
\begin{aligned}
plim(\hat{\beta}_{OLS}) &= E(TFP_{1i} \mid OFDI_i = 1) - E(TFP_{0i} \mid OFDI_i = 0) \\
&= E(\beta_1 X_i + U_{1i} \mid OFDI_i = 1) - E(\beta_0 X_i + U_{0i} \mid OFDI_i = 0) \\
&= E(\beta_i \mid OFDI_i = 1) + \left[E(U_{0i} \mid OFDI_i = 1) - E(U_{0i} \mid OFDI_i = 0) \right] \\
&\quad \text{（ATT）} \qquad\qquad\qquad \text{（选择偏差）}
\end{aligned}
\tag{5.10}
$$

OFDI 企业的平均处理效应 ATT 表示实际选择对外直接投资的企业与假设这些企业如果没有选择对外直接投资时相比生产率的变化均值，定义为：

$$
\begin{aligned}
ATT &= E(\Delta_i \mid OFDI_i = 1) \\
&= E(\beta_i \mid OFDI_i = 1) \\
&= \bar{\beta} + E(U_{1i} - U_{0i} \mid OFDI_i = 1) \\
&= ATE + E(U_{1i} - U_{0i} \mid OFDI_i = 1) \\
&\quad\qquad\qquad \text{（分类效应）}
\end{aligned}
\tag{5.11}
$$

选择偏差 $E(U_{0i} \mid OFDI_i = 1) - E(U_{0i} \mid OFDI_i = 0)$ 表示实际 OFDI 企业如果没有选择 OFDI 的生产率与真正非 OFDI 企业的生产率之间的不可

观测变量差异的均值。分类效应 $E(U_{1i} - U_{0i} \mid OFDI_i = 1)$ 表示实际选择对外直接投资的企业基于自身不可观测的变量所带来的平均效应。式（5.8）中的偏差主要由分类效应和选择偏差造成。

未选择对外直接投资企业（非 OFDI 企业）的平均处理效应 ATU，表示没有选择 OFDI 企业与假设这些企业选择 OFDI 时相比生产率的变化均值，定义为：

$$ATU = E(\Delta_i \mid OFDI_i = 0) = E(\beta_i \mid OFDI_i = 0)$$
$$= \bar{\beta} + E(\varepsilon_{1i} - \varepsilon_{0i} \mid OFDI_i = 0) \tag{5.12}$$

存在异质性和选择偏差时，IV 估计方法不能正确估计上述平均处理效应相关参数。因为：

$$p\lim\hat{\beta}_{IV} = \frac{\mathrm{Cov}(I_i,\ TFP_i)}{\mathrm{Cov}(I_i,\ OFDI_i)}$$
$$= \bar{\beta} + \frac{\mathrm{Cov}(I_i,\ U_{0i})}{\mathrm{Cov}(I_i,\ OFDI_i)} + \frac{\mathrm{Cov}[I_i,\ (U_{1i} - U_{0i})\,OFDI_i]}{\mathrm{Cov}(I_i,\ OFDI_i)}$$
$$= \bar{\beta} + \frac{\mathrm{Cov}[I_i,\ (U_{1i} - U_{0i})\,OFDI_i]}{\mathrm{Cov}(I_i,\ OFDI_i)}$$
$$= \bar{\beta} + \frac{\mathrm{Cov}[I_i,\ (U_{1i} - U_{0i}) \mid OFDI_i = 1]\,P_i}{\mathrm{Cov}(I_i,\ OFDI_i)} \tag{5.13}$$

其中 $P_i = P(Z_i) = \mathrm{Pr}(OFDI_i = 1 \mid Z_i = z) = \mathrm{Pr}(\mu_D(Z_i) > V)$ 是企业选择 OFDI 的概率或倾向分数（propensity score）。在异质性和选择偏差均存在时 $U_{1i} \neq U_{0i}$，$U_{1i} - U_{0i}$ 与 $OFDI_i$ 相关，式（5.13）中的第二项不等于零，所以 IV 方法得不到一致估计量。只有在一些特殊情况下可以得到一致估计量（李雪松和赫克曼，2004）。在一定假设条件下（Heckman and Vytlacil, 1999, 2000；李雪松和赫克曼，2004），可以采用半参数局部工具变量估计方法（LIV），根据边际处理效应（MTE）来确定 OFDI 的异质性生产率效应。

MTE 是在 X_i 及未观测到的异质性 $U_D = u_D$ 给定的情况下，企业选择对外直接投资与否是无差异的，定义为：

$$MTE(X_i = x,\ U_D = u_D) = MTE(\Delta_i \mid X_i = x,\ U_D = u_D)$$
$$= MTE(\beta_i \mid X_i = x,\ U_D = u_D)$$
$$= (\beta_1 - \beta_0)x + E(U_{1i} - U_{0i} \mid U_D = u_D)$$
$$= (\beta_1 - \beta_0)x + K(P) \tag{5.14}$$

$MTE(x,\ u_D)$ 是当外生决定的 $\gamma_D z = u_D$ 时，那些在边际上选择对外直接投资（$OFDI_i = 1$）与不选择对外直接投资（$OFDI_i = 0$）无差异的那些企业参与 OFDI 的平均效应，是在决策中给定不可观测变量水平时的平均处理效应。前文介绍的平均类政策效应 ATT、ATE 和 ATU 都可以由边际处理效应 MTE 表示为（Heckman and Vytlacil，1999，2000；Carneiro and Heckman，2011；赫克曼和李雪松，2004）：

$$ATE = \int_0^1 MTE(u_D) du_D \text{（平均处理效应）} \quad (5.15)$$

$$ATT = \int_0^1 (u_D) h_{ATT}(u_D) du_D \text{（OFDI 企业的平均处理效应）} \quad (5.16)$$

$$ATU = \int_0^1 MTE(u_D) h_{ATU}(u_D) du_D \text{（非 OFDI 企业的平均处理效应）}$$
$$(5.17)$$

其中各个权数如下：

$$h_{ATE}(u_D) = 1 \quad (5.18)$$

$$h_{ATT}(u_D) = \frac{1 - F_p(u_D)}{E(P_i)} = \frac{\int_{u_D}^1 f(p) dp}{E(P_i)} \quad (5.19)$$

$$h_{ATU}(u_D) = \frac{1 - F_p(u_D)}{E(1 - P_i)} = \frac{\int_{u_D}^1 f(p) dp}{E(1 - P_i)} \quad (5.20)$$

三、MTE 估计方法

（一）参数法估计步骤

假设扰动项服从正态分布，即 $(U_0, U_1, V) \sim N(0, \sum)$，其中 $\sum = $
$$\begin{bmatrix} \sigma_0^2 & \sigma_{01} & \sigma_{0v} \\ \sigma_{01} & \sigma_1^2 & \sigma_{1v} \\ \sigma_{0v} & \sigma_v & \sigma_v^2 \end{bmatrix}$$

由 $P(Z)$[①] 的定义有 $\Pr(D = 1 \mid Z = z) = \Phi\left\{\frac{\mu_D(z)}{\sigma_V}\right\} = P(Z)$，其中 Φ 是标准正态累积分布函数。于是有 $\frac{\mu_D(z)}{\sigma_V} = \Phi^{-1}(P(Z))$。当倾向得分为 $P(Z)$ 时，对式（5.2）求期望，有：

---

① 后文在不引起歧义的情况下省略下标 i。

$$E(TFP_1 \mid OFDI = 1, \ X = x, \ Z = z) = X\beta_1 + E(U_1 \mid V < \mu_D(z))$$

$$= X\beta_1 + E\left(\frac{\sigma_{1V}}{\sigma_V^2}V \mid V < \mu_D(z)\right)$$

$$= X\beta_1 + \frac{\sigma_{1V}}{\sigma_V}E\left(\frac{V}{\sigma_V} \mid \frac{V}{\sigma_V} < \frac{\mu_D(z)}{\sigma_V}\right)$$

$$= X\beta_1 + \frac{\sigma_{1V}}{\sigma_V}\lambda_{1i}\left(\frac{\mu_D(z)}{\sigma_V}\right) \qquad (5.21)$$

其中，逆米尔斯比 $\lambda_{1i}\left(\dfrac{\mu_D(z)}{\sigma_V}\right) = -\dfrac{\phi\left(\dfrac{\mu_D(z)}{\sigma_V}\right)}{\Phi\left(\dfrac{\mu_D(z)}{\sigma_V}\right)}$，用倾向得分 $P(Z)$ 可表示

为 $\lambda_{1i}(P(Z)) = -\dfrac{\phi(\Phi^{-1}(P(Z)))}{P(Z)}$，于是式（5.21）表示为：

$$E(Y_1 \mid OFDI = 1, \ X = x, \ Z = z) = X\beta_1 + \frac{\sigma_{1V}}{\sigma_V}\lambda_{1i}(P(Z)) \qquad (5.22)$$

类似的，对式（5.3）求期望，可得：

$$E(TFP_0 \mid OFDI = 0, \ X = x, \ Z = z) = X\beta_0 + E(U_0 \mid V > \mu_D(z))$$

$$= X\beta_0 + E\left(\frac{\sigma_{0v}}{\sigma_V^2}V \mid V > \mu_D(z)\right)$$

$$= X\beta_0 + \frac{\sigma_{0v}}{\sigma_V}E\left(\frac{V}{\sigma_V} \mid \frac{V}{\sigma_V} > \frac{\mu_D(z)}{\sigma_V}\right)$$

$$= X\beta_0 + \rho_1\lambda_{0i}\left(\frac{\mu_D(z)}{\sigma_V}\right) \qquad (5.23)$$

其中，逆米尔斯比 $\lambda_{0i}\left(\dfrac{\mu_D(z)}{\sigma_V}\right) = \dfrac{\phi\left(\dfrac{\mu_D(z)}{\sigma_V}\right)}{1 - \Phi\left(\dfrac{\mu_D(z)}{\sigma_V}\right)}$，$\rho_0 = \dfrac{\sigma_{0V}}{\sigma_V}$ 用倾向得分 $P(Z)$

可表示为 $\lambda_{0i}(P(Z)) = \dfrac{\phi(\Phi^{-1}(P(Z)))}{1 - P(Z)}$，于是式（5.23）表示为：

$$E(TFP_0 \mid OFDI = 0, \ X = x, \ Z = z) = X\beta_0 + \rho_0\lambda_{0i}(P(Z)) \qquad (5.24)$$

对于处于临界状态的个体来说，有：

$$E(TFP_1 \mid V = \mu_D(Z), \ X = x, \ Z = z) = X\beta_1 + E(U_1 \mid V = u_D(z))$$

$$= X\beta_1 + \rho_1\Phi^{-1}(P(Z)) \qquad (5.25)$$

同理可得：

$$E(TFP_0 \mid V = \mu_D(Z), \ X = x, \ Z = z) = X\beta_0 + E(U_1 \mid V = u_D(z))$$
$$= X\beta_0 + \rho_0 \Phi^{-1}(P(Z)) \quad (5.26)$$

于是，边际处理效应可以表示为：

$$MTE \equiv E(TFP_1 - TFP_0 \mid X = x, \ U_D = u_D) = X(\beta_1 - \beta_0) + (\rho_1 - \rho_0)\Phi^{-1}(u_D)$$
$$(5.27)$$

基于估计出的倾向得分值 $P(Z)$，对式（5.22）和式（5.24）进行 OLS 回归，可得相应参数的估计值 $\hat{\beta}_1$、$\hat{\beta}_0$、$\hat{\rho}_1$ 以及 $\hat{\rho}_0$，将这些估计值代入式（5.27），即可求出不同 u_D 对应的 MTE。

（二）半参数局部线性法估计步骤

MTE 运用半参数局部工具变量估计方法（LIV）进行计算（Heckman and Vytlacil，1999，2000），估计 MTE 的可以概括为如下六个步骤。对式（5.14）关于 p 求偏导数，有：

$$\frac{\partial}{\partial p} E(Y \mid X = x, \ P(z) = p) \mid_{p = u_D} = x'(\beta_1 - \beta_0) + \frac{\partial K(p)}{\partial p} \mid_{p = u_D} \quad (5.28)$$

为了计算 MTE，需要首先估计 $(\beta_1 - \beta_0)$ 和 $\frac{\partial K(p)}{\partial p}$。注意到，没有增加其他的假设条件，此时估计式（5.28）中第二项需要使用非参数最优化方法。

第一步，估计参数 β_0 和 $(\beta_1 - \beta_0)$。对式（5.14）中的每一个解释变量分别对 $\hat{P}(Z)$ 做局部线性回归（Local Linear Regression，LLR）。如果 X 向量中包括 n_X 个变量，那么需要做 $2n_X$ 个局部线性回归，这是因为式（5.14）中包括了 $X_k\hat{P}(Z)$，其中 $k = 1, 2, \cdots, n_X$。下面以第 k 个解释变量为例说明 *LLR* 的估计步骤。$X_k(j)$ 和 $\hat{P}(z(j))$ 分别表示第 j 个个体的第 k 个解释变量和估计的倾向得分值。$X_k(j)$ 和 $\hat{P}(z(j))$ 的 *LLR* 估计量需要在 $\hat{P}(z(j))$ 的共同支持区域内的一组 p 满足式（5.29），从而求解得到 $\{\theta_0(p), \theta_1(p)\}$。

$$\{\theta_0(p), \theta_1(p)\} = arg \min_{\{\theta_0, \theta_1\}} \{ \sum_{j=1}^{N} (X_k(j) - \theta_0 - \theta_1(\hat{P}(z(j)$$
$$- p))^2 \Psi(\hat{P}(z(j)) - p/h) \} \quad (5.29)$$

其中 $\Psi(\cdot)$ 和 h 分别表示核函数和窗宽。在实际估计过程中，$\hat{P}(Z)$ 的所有值作为 p 估计值的集合，这样可以估计样本中每个个体的变量 X_k 的估计值，$\hat{X}_k(j)$ 表示第 j 个个体的 X_k 的估计值。这个步骤在 $2n_X$ 个解释变量中逐一重复做一遍。

第二步，根据 $2n_X$ 个解释变量 X_k 的估计值 $\hat{X}_k(j)$，根据残差定义计算第 j 个个体的第 k 个解释变量的残差：

$$\hat{e}_{X_k}(j) = X_k(j) - \hat{X}_k(j), \quad k = 1, 2, \cdots, 2n_X \tag{5.30}$$

令 $\hat{e}_{X_k}$ 表示残差向量，于是有 $\hat{e}_{X_k} = (\hat{e}_{X_k}(1), \hat{e}_{X_k}(2), \cdots, \hat{e}_{X_k}(N))'$，进一步令 $\hat{e}_X$ 表示残差矩阵，$\hat{e}_{X_k}$ 是其第 k 列。

第三步，重复第一步和第二步。首先，将被解释变量（结果变量 $Y(j)$，这里是全要素生产率）对 $\hat{P}(Z)$ 做 LLR，$\hat{Y}(j)$ 表示第 j 个个体的结果变量 Y 的估计值。其次，计算残差 $\hat{e}_{Y_k}(j) = Y_k(j) - \hat{Y}_k(j)$，类似的，$\hat{e}_Y$ 表示残差矩阵。

第四步，根据式（5.14）将 $\hat{e}_Y$ 回归到 $\hat{e}_X$ 上估计得到 β_0 和 $(\beta_1 - \beta_0)$ 的估计值。具体表示为：

$$\left[\hat{\beta}_0, \widehat{(\beta_1 - \beta_0)}\right] = \left[\hat{e}_X'\hat{e}_X\right]^{-1}\left[\hat{e}_X\hat{e}_Y\right] \tag{5.31}$$

第五步，使用非参数方法估计 $K(P(Z))$。可以将式（5.14）移项表示为：

$$\tilde{Y} = K(P(Z)) + \tilde{v} \tag{5.32}$$

其中 $\tilde{Y} = Y - X'\hat{\beta}_0 - [X'\widehat{(\beta_1 - \beta_0)}]P(Z)$，$E(\tilde{v} \mid p(Z), X) = 0$。于是问题简化为估计 $\partial K(\hat{P}(Z))/\partial\hat{P}(Z)$，这里 $K(\hat{P}(Z))$ 可以理解为条件期望 $E(\tilde{Y} \mid p(Z) = \hat{P}(Z))$。假设 $\partial K(p)/\partial p$ 的估计值表示为 $\hat{\vartheta}_1(p)$，选取 $\hat{P}(Z)$ 同时出现在 OFDI = 1 和 OFDI = 0 中的且为正值的集合 Γ，作为 p 的点集合。于是 $\hat{\vartheta}_1(p)$ 可以通过式（5.33）计算得到。

$$\{\vartheta_0(p), \vartheta_1(p)\} = \arg\min_{\vartheta_0, \vartheta_1}\left\{\sum_{j=1}^{N}(\tilde{Y}(j) - \vartheta_0\right.$$
$$\left. - \vartheta_1(\hat{P}(z(j) - p))^2\Psi(\hat{P}(z(j)) - p/h)\right\} \tag{5.33}$$

第六步，将估计值 $\widehat{(\beta_1 - \beta_0)}$ 和 $\hat{\vartheta}_1(p)$，代入式（5.28）计算得到 MTE 的 LLR 估计值为 $\Delta^{LIV}(x, u_D) = \widehat{(\beta_1 - \beta_0)}x + \dfrac{\partial K(p)}{\partial p}\Big|_{p=u_D} = \widehat{MTE}(x, u_D)$

第二节　数据来源及描述性统计

一、数据来源

本章使用的基础数据仍然是《中国工业企业数据库》和《境外投资

企业（机构）名录》。针对《中国工业企业数据库》而言，本章根据第四章第三节数据处理部分的介绍，将 1999～2009 年的《中国工业企业数据库》处理为面板数据形式。由于中国大规模进行对外直接投资始于 2004年，所以研究样本期间为 2004～2009 年。对于异常值处理，按照第四章第三节数据处理部分的内容进行处理。将《中国工业企业数据库》处理为面板数据，并删除异常值之后，根据《中国工业企业数据库》中的"企业名称"与《境外投资企业（机构）名录》中的"境内投资主体"名称进行匹配，二者合并后所得的数据集是本书研究的基础数据。此外，将工业增加值、固定资本存量、固定资产等名义变量都换算为以 2000 年为基期的实际值，其中工业增加值和固定资本存量分别采用样本企业注册地所在省份工业品出厂价格指数和固定资产投资价格指数进行平减，价格指数均取自"中国经济与社会发展研究数据库"①。中国工业企业调查数据库中没有固定资产投资这一指标，根据 $I_t = K_t - K_{t-1} + D_t$ 的变形来计算，其中 K表示固定资产总值，D 表示固定资产折旧②。本章主要变量定义见表 5-1。

表 5-1　　　　　　　　　　　　主要变量定义

变量	定义
TFP_OP	全要素生产率的对数，根据 OP 法计算
TFP_LP	全要素生产率的对数，根据 LP 法计算
TFP_FE	全要素生产率的对数，根据 FE 法计算
TFP_OLS	全要素生产率的对数，根据 OLS 法计算
research_dum	二元变量，1 = 有研发支出

注：其余变量定义与第四章相同，参见表 4-4。

二、描述性统计

表 5-2 列出了处理组企业与控制组企业主要匹配变量的描述性统计情况。综合来看，选择对外直接投资的企业（处理组）与没有选择对外直接投资的企业（控制组）在劳动生产率、资本密集度、企业规模、公司年

①　中国经济与社会发展研究数据库只提供了各地区工业品出厂价格指数（上年 = 100）和固定资产投资价格指数（上年 = 100），笔者整理换算成以 2000 年为基期的价格指数。
②　这里的变量也都换算为基期的实际值。

龄、出口密集度、新产品占比等方面存在一定差异。具体来说，处理组企业的出口密集度、新产品占比、资本密集度、劳动生产率、政府补贴等均高于控制组企业，赫芬达指数在两组之间没有差异。

表 5 - 2   处理组与控制组主要匹配变量的描述性统计情况

全样本（n = 341826）				
变量	均值	标准差	最小值	最大值
ylratio	7.887	0.852	5.914	10.410
klratio	6.086	1.104	2.809	8.868
size	10.330	1.121	8.517	14.370
age	7.685	7.509	0	58
exp_s	0.166	0.334	0	1
hhi	0.003	0.004	0.001	0.037
ynewratio	0.029	0.116	0	2.785
proftratio	0.058	0.057	- 0.016	0.339
lixiratio	0.058	1.542	0	480
subsdy_ta	0.001	0.007	0	0.450
处理组（n = 1826）				
变量	均值	标准差	最小值	最大值
ylratio	7.988	0.807	5.930	10.410
klratio	6.326	1.043	2.877	8.858
size	11.390	1.257	8.521	14.230
age	8.686	7.124	0	58
exp_s	0.453	0.399	0	1
hhi	0.003	0.004	0.001	0.037
ynewratio	0.099	0.196	0	0.996
proftratio	0.059	0.054	- 0.016	0.337
lixiratio	0.033	0.234	0	10.290
subsdy_ta	0.002	0.007	0	0.092

续表

控制组（n = 34000）				
变量	均值	标准差	最小值	最大值
ylratio	7.886	0.852	5.914	10.410
klratio	6.084	1.104	2.809	8.868
size	10.320	1.118	8.517	14.370
age	7.681	7.510	0	58
exp_s	0.165	0.334	0	1
hhi	0.003	0.004	0.001	0.037
ynewratio	0.029	0.116	0	2.785
proftratio	0.058	0.057	− 0.016	0.339
lixiratio	0.058	1.546	0	480
subsdy_ta	0.001	0.007	0	0.450

第三节　企业全要素生产率估计

本章研究重点是估计对外直接投资（OFDI）对企业生产率的影响，因此准确估计企业生产率对于本章的结果至关重要。目前，学术界衡量生产率主要有两种方式：一种是劳动生产率，另一种是全要素生产率，劳动生产率无法衡量资本和中间产品的贡献，因此用全要素生产率（Total Factor Productivity，TFP）衡量企业的生产率水平（戴觅等，2014）。关于企业全要素生产率计算方法，大致可以分为四类：OLS 估计或 FE 估计；OP方法（Olley and Pakes，1996）；LP 方法（Levinsohn and Petrin，2003）；随机边界方法（SFA）。一般认为，用 OLS 和 FE 的方法计算企业全要素生产率有两个缺陷：同时性偏误（simultaneity bias）[①] 和样本选择性偏差（selectivity bias）。针对以上可能出现的问题，学者们提出了不同的改进方法，奥利和帕克斯（Olley and Pakes，1996）将企业当期投资作为不可观测生产率冲击的代理变量克服同时性偏差，使用生存概率函数克服样本选

[①]　文献中也称为反向因果关系，企业可能同时选择产量和资本存量或者为了实现一定产量而追加定量投资，即资本存量的决定受到产出的影响，详细参见田巍和余淼杰（2012）。

择偏误。模型的核心思路是通过求解企业利润最大化行为得到退出机制和投资函数。本章参考现有研究（余淼杰，2014；杨汝岱，2015），以 OP 方法计算结果为基准进行分析，以 LP 方法计算结果作为稳健性检验。本章采用 Stata12 软件完成 OP 法的估计，亚萨尔等（Yasar et al.，2008）对此进行了详细介绍①。

一、TFP 估计结果分析

为了计算 TFP，首先需要计算资本和劳动的估计系数，本章将样本区分为国有企业和非国有企业分别进行考察。借鉴鲁晓东和连玉君（2012）的做法，被解释变量为工业增加值②。本章采用 OLS、FE、OP 和 LP 四种方法估计，结果列示于表 5－3。

表 5－3　　　　　　　　　资本和劳动估计系数比较

变量	OLS			FE 方法		
	全样本	国有企业	非国有企业	全样本	国有企业	非国有企业
$\ln K$	0.291 *** （－113.437）	0.382 *** （－26.621）	0.398 *** （－112.248）	0.296 *** （－13.427）	0.374 *** （－24.226）	0.389 *** （－104.626）
$\ln L$	0.225 *** （－60.941）	0.258 *** （－12.186）	0.318 *** （－61.916）	0.247 *** （－29.813）	0.263 *** （－11.539）	0.324 *** （－60.367）

变量	OP 法			LP 法		
	全样本	国有企业	非国有企业	全样本	国有企业	非国有企业
$\ln K$	0.345 *** （－15.504）	0.324 *** （－12.013）	0.384 *** （－7.071）	0.321 *** （－8.299）	0.178 *** （－3.988）	0.168 *** （－33.081）
$\ln L$	0.193 *** （－78.642）	0.102 *** （－12.232）	0.296 *** （－146.088）	0.094 *** （－5.024）	0.021 *** （－9.053）	0.049 *** （－10.43）

注：括号内为相应参数的 t 统计量，系数的标准差均为异方差稳健标准误；***，**，* 分别表示 1%，5%，10%的显著性水平。

由表 5－3 的回归结果可以看出以下三点：首先，最小二乘法（OLS）

①　Stata12.0 可以使用命令 opreg 进行估计。
②　因此回归项中并未包含中间投入。

和固定效应方法（FE）估计的资本投入与劳动投入的弹性系数相差不大。其次，采用半参数 OP 方法估计资本投入的系数要高于传统 OLS 和 FE 估计的系数，而采用 OP 方法估计劳动力投入的系数要低于 OLS 和 FE 估计的结果。上述回归结果与奥利和帕克斯（1996）、鲁晓东等（2012）的回归结果相一致。最后，LP 方法估计的资本投入弹性略小于 OP 方法的估计值，然而劳动的系数显著降低，远低于其他三种估计方法的估计值。本书最终选用 OP 法估计的结果，四种方法估计的 TFP 的核密度对比见图 5 - 1。

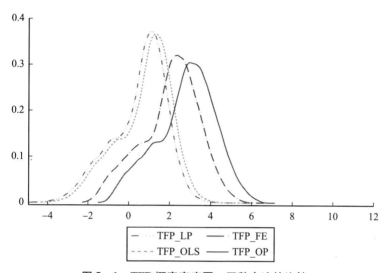

图 5 - 1　TFP 概率密度图：四种方法的比较

二、OFDI 企业与非 OFDI 企业的 TFP 差异比较

表 5 - 4 报告了基于 OLS、FE、OP 和 LP 估计的全要素生产率，可以看出，无论是使用哪种方法计算的 TFP 值，平均来看 OFDI 企业比非 OFDI 企业的全要素生产率更高。具体来说，对于 OP 法估计的 TFP，OFDI 企业的 TFP 比非 OFDI 企业平均高出 0.24 个百分点，并且差异性检验通过 1% 水平的显著性检验。进一步，逐年比较二者的差异，如图 5 - 2 所示。从图 5 - 2 中可以清楚地看到，第一，样本期间内 OFDI 企业比非 OFDI 企业的 TFP 更高。2007 年之后，OFDI 企业与非 OFDI 企业之间的 TFP 差距逐渐扩大。第二，OFDI 企业与非 OFDI 企业 TFP 变化的趋势大体相同。

表5-4   OFDI 企业与非 OFDI 企业的 TFP 差异性检验

变量	非 OFDI 企业（n = 340000）		OFDI 企业（n = 1826）		差异性检验	
	均值	标准差	均值	标准差	差异值	t 值
TFP_OLS	1.466	0.705	1.547	0.643	-0.06***	(-3.95)
TFP_FE	1.88	0.719	2.016	0.666	-0.11***	(-7.13)
TFP_OP	3.185	0.766	3.45	0.726	-0.24***	(-13.81)
TFP_LP	1.351	0.704	1.418	0.641	-0.05***	(-3.12)

注：***，**，* 分别表示 1%，5%，10% 的显著性水平。

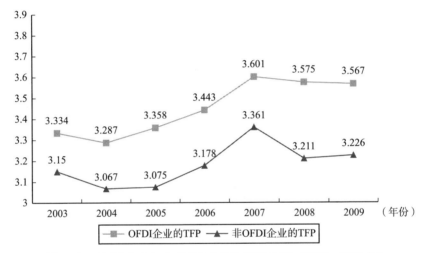

图5-2   OFDI 企业与非 OFDI 企业的 TFP 比较（2003～2009 年）

以上分析表明，OFDI 企业比非 OFDI 企业具有更高的全要素生产率。但这还不足以说明是对外直接投资促进了企业的生产率水平，下面用计量方法严谨地估计对外直接投资的生产率效应。

第四节   OFDI 对生产率影响的处理效应——基于 PSM 方法

本节基于 PSM 估计 OFDI 企业的平均处理效应（ATT）来评估 OFDI 对生产率的影响。倾向得分匹配方法的基本思想是，既然实际 OFDI 企业

（处理组）生产率样本中不存在假设没有选择 OFDI（控制组）时的"反事实结果"，那么就将处理组中的企业与控制组中的企业按照一定方法进行匹配，建立与 OFDI 企业在对外直接投资前的特征尽可能相似的非 OFDI 企业组，使得 OFDI 企业和匹配的非 OFDI 企业的倾向得分充分相近或相同，这样就可以用控制组来近似模拟处理组的"反事实结果"，然后再比较 OFDI 企业与非 OFDI 企业仅由于 OFDI 决策的不同而引起的生产率差异。最后根据比较结果来判断 OFDI 决策与生产率之间的关系。该方法通过估计决定企业 OFDI 决策的倾向得分来控制选择偏差，以保证结论的可靠性。

一、企业选择 OFDI 倾向得分的 Logit 模型估计

企业选择对外直接投资决策的倾向得分的 Logit 模型的估计结果见表 5 - 5。根据罗森鲍姆和鲁宾（Rosenbaum and Rubin，1983）的研究，建议使用灵活的 Logit 模型估计企业选择 OFDI 的倾向得分。根据击中率、准 R^2 等综合判断，本章最终以模型（6）计算出的企业选择对外直接投资的倾向得分，并基于此筛选出满足共同支撑假设的区域。

表 5 - 5　　　　　　企业选择 OFDI 的倾向得分 Logit 模型估计

解释变量	（1）	（2）	（3）	（4）	（5）	（6）
ylratio	- 0. 301 *** （ - 9. 791）	- 0. 280 *** （ - 9. 017）	- 0. 321 *** （ - 10. 082）	- 0. 330 *** （ - 10. 302）	- 0. 312 *** （ - 9. 687）	- 0. 379 *** （ - 11. 417）
klratio	0. 191 *** （8. 560）	0. 165 *** （7. 283）	0. 187 *** （8. 117）	0. 189 *** （8. 202）	0. 176 *** （7. 515）	0. 174 *** （7. 187）
size	0. 729 *** （37. 802）	0. 700 *** （36. 069）	0. 720 *** （36. 412）	0. 723 *** （36. 511）	0. 726 *** （36. 651）	0. 811 *** （39. 859）
age	- 0. 006 ** （ - 2. 085）	- 0. 008 *** （ - 2. 950）	- 0. 009 *** （ - 3. 140）	- 0. 009 *** （ - 3. 105）	- 0. 009 *** （ - 3. 036）	- 0. 010 *** （ - 3. 358）
exp_s	1. 617 *** （31. 491）	1. 597 *** （30. 653）	1. 449 *** （26. 424）	1. 426 *** （25. 789）	1. 418 *** （25. 610）	1. 617 *** （27. 501）
ynewratio		1. 680 *** （16. 169）	1. 679 *** （15. 818）	1. 678 *** （15. 775）	1. 687 *** （15. 869）	1. 359 *** （12. 222）

续表

解释变量	(1)	(2)	(3)	(4)	(5)	(6)
proftratio		− 0.250 (− 0.657)	0.054 (0.139)	0.107 (0.275)	0.165 (0.425)	0.893 ** (2.259)
lixiratio		− 0.068 (− 0.601)	− 0.048 (− 0.502)	− 0.039 (− 0.449)	− 0.037 (− 0.441)	− 0.042 (− 0.432)
subsdy_ta		8.616 *** (3.774)	9.637 *** (4.363)	9.589 *** (4.339)	9.566 *** (4.295)	6.698 *** (2.676)
indus_second			9.565 *** (12.753)	7.632 *** (7.464)	8.496 *** (8.174)	5.849 *** (4.613)
indus_third			3.929 *** (6.544)	2.317 *** (3.014)	2.950 *** (3.794)	3.717 *** (3.458)
hhi			− 28.755 *** (− 4.600)	− 27.437 *** (− 4.312)	− 27.795 *** (− 4.370)	− 17.612 *** (− 2.837)
indus_ chemical			− 0.262 *** (− 3.641)	− 0.258 *** (− 3.582)	− 0.261 *** (− 3.625)	− 0.206 *** (− 2.851)
indus_materil			− 0.407 *** (− 5.454)	− 0.403 *** (− 5.399)	− 0.404 *** (− 5.406)	− 0.361 *** (− 4.793)
indus_ mechanical			0.093 * (1.694)	0.089 (1.604)	0.085 (1.544)	0.095 * (1.735)
east				0.599 *** (5.059)	0.529 *** (4.445)	0.758 *** (5.771)
west				0.666 *** (4.696)	0.678 *** (4.780)	0.826 *** (5.811)
high_ MartktIndx						0.407 *** (4.556)
foreign						0.491 * (1.859)
private						1.024 *** (3.940)

续表

解释变量	（1）	（2）	（3）	（4）	（5）	（6）
Constant	－ 12. 524 *** （－ 53. 490）	－ 12. 281 *** （－ 52. 194）	－ 18. 685 *** （－ 30. 187）	－ 17. 573 *** （－ 22. 455）	－ 18. 413 *** （－ 22. 982）	－ 19. 046 *** （－ 18. 179）
准 R^2	0. 103	0. 111	0. 122	0. 123	0. 124	0. 138
似然度	－ 16598. 224	－ 12663. 514	－ 11004. 624	－ 10945. 334	－ 10831. 055	－ 12454. 203
击中率	93. 5%	97. 1%	94. 23%	98. 34%	99. 55%	99. 55%

注：括号内的数据为相应参数的 Z 统计量，系数的标准差均为异方差稳健标准误；***，**，*分别表示 1%，5% 和 10% 的显著性水平。

二、倾向得分匹配的平衡性检验

采用倾向得分匹配法（最近邻匹配、半径匹配和核匹配方法）为处理组企业寻找最接近的控制组企业。由于倾向得分匹配结果需要满足平衡性检验，根据史密斯和托德（Smith and Todd，2005）的做法，表 5 - 6 报告了最近邻匹配平衡性检验，其余两种匹配结果类似，这里没有报告。检验结果显示：匹配前，处理组企业在资本密集度、公司年龄、企业规模等方面均显著高于非对外直接投资企业，不过在倾向得分匹配后，OFDI 企业与非 OFDI 企业各个匹配变量的标准偏误的绝对值均显著小于 5%，并且各个协变量 T 检验的结果不拒绝处理组与控制组无系统差异的原假设。一般来说，匹配后变量的联合显著性越不显著，R^2 越小，说明匹配效果越好。

表 5 - 6　　　　　　　　　　**最近邻匹配平衡性检验**

子表 1							
匹配变量	匹配前后	处理组均值	对照组均值	标准偏差 （%）	标准偏差减少幅度 （%）	T 统计量	P 值
ylratio	匹配前	7. 988	7. 886	12. 200		5. 650	0. 000
	匹配后	7. 988	7. 973	1. 800	85. 300	0. 610	0. 545
klratio	匹配前	6. 326	6. 085	22. 500		10. 350	0. 000
	匹配后	6. 326	6. 331	－ 0. 500	97. 900	－ 0. 160	0. 873

续表

子表1							
匹配变量	匹配前后	处理组均值	对照组均值	标准偏差（%）	标准偏差减少幅度（%）	T统计量	P值
size	匹配前	11.390	10.320	89.800		45.270	0.000
	匹配后	11.390	11.400	−0.500	99.500	−0.150	0.884
age	匹配前	8.686	7.681	13.700		6.350	0.000
	匹配后	8.686	8.777	−1.200	91.000	−0.400	0.690
exp_s	匹配前	0.453	0.165	78.200		40.820	0.000
	匹配后	0.453	0.455	−0.700	99.100	−0.200	0.843
ynewratio	匹配前	0.099	0.029	43.500		28.540	0.000
	匹配后	0.099	0.099	0.300	99.300	0.080	0.936
proftratio	匹配前	0.059	0.058	2.900		1.330	0.183
	匹配后	0.059	0.059	1.600	45.800	0.540	0.591
lixiratio	匹配前	0.033	0.058	−2.300		−0.770	0.443
	匹配后	0.033	0.031	0.200	89.800	0.450	0.653
subsdy_ta	匹配前	0.002	0.001	9.500	4.460	4.460	0.000
	匹配后	0.002	0.002	−0.500	95.200	−0.140	0.887

子表2			PSM偏差绝对值分布		
样本	准 R^2	LR统计量	P值	偏差均值	标准偏差中值
匹配前	0.113	3277.020	0.000	30.500	13.700
匹配后	0.000	1.390	0.998	0.800	0.500

三、OFDI 对生产率影响的处理效应（ATT）

（一）基于全样本的 OFDI 对生产率影响的处理效应

本章使用最近邻匹配、半径匹配和核匹配三种匹配方法估计了处理组的平均处理效应（ATT），下面的讨论是基于最近邻匹配的结果，其余两种匹配方法的结果用作稳健性检验。表5－7显示了基于最近邻匹配方法计算的匹配前和匹配后的 ATT 结果。无论是匹配前还是匹配后，采用四种方法估计的全要素生产率都在 1% 水平上显著为正，这表明企业选择 OFDI 有助于提升生产率水平，存在生产率创造效应。那么，什么因素使得企业选择 OFDI 存在生产率创造效应？为了回答这个问题，本章进一步分析了几个影响因素。首先，企业通过出口强度影响生产率的机制。就出口强度而言，匹配后，处理组（OFDI 企业）的出口强度是 0.478，在 1% 水平上显著大于控制组企业的 0.425，也就是说，选择对外直接投资决策的企业，其出口强度比没有选择 OFDI 决策的企业的出口强度高 5.3%。其次，考虑企业利润率水平。匹配前后处理组企业和控制组企业的利润率水平没有显著差异，因此在研究样本范围内，没有足够的证据表明利润率水平是提升生产率水平的动力。总之，本章发现企业选择 OFDI 存在生产率创造效应，不是通过利润率水平而是通过出口强度机制提升生产率水平。

表 5 - 7　　　　　　　　　ATT 结果对比（最近邻匹配法）

变量	样本	处理组	控制组	ATT	标准误	T - 统计量
TFP_LP	匹配前	1.453	1.347	0.106	0.02	5.230***
	匹配后	1.453	1.359	0.094	0.022	4.299***
TFP_OLS	匹配前	1.583	1.461	0.122	0.02	5.990***
	匹配后	1.583	1.489	0.094	0.022	4.278***
TFP_OP	匹配前	3.493	3.159	0.333	0.023	14.280***
	匹配后	3.493	3.399	0.094	0.026	3.620***
TFP_FE	匹配前	2.061	1.871	0.19	0.021	9.050***
	匹配后	2.061	1.966	0.096	0.023	4.150***
proftratio	匹配前	0.058	0.056	0.002	0.002	1.380
	匹配后	0.058	0.057	0.002	0.002	0.883
exp_s	匹配前	0.478	0.163	0.315	0.011	29.390***
	匹配后	0.478	0.425	0.053	0.015	3.557***

注：***，**，*分别表示 1%，5% 和 10% 的显著性水平；标准误是通过自抽样（Bootstrap）500 次得到。

（二）所有制类型对 OFDI 生产率效应的影响

根据企业的所有制类型将处理组样本分为两个子样本：（1）国有企

业。(2)民营企业。比较两个子样本的 OFDI 的生产率效应，估计结果见表 5 - 8 的 B 栏和 C 栏。表 5 - 8 的 A 栏是全样本的 ATT 估计结果，结果表明，最近邻匹配法估计的 ATT 值为正，且在 1% 的水平上显著，表示 OFDI 对样本企业生产率存在促进作用。具体来说，基于最近邻匹配法得到的 ATT = 0.094，表示在控制了企业自选择对 OFDI 决策的影响后，OF-DI 企业的生产率比与之相匹配的非 OFDI 企业平均高出 9.4%。对此可能的解释是：企业通过对外直接投资到国外市场，有助于其近距离接触国外先进生产技术和管理经验，通过模仿示范效应、产业前后关联效应、人员流动效应以及跨国并购的技术协同效应，提高生产率；企业还可以通过规模经济效应使平均成本下降，进而提高生产率。

采用最近邻匹配方法，发现两个子样本存在显著差异，在国有企业中 ATT 值为正，但均没有通过显著性检验，这表明 OFDI 对国有企业生产率水平没有明显的促进作用；而在民营企业中，ATT 值为正且通过 1% 水平的显著性检验，这表明 OFDI 对民营企业生产率具有显著的促进作用。由此可以看出，表 5 - 7 报告的处理组和控制组生产率水平 ATT 显著差异性主要由民营企业样本产生。这说明 OFDI 可以显著提升企业的生产率水平，存在生产率创造效应，尤其是对民营企业的生产率水平提升作用更大。对此可能的解释是：民营企业灵活的经营方式和管理体制使其在东道国更为激烈的竞争压力下，会积极学习发达国家的先进技术，不断积累经验，从而能够进一步提高生产率。另外，民营企业普遍面临融资约束，所以当它们一旦有条件接触到发达国家先进的技术时，民营企业能够敏锐地捕捉到国外的先进技术，通过模仿学习等进一步提高企业生产率。

检验人均产出、利润率和出口强度可以解释上述差异性。表 5 - 8 的 B 栏和 C 栏分别报告了国有企业和民营企业子样本中的前述变量。各个变量在 B 栏都不显著，而在 C 栏至少在 5% 的水平上显著为正。具体来说，对民营企业而言，OFDI 企业的出口强度在 1% 的显著水平上高于非 OFDI 企业。此外，民营企业中，处理组（民营 OFDI 企业）的利润率水平比与之相匹配的非 OFDI 企业平均高出 0.6%。对于民营企业来说，选择 OFDI 决策对生产率水平的影响主要通过提升出口强度和利润率水平来改善生产率水平。进一步，采用半径匹配和核匹配作为稳健性检验。对于全样本而言，表 5 - 8 的 A 栏，通过半径匹配和核匹配，得到类似的结果。

表5-8 所有制类型对 OFDI 生产率效应的影响（ATT）

变量	A 全样本		B 国有企业		C 民营企业	
	ATT	T 值	ATT	T 值	ATT	T 值
最近邻匹配						
tfp_op	0.094	4.299 ***	0.075	1.51	0.123	4.426 ***
tfp_ols	0.094	4.278 ***	0.075	1.535	0.124	4.404 ***
proftratio	0.002	0.883	-0.007	-0.727	0.006	2.322 **
exp_s	0.053	3.557 ***	0.013	0.167	0.079	4.015 ***
半径匹配						
tfp_op	0.1	5.304 ***	0.914	1.323	0.111	4.702 ***
tfp_ols	0.101	5.285 ***	0.913	1.352	0.112	4.679 ***
proftratio	0.002	1.274	-0.016	-1.825 *	0.004	1.987 **
exp_s	0.061	4.737 ***	0.012	0.17	0.086	5.065 ***
核匹配						
tfp_op	0.107	5.666 ***	0.098	1.721 *	0.111	4.732 ***
tfp_ols	0.122	6.459 ***	0.112	1.869 *	0.127	5.399 ***
proftratio	0.002	1.411	-0.015	-1.848 *	0.004	1.977 **
exp_s	0.31	24.005 ***	0.184	2.713 ***	0.323	19.072 ***

注：***，**，*分别表示1%，5%和10%的显著性水平。

表5-9中的最近邻匹配结果表明，OFDI 决策对生产率影响的平均处理效应 ATE 为5.4%，OFDI 企业和非 OFDI 企业生产率的处理效应分别为9.4%和5.3%。通过自抽样（bootstrap）500次得到 ATU 和 ATE 的标准差及显著性水平。

表5-9 OFDI 决策的生产率水平处理效应（最近邻匹配）

全样本	政策效应参数	自助法标准差	Z 统计量	P 值
ATT	0.094	0.010	9.400	0.000
ATU	0.053	0.007	7.280	0.000
ATE	0.054	0.007	7.580	0.000

国有企业	政策效应参数	自助法标准差	Z 统计量	P 值
ATT	0.075	0.022	3.413	0.000
ATU	0.037	0.012	3.100	0.002
ATE	0.039	0.012	3.240	0.001
民营企业	政策效应参数	自助法标准差	Z 统计量	P 值
ATT	0.123	0.019	6.470	0.000
ATU	0.118	0.018	6.490	0.000
ATE	0.119	0.018	6.650	0.000

第五节　OFDI 对生产率影响的异质性处理效应——基于 MTE 方法

本节基于异质性处理效应模型（本章第二节介绍的模型）估计 OFDI 对企业生产率的异质性影响，分别采用参数法和半参数局部工具变量估计方法估计异质性生产率效应。本节使用的样本数据是：选择 2005～2009 年有持续经营的企业面板数据，最终获得控制组是 8795 个观测值，处理组是 1200 个观测值，总样本是 9995 个观测值，处理组企业占全样本的 12%。主要是基于相似企业的连续可比性考虑[①]。表 5 - 10 汇报了样本数据的描述性统计，处理组和控制组存在显著的差异。处理组有更高的新产品占比、人均资本密集度等。在处理组，企业出口强度比例高达 50.2%，是控制组的两倍多；研发支出比例远高于控制组。两组在债务利息率和政府补贴方面基本相同，在利润率方面有微弱差异。新产品占比是企业所有权优势的代理变量，根据第二章对外直接投资相关理论综述，新产品占比影响企业参与对外直接投资的概率，但并不直接影响 OFDI 后的生产率水平[②]，所以它是包含在可观测变量集合 Z 中但不在 X 中的变量，是模型的

---

　① 笔者也曾尝试使用本章第三节的样本数据（n = 341826）做本节的部分内容，参数法回归出来的结果与采用现有样本数据（n = 9995）的结果基本相似，变量估计值上有微弱差异，ATE 数值本身近似低 0.1 个百分点，但是所有相关变量的符号及显著性基本一致。对于本节的结果和前文的结果对比有一定影响，需要谨慎解释。

　② 新产品占比并不直接影响生产率水平，但是可能间接影响生产率。因为根据生产率水平的计算公式，企业的资本和劳动直接影响其生产率水平。

工具变量。

表 5 – 10　　　　　全样本、处理组和控制组企业特征的统计性描述

变量	全样本（n = 9995）		OFDI = 1（n = 1200）		OFDI = 0（n = 8795）	
	均值	标准误	均值	标准误	均值	标准误
ylratio	7.966	0.676	7.971	0.677	7.928	0.671
OFDI	0.120	0.325	1	0	0	0
klratio	6.176	0.830	6.221	0.877	6.170	0.823
ynewratio	0.039	0.146	0.074	0.199	0.034	0.136
lnL	4.883	0.633	5.165	0.656	4.844	0.620
research_dum	0.198	0.399	0.280	0.449	0.187	0.390
size	5.917	0.699	6.157	0.732	5.884	0.688
age	2.008	0.537	1.935	0.552	2.018	0.534
exp_s	0.248	0.375	0.502	0.404	0.213	0.357
proftratio	0.057	0.052	0.057	0.048	0.057	0.053
lixiratio	0.029	0.047	0.027	0.037	0.029	0.048
subsdy_ta	0.001	0.005	0.001	0.005	0.001	0.005

一、影响企业选择 OFDI 的因素和倾向得分估计

选择模型（决策模型）式（5.4）的估计结果见表 5 – 11。运用 Probit 模型估计企业选择 OFDI 的概率，该模型很好地识别了企业的 OFDI 选择行为，OFDI 决策正确预测的比率为 99.50%，准 R^2（Pseudo R^2）是 0.105。估计结果表明，出口强度、人均资本密集度、企业规模、新产品占比对企业实施 OFDI 决策有重要的影响，出口强度越大、人均资本密集度越大、企业规模越大、新产品占比越高的企业，OFDI 的概率越大。假定其他变量保持在其均值上，企业出口强度上升 1%，企业参与 OFDI 的概率近似上升 1 个百分点（0.8%）。新产品占比对企业参与 OFDI 概率有显著影响，前者上升 1%，后者上升 0.4%。企业所处地区的市场化程度对其参与 OFDI 决策有显著影响，企业在市场化程度高的地区参与 OFDI

的概率比在市场化程度低的地区参与 OFDI 的概率高 0.3 个百分点。企业所有制特征对 OFDI 决策没有显著影响。

表 5 - 11　　　　　　　　　　　　选择模型估计结果

变量	系数	Z 统计量	平均边际效应	Z 统计量
ynewratio	0.314 ***	(5.952)	0.004 ***	(5.790)
klratio	0.089 ***	(5.797)	0.001 ***	(5.670)
size	0.270 ***	(13.679)	0.004 ***	(12.000)
age	−0.003	(−1.122)	−0.00004 ***	(−1.120)
exp_s	0.596 ***	(14.499)	0.008 ***	(12.540)
proftratio	0.213	(1.434)	0.003 ***	(1.430)
lixiratio	−0.035	(−0.658)	−0.0005 ***	(−0.660)
subsdy_ta	0.180	(0.860)	0.002 ***	(0.860)
high_MartktIndx	0.201 ***	(5.484)	0.003 ***	(5.320)
foreign	0.298	(0.973)	0.004 ***	(0.970)
private	0.371	(1.213)	0.005 ***	(1.210)
east	0.092	(1.313)	0.001 ***	(1.310)
west	0.233 **	(2.455)	0.003 ***	(2.440)
Constant	−5.576 ***	(−15.616)		

注: 括号里的数值为估计的 t 统计量。 *** , ** , * 分别表示 1%, 5% 和 10% 的显著性水平。回归中同时控制了两位数行业虚拟变量和时间虚拟变量。

Probit 模型估计出每一家企业选择 OFDI 的概率, 即倾向得分。图 5 - 3 绘制了处理组和控制组的倾向得分概率密度分布。图 5 - 3 中, 非 OFDI 企业 (控制组) 集中在倾向分数值较低的部分, 在迅速达到顶峰后急剧下降; 而 OFDI 企业 (处理组) 的分布比较均匀, 在两者的交点以后高于非 OFDI 企业。

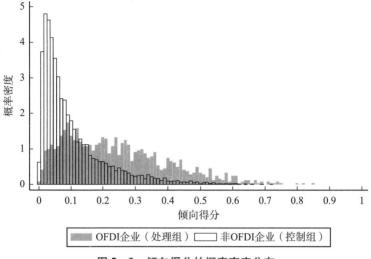

图 5 – 3　倾向得分的概率密度分布

二、OFDI 决策对生产率效应的异质性分析

（一）生产率效应的估计结果——基于 OLS 和 IV 法

本章分别采用 OLS 方法、IV 方法和半参数局部工具变量方法（LIV）对 OFDI 的生产率效应进行估计。在使用 IV 方法估计 OFDI 对生产率的影响时，选择倾向得分值作为 OFDI 的工具变量。OLS 和 IV 估计结果见表 5 – 12。无论 OLS 还是 IV 估计结果均显示，OFDI 变量的系数显著为正，且都通过 5% 的显著性检验。具体而言，OLS 估计结果表明，模型（1）若不控制任何变量时，OFDI 对生产率影响的平均处理效应（ATE）是 20.6%；模型（2）中加入控制变量后，OFDI 对生产率影响的平均处理效应（ATE）降为 5.6%。IV 估计量表明，模型（3）若不控制任何变量时，OFDI 对生产率影响的平均处理效应（ATE）是 127.1%；模型（4）中加入控制变量后，OFDI 对生产率影响的平均处理效应（ATE）降为 25.7%。显然，IV 法估计的平均处理效应远远大于 OLS 法估计的 ATE。

表 5 - 12　　　　　　　　　OLS 方法与 IV 估计结果

变量	OLS		IV	
	模型（1）	模型（2）	模型（3）	模型（4）
OFDI	0.206 *** （10.707）	0.056 *** （3.090）	1.271 *** （19.189）	0.257 ** （2.169）
klratio		− 0.083 *** （− 9.906）		− 0.088 *** （− 13.407）
size		0.696 *** （57.015）		0.689 *** （76.584）
age		0.012 （1.019）		0.014 * （1.851）
exp_s		− 0.039 ** （− 2.118）		− 0.068 *** （− 3.384）
proftratio		1.789 *** （14.664）		1.795 *** （21.625）
lixiratio		− 0.027 （− 0.232）		− 0.032 （− 0.344）
subsdy_ta		3.500 *** （4.951）		3.215 *** （4.694）
lnL		− 0.068 *** （− 4.777）		− 0.075 *** （− 7.223）
research_dum		0.021 （1.258）		0.015 （1.443）
high_MartktIndx		− 0.123 *** （− 8.066）		− 0.123 *** （− 13.095）
foreign		0.023 （1.138）		0.009 （0.588）
east		− 0.085 *** （− 3.254）		− 0.089 *** （− 5.511）

续表

变量	OLS		IV	
	模型（1）	模型（2）	模型（3）	模型（4）
west		0.044 (0.990)		0.035 (1.264)
Constant	3.260 *** (490.077)	0.055 (0.586)	3.132 *** (314.011)	0.161 * (1.816)

注：括号里是 t 统计量；***，**，*分别表示1%，5%和10%的显著性水平；回归中同时控制了两位数行业虚拟变量和时间虚拟变量。被解释变量是 TFP。

（二）边际处理效应估计——基于参数和半参数法

1. 估计 MTE—参数法估计

假定 U_0，U_1，U_D 服从正太分布，采用参数法计算 MTE。首先对式（5.22）和式（5.24）进行 OLS 回归，估计结果见表5-13。逆米尔斯比 $\hat{\lambda}_1$ 和 $\hat{\lambda}_0$ 估计值的系数都显著为正，说明模型中若不考虑选择偏差将会得到不一致的估计结果。在给定不可观察的异质性后，这里参考王海港等（2009）与张巍巍和李雪松（2014）的做法，给定异质性 u_D 值为 0.01、0.02、……、0.99，表5-14中分别用 u1～u99 表示。根据式（5.27）计算处于选择和不选择对外直接投资（OFDI）无差异的那些企业从对外直接投资中获得的生产率效应，即边际处理效应，表5-14汇报了所有的 MTE 数值。

表5-13　　　　　　　　参数法估计 MTE 的过程

变量	OFDI 企业（OFDI = 1）		非 OFDI 企业（OFDI = 0）	
	系数	t 统计量	系数	t 统计量
klratio	− 0.068 ***	（− 2.871）	− 0.099 ***	（− 8.083）
size	0.698 ***	（17.218）	0.687 ***	（146.557）
age	0.034 ***	（2.908）	0.015	（1.266）
exp_s	− 0.191 **	（− 1.965）	− 0.108 ***	（− 6.140）
proftratio	2.267 ***	（6.426）	1.818 ***	（154.876）
lixiratio	− 1.080 *	（− 1.892）	0.126	（0.869）

续表

变量	OFDI 企业（OFDI = 1）		非 OFDI 企业（OFDI = 0）	
	系数	t 统计量	系数	t 统计量
subsdy_ta	1.222	(0.214)	2.643 ***	(4.135)
ln*L*	−0.015 **	(−2.227)	−0.085 ***	(−5.531)
research_dum	−0.017	(−0.426)	0.013	(0.908)
east	−0.099 ***	(−2.585)	−0.152 ***	(−18.116)
west	−0.048	(−0.717)	0.043	(1.113)
Constant	−0.201	(−0.291)	0.314 **	(2.308)
$\hat{\lambda}_1$	0.065 **	(2.399)		
$\hat{\lambda}_0$			0.189 ***	(123.584)

注：***，**，* 分别表示1%，5%和10%的显著性水平；回归中控制了两位数行业和时间虚拟变量。此外汇报了 $\hat{\rho}_1 - \hat{\rho}_0 = -0.124$。

表 5 – 14　　　　　　　　　　参数法估计 MTE 的数值

MTE							
u1	0.510 *** (5.847)	u8	0.396 *** (6.504)	u15	0.350 *** (2.913)	u22	0.317 * (1.950)
u2	0.476 *** (10.964)	u9	0.388 *** (5.447)	u16	0.345 *** (2.717)	u23	0.313 * (1.863)
u3	0.455 *** (29.077)	u10	0.380 *** (4.713)	u17	0.340 ** (2.547)	u24	0.309 * (1.783)
u4	0.439 *** (83.184)	u11	0.374 *** (4.171)	u18	0.335 ** (2.399)	u25	0.305 * (1.710)
u5	0.426 *** (19.092)	u12	0.367 *** (3.753)	u19	0.330 ** (2.268)	u26	0.301 (1.642)
u6	0.414 *** (11.268)	u13	0.361 *** (3.418)	u20	0.326 ** (2.151)	u27	0.297 (1.579)
u7	0.405 *** (8.177)	u14	0.355 *** (3.143)	u21	0.321 ** (2.045)	u28	0.293 (1.520)

MTE							
u29	0.290 (1.465)	u43	0.243 (0.940)	u57	0.199 (0.632)	u71	0.152 (0.405)
u30	0.286 (1.414)	u44	0.240 (0.914)	u58	0.196 (0.614)	u72	0.149 (0.390)
u31	0.283 (1.365)	u45	0.237 (0.888)	u59	0.193 (0.596)	u73	0.145 (0.376)
u32	0.279 (1.320)	u46	0.233 (0.863)	u60	0.190 (0.579)	u74	0.141 (0.361)
u33	0.276 (1.276)	u47	0.230 (0.839)	u61	0.186 (0.562)	u75	0.137 (0.347)
u34	0.272 (1.235)	u48	0.227 (0.815)	u62	0.183 (0.545)	u76	0.133 (0.333)
u35	0.269 (1.196)	u49	0.224 (0.793)	u63	0.180 (0.529)	u77	0.129 (0.318)
u36	0.266 (1.159)	u50	0.221 (0.771)	u64	0.176 (0.512)	u78	0.125 (0.304)
u37	0.262 (1.124)	u51	0.218 (0.749)	u65	0.173 (0.496)	u79	0.121 (0.290)
u38	0.259 (1.090)	u52	0.215 (0.729)	u66	0.170 (0.481)	u80	0.116 (0.276)
u39	0.256 (1.058)	u53	0.212 (0.708)	u67	0.166 (0.465)	u81	0.112 (0.261)
u40	0.253 (1.026)	u54	0.209 (0.688)	u68	0.163 (0.450)	u82	0.107 (0.247)
u41	0.249 (0.997)	u55	0.205 (0.669)	u69	0.159 (0.435)	u83	0.102 (0.233)
u42	0.246 (0.968)	u56	0.202 (0.650)	u70	0.156 (0.420)	u84	0.097 (0.218)

	MTE						
u85	0.092 (0.203)	u89	0.068 (0.142)	u93	0.037 (0.072)	u97	-0.013 (-0.022)
u86	0.087 (0.188)	u90	0.062 (0.125)	u94	0.028 (0.052)	u98	-0.034 (-0.056)
u87	0.081 (0.173)	u91	0.054 (0.108)	u95	0.016 (0.030)	u99	-0.068 (-0.103)
u88	0.075 (0.157)	u92	0.046 (0.090)	u96	0.003 (0.006)		

注：括号里是 t 值；***，**，*分别表示 1%、5% 和 10% 的显著性水平。

2. 估计 MTE—局部工具变量法

参数估计方法需要假设随机误差项服从联合正太分布，而半参数局部工具变量估计方法（LIV）不需要该假设条件。采用半参数的局部工具变量估计方法（LIV）估计，在给定不可观测的异质性（u_D 值为 0.01、0.02、……、0.99）后，计算 MTE。根据 LIV 原理，首先，采用局部线性回归法（LLI）估计方程（5.29），解释变量及其与倾向得分变量 P（Z）交乘项和被解释变量，总共有 19 个变量，根据式（5.29）得到相应变量的拟合值，再根据式（5.30）得到相应变量的残差变量。其次，用 OLS 法估计双残差计算系数 β_0 和（$\beta_1 - \beta_0$），估计结果见表 5 – 15。最后，根据式（5.33），采用 LIV 计算得到边际处理效应。

表 5 – 15　半参数局部工具变量法（LIV）估计过程（双残差估计结果）

变量	系数 $\hat{\beta}_0$	Z 统计量	变量	系数 ($\hat{\beta}_1 - \hat{\beta}_0$)	Z 统计量
klratio	-0.059 ***	(-17.06)	klratioXp	-0.052 ***	(-2.64)
size	0.684 ***	(57.51)	sizeXp	0.048	(0.72)
age	-0.018	(-1.60)	ageXp	0.136 ***	(4.77)
exp_s	0.070 *	(1.67)	exp_sXp	-0.886 ***	(-3.30)
proftratio	1.679 ***	(15.67)	proftratioXp	2.336 ***	(3.31)

续表

变量	系数 $\hat{\beta}_0$	Z 统计量	变量	系数 $(\hat{\beta}_1 - \hat{\beta}_0)$	Z 统计量
lixiratio	0.121	(1.05)	*lixiratioXp*	0.118	(0.13)
subsdy_ta	4.953***	(8.78)	*subsdy_taXp*	−12.670***	(−4.29)
hhi	−1.971	(−1.35)	*hhiXp*	15.731	(1.6)
indus_chemical	0.021	(1.57)	*indus_chemical Xp*	−0.206	(−1.57)
indus_material	0.016	(0.81)	*indus_material Xp*	0.109	(1.3)
indus_mechanical	0.012	(1.00)	*indus_mechanical Xp*	−0.243***	(−3.03)
east	−0.194***	(−7.09)	*eastXp*	0.592***	(2.86)
west	0.053	(1.44)	*westXp*	0.337	(0.89)

注：***，**，*分别表示1%，5%和10%的显著性水平；后缀为"Xp"的变量表示解释变量 X 与倾向得分 P(Z) 的交叉项；被解释变量是 TFP。

图 5-4 给出了 LIV 估计结果描绘的不可观测变量 U_D 对边际生产率的影响。MTE 随着 U_D 的增加而下降。给定 P(Z)，较低的不可观测变量 U_D 意味着较低的选择成本，从而有较高的选择对外直接投资的概率，而较高的 U_D 意味着较高的选择成本，从而有较低的选择对外直接投资的概率。

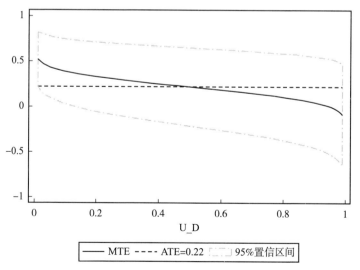

图 5-4　LIV 估计边际处理效应（2005～2009 年）—TFP

因此，MTE 随着 U_D 的增加而下降意味着那些最有可能选择对外直接投资的企业从 OFDI 中获得的生产率效应最高，而那些不大可能选择 OFDI 的企业获益最低。总之，MTE 向右下倾斜，表示越倾向于对外直接投资的企业，其生产率提升越高，进一步表明样本企业的生产率效应表现出明显的异质性。例如：当 $U_D = 0.01$ 时，最有可能参与 OFDI 的企业的边际生产率效应为 51%；而当 U_D 上升到 0.99 时，那些企业的边际生产率效应降为最低为 −6.8%。当 $U_D > 0.97$ 时，OFDI 的边际生产率效应转为负值。

MTE 随 U_D 的增加而下降，与 $ATT > ATE > ATU$ 相吻合，因为它们都是 MTE 的积分形式。因此，当 MTE 随着 U_D 的增加而下降时，ATT 大于 ATE，而后者又大于 ATU。$ATT > ATE > ATU$，表示那些选择对外直接投资的企业平均生产率效应大于随机挑选的企业选择对外直接投资，同时也大于那些未选择 OFDI 的企业的生产率效应。总之，MTE 向右下倾斜，越倾向于选择 OFDI 决策的企业，其生产率效应越高。

（三） 以 MTE 为基石计算并分析各种处理效应

根据权重公式（5−18）~式（5−20），对 ATT、ATU 和 ATE 的权重分别进行估计，结果如图 5−5 所示。使用此权重分别对 MTE 加权后，可以得到 ATE 即随机实施 OFDI 决策企业的生产率效应 22.1%；事实上，选择 OFDI 的企业生产率效应为 37.1%；非 OFDI 企业的生产率效应为 20.1%。

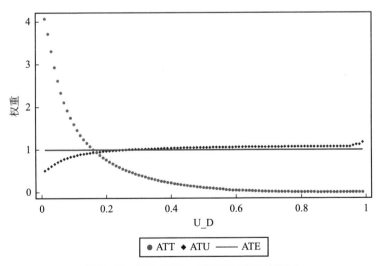

图 5−5 参数 ATT、ATU 和 ATE 的权重

表 5-16 给出了普通最小二乘法（OLS）、工具变量法（IV）、半参数局部工具变量估计方法（LIV）与倾向得分匹配法（PSM）最近邻匹配四种方法估计的处理效应，半参数局部工具变量法计算的平均处理效应大于普通最小二乘法估计结果，却小于工具变量法估计结果。普通最小二乘法低估了 OFDI 的生产率效应，而工具变量法则高估了 OFDI 的生产率效应。基于半参数 LIV 估计的结果显示，OFDI 对生产率影响的平均处理效应 ATE 为 22.1%，即随机抽取的企业选择 OFDI 时对其生产率影响的平均效应。OLS 估计值为 5.6%，是对 ATE 的有偏估计。OFDI 企业生产率水平的处理效应 ATT 为 37.1%，非 OFDI 企业生产率的处理效应 ATU 为 20.1%，选择偏差为 -31.5%。表 5-16 中的倾向得分最近邻匹配结果表明，OFDI 对生产率影响的平均处理效应 ATE 为 5.4%，OFDI 企业和非 OFDI 企业生产率的处理效应分别为 9.4% 和 5.3%，选择偏差为 -3.8%。半参数 LIV 估计和倾向得分匹配的结果都显示 ATT > ATE > ATU，表示 OFDI 企业的生产率增长高于非 OFDI 企业，如果它们选择 OFDI 时的生产率增长，分类收益为正，选择偏差为负，表明企业根据比较优势原理对 OFDI 做出选择。分类收益为正表明企业是自愿选择参与 OFDI。①

表 5-16　　　　　　　　　　OFDI 对 TFP 影响的处理效应

参数	OLS	IV	半参数局部工具变量法（LIV）	倾向得分匹配
ATT	—	—	0.371	0.094
ATU	—	—	0.201	0.053
ATE	0.056	0.257	0.221	0.054
偏差	—	—	-0.165	0.002
选择偏差	—	—	-0.315	-0.038
分类收益	—	—	0.15	0.04

注：偏差 = OLS - ATE；选择偏差 = OLS - ATT；分类收益 = ATT - ATE。"—"表示没有数值。倾向得分匹配结果是基于最近邻匹配的结果，具体数据参加表 5-8 中第一栏全样本的估计结果。

---

① 分类收益显示了经纪人将自己归类到那一类别是出于有意的还是不情愿的，甚至是被迫的。正的分类受益与自愿的选择相连，而负的分类收益则是由于不可观测因素导致经济人不情愿的选择。详细参见王海港（2009）。

异质性处理效应模型（参数法和半参数 LIV 估计法）和倾向得分匹配的方法得到的结论都表明，OFDI 对企业生产率有显著的正向影响，即存在生产率创造效应。异质性处理效应模型得到的正向影响大一些[①]，这与两个模型的使用条件有关。异质性处理效应模型允许基于不可观测和可观测变量的选择，而倾向得分匹配法仅基于可观测的变量的选择（Heckman and Robb，1985），匹配模型的识别条件只有在影响结果与选择的因素都是可观测变量时才能满足，相对来说，异质性处理效应模型的结果更加科学。

（四）稳健性检验

出于稳健性考虑，本书采用了莱文森和佩特林（Levinsohn and Petrin，2003）的方法重新估计 TFP。回归结果与 LP 基本相似，关键变量没有显著差异。此外，本章还采用人均产出（增加值或总产值）来度量劳动生产率。重复做了 OFDI 决策对生产率的异质性影响的相关内容，基于结论和前文相似，表明结论是稳健的。其中 OLS 和 IV 的估计结果见表 5-17，MTE 的估计过程见表 5-18，MTE 的估计值见表 5-19，MTE 的图示见图 5-6。

表 5-17 OLS 方法与 IV 估计结果

变量	IV		OLS	
	模型（1）	模型（2）	模型（1）	模型（2）
OFDI	0.027 * (1.751)	0.050 *** (3.301)	0.008 *** (2.620)	0.008 *** (2.862)
klratio	0.004 *** (3.542)		0.005 *** (3.448)	
size	0.988 *** (459.120)	0.989 *** (478.712)	0.989 *** (441.034)	0.992 *** (502.516)
age	0.002 (1.528)	0.003 ** (2.042)	0.002 (0.959)	0.003 (1.431)

[①] 值得说明的是，由于本章 PSM 方法和 LIV 方法使用的样本数据不同，故结论需要谨慎对比分析，第五节基于 PSM 法的基础数据是 341826 个观测值，而第六节的 LIV 的基础数据是 9995 个观测。

续表

变量	IV		OLS	
	模型（1）	模型（2）	模型（1）	模型（2）
exp_s	− 0. 007 ** （ − 2. 098）	− 0. 011 *** （ − 3. 649）	− 0. 004 （ − 1. 421）	− 0. 005 * （ − 1. 762）
proftratio	− 0. 021 （ − 1. 251）	− 0. 016 （ − 0. 935）	− 0. 022 （ − 1. 034）	− 0. 016 （ − 0. 744）
lixiratio	0. 024 ** （2. 031）	0. 022 * （1. 832）	0. 024 （1. 631）	0. 023 （1. 508）
subsdy_ta	− 0. 254 （ − 1. 517）	− 0. 286 * （ − 1. 700）	− 0. 222 （ − 1. 041）	− 0. 215 （ − 1. 011）
lnL	− 0. 987 *** （ − 509. 593）	− 0. 991 *** （ − 623. 400）	− 0. 987 *** （ − 406. 40）	− 0. 990 *** （ − 460. 436）
research_dum	0. 001 （0. 510）	0. 001 （0. 389）	0. 002 （0. 613）	0. 003 （1. 002）
high_MartktIndx	− 0. 001 （ − 0. 304）	0. 000 （0. 102）	− 0. 001 （ − 0. 262）	0. 001 （0. 221）
foreign	− 0. 006 ** （ − 2. 196）	− 0. 008 *** （ − 2. 872）	− 0. 005 （ − 1. 551）	− 0. 005 （ − 1. 532）
east	0. 006 * （1. 838）	0. 005 * （1. 690）	0. 006 （1. 350）	0. 006 （1. 387）
west	0. 009 （1. 559）	0. 008 （1. 424）	0. 010 （1. 109）	0. 011 （1. 179）
Constant	6. 916 *** （458. 658）	6. 952 *** （525. 462）	6. 904 *** （495. 821）	6. 932 *** （534. 255）

注：括号里是 t 统计量；***，**，* 分别表示 1%，5% 和 10% 的显著性水平；R^2 均为 0. 989，样本数是 9975；回归中同时控制了两位数行业虚拟变量和时间虚拟变量。被解释变量：人均产出 ylratio。

表 5 – 18　　　　　　　　　　参数法估计 MTE 的过程

变量	OFDI 企业（OFDI = 1）		非 OFDI 企业（OFDI = 0）	
	系数	t 统计量	系数	t 统计量
klratio	0.012 ***	（4.181）	0.005 ***	（22.126）
size	0.989 ***	（245.833）	0.991 ***	4033.89
age	0.001 ***	（4.701）	0.013	（0.664）
export_s	0.014	（0.839）	− 0.004 ***	（− 15.536）
proftratio	0.019	（0.777）	0.040 ***	（13.109）
lixiratio	− 0.033	（− 1.401）	0.010 ***	（4.601）
subsdy_ta	− 0.579	（− 0.552）	0.033	（0.900）
lnL	− 0.995 ***	− 292.1	− 0.992 ***	− 2688.1
research_dum	0.010 ***	（2.588）	0.007 ***	（25.558）
hhi	0.576 **	（1.995）	0.003	（0.134）
$\hat{\lambda}_1$	0.030 *	（1.733）		
$\hat{\lambda}_0$			0.048 ***	（26.744）

注：***，**，* 分别表示1%，5%和10%的显著性水平；回归中同时控制了两位数行业虚拟变量和时间虚拟变量。此外回归汇报了 $\hat{\rho}_1 - \hat{\rho}_0 = -0.018$。

表 5 – 19　　　　　　　　　　参数法估计 MTE 的数值

MTE					
u1	0.1420	u10	0.1235	u19	0.1163
u2	0.1372	u11	0.1225	u20	0.1157
u3	0.1341	u12	0.1216	u21	0.1150
u4	0.1318	u13	0.1207	u22	0.1144
u5	0.1299	u14	0.1199	u23	0.1138
u6	0.1283	u15	0.1191	u24	0.1132
u7	0.1269	u16	0.1184	u25	0.1127
u8	0.1257	u17	0.1177	u26	0.1121
u9	0.1245	u18	0.1170	u27	0.1116

MTE					
u28	0.1111	u52	0.0998	u76	0.0881
u29	0.1105	u53	0.0994	u77	0.0876
u30	0.1100	u54	0.0989	u78	0.0870
u31	0.1095	u55	0.0985	u79	0.0864
u32	0.1090	u56	0.0980	u80	0.0857
u33	0.1085	u57	0.0976	u81	0.0851
u34	0.1080	u58	0.0971	u82	0.0844
u35	0.1075	u59	0.0966	u83	0.0837
u36	0.1071	u60	0.0962	u84	0.0830
u37	0.1066	u61	0.0957	u85	0.0823
u38	0.1061	u62	0.0953	u86	0.0815
u39	0.1057	u63	0.0948	u87	0.0807
u40	0.1052	u64	0.0943	u88	0.0798
u41	0.1047	u65	0.0938	u89	0.0789
u42	0.1043	u66	0.0934	u90	0.0779
u43	0.1038	u67	0.0929	u91	0.0769
u44	0.1034	u68	0.0924	u92	0.0757
u45	0.1029	u69	0.0919	u93	0.0745
u46	0.1025	u70	0.0914	u94	0.0731
u47	0.1020	u71	0.0909	u95	0.0715
u48	0.1016	u72	0.0903	u96	0.0696
u49	0.1011	u73	0.0898	u97	0.0673
u50	0.1007	u74	0.0893	u98	0.0642
u51	0.1002	u75	0.0887	u99	0.0593

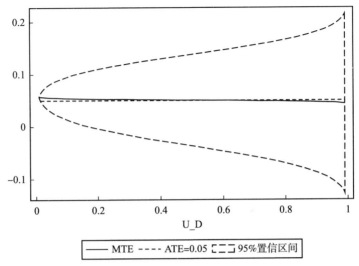

图 5 – 6 LIV 估计边际处理效应（2005 ~ 2009 年）——人均产出

第六节　本　章　小　结

本章采用 2005 ~ 2009 年《中国工业企业数据库》和《境外投资企业（机构）名录》合并构成的企业数据库，考察了 OFDI 对企业生产率水平的影响，运用异质性处理效应模型及倾向得分匹配方法，校正了样本选择偏差，估计了 OFDI 对生产率影响的平均处理效应和异质性处理效应。实证研究结果表明：

第一，OFDI 决策对企业生产率有显著的正向影响，存在生产率创造效应。基于倾向得分匹配方法估计结果显示，在控制了企业自选择对 OF-DI 的影响后，OFDI 企业生产率比与之相匹配的非 OFDI 企业生产率平均近似高出 10 个百分点。普通最小二乘法低估了 OFDI 的生产率效应，而工具变量法则高估了 OFDI 的生产率效应。基于半参数局部工具变量法估计结果显示，OFDI 决策对生产率影响的平均处理效应 ATE 为 22.1%，远大于倾向得分匹配的估计值，这与两个模型的适用条件有关。

第二，OFDI 决策对不同类型企业生产率的促进作用具有显著差异。根据企业所有制类型将研究样本分为国有企业和民营企业。倾向得分匹配法估计的 ATT 在两个子样本存在显著差异。在国有企业中 ATT 为正，但均没有通过显著性检验，这表明 OFDI 对国有企业生产率水平没有明显的促进作用；而在民营企业中，ATT 为正且通过 1% 水平的显著性检验，表明 OFDI 对民营企业生产率具有显著的促进作用。这说明 OFDI 可以显著提升企业的生产率水平，存在生产率创造效应，尤其是对民营企业的生产率水平提升作用更大。

第三，OFDI 决策对企业生产率的影响存在明显的异质性。半参数局部工具变量估计方法（LIV）估计结果显示，边际处理效应 MTE 不是常数，而是一条向右下倾斜的曲线，表示那些最有可能参加对外直接投资的企业从 OFDI 中获得的生产率效应最高，而那些不大可能参与 OFDI 的企业获益最低。越倾向于对外直接投资的企业，其生产率水平提升越高，进一步表明样本企业的生产率效应表现出明显的异质性。无论是异质性处理效应模型估计结果还是倾向得分匹配方法估计结果都显示：ATT > ATE > ATU，这表明企业根据比较优势原理对对外直接投资做出选择。

本章的研究结果表明，OFDI 决策对企业的生产率水平具有正向促进作用，我国应该进一步完善对外直接投资促进体系，大力实施"走出去"战略，特别是应积极鼓励和支持民营企业"走出去"对外直接投资，促进其生产率水平的提升。

第六章

中国企业对外直接投资的
经济效应 II：创新效应

目前，外商直接投资（FDI）、对外直接投资（OFDI）、出口贸易和进口贸易是国际公认的 R&D 溢出的四种主要渠道（王英等，2008）。特别是技术获取型 OFDI，能够释放出巨大的逆向技术溢出效应，因此越来越多的发达国家和发展中国家企业开始逐步加大对外直接投资。第五章已从生产率角度进行了分析研究，本章则从创新角度对 OFDI 是否促进企业创新水平进行研究。如果企业通过对外直接投资提升了自身的创新水平，则称为存在"创新效应"。根据第二章文献综述，已有文献关注 OFDI 与企业创新活动的关系，然而深入考察 OFDI 影响企业创新传导机制的文献很少，以往文献大多从宏观层面研究 OFDI 与国家创新水平的关系。本章利用《中国工业企业数据库》与《境外投资企业（机构）名录》的合并数据，从微观层面全面评估了对外直接投资对中国企业创新的因果效应。采用倾向得分匹配方法和区制转换选择模型估计 OFDI 对企业创新的因果效应，有利于解决采用普通最小二乘法进行估计可能存在的选择偏差，使得研究结论更加可靠。此外，本书对 OFDI 进行分类，在此基础上比较分析不同类型 OFDI 对企业创新影响的差异性。

第一节　区制转换选择模型与 PSM 方法

一、OFDI 决策对创新影响的区制转换选择模型

本章主要考察异质性企业的投资决策：选择 OFDI 和不选择 OFDI。下

面讨论 OFDI 决策对企业创新的影响，构建如下公式：

$$RD_i = X_i \beta_i + \alpha \times OFDI_i + \varepsilon_i \tag{6.1}$$

其中，RD_i 为企业 i 的创新水平（分别用创新产出强度 $ynewratio_i$ 和创新投入强度 $research\_ratio_i$ 表示），X 是包括影响企业创新水平的相关解释变量的向量，如企业年龄、资本密集度、企业利润率等，ε 为随机误差项。$OFDI_i$ 是虚拟变量，取值为 1 表示企业选择对外直接投资，即为 OFDI 企业；取值为 0 表示企业没有选择对外直接投资，即非 OFDI 企业。式（6.1）中的参数 α 刻画的是选择对外直接投资企业的创新效应。下文仅以创新产出强度进行分析。

根据本书第三章企业异质性生产率、出口和 OFDI 的理论模型分析可知，企业进行对外直接投资时需要克服更高的固定成本，因此只有生产率较高的企业才能在海外市场上有足够的盈利弥补对外直接投资带来的固定成本。这在文献中通常被称为企业对外直接投资的"自选择效应"。当企业 OFDI 决策存在"自选择效应"时，虚拟变量 $OFDI_i$ 就不能被视为外生变量。在不同的投资决策下，每家企业 i 都有对应的潜在创新产出 RD_{1i} 和 RD_{0i}。由于不同选择下（选择 OFDI 和不选择 OFDI）企业行为表现的机制可能是不同的，于是两种投资决策的潜在选择结果（RD_{1i}，RD_{0i}）可以表示为：

$$RD_{1i} = X_{1i} \beta_i + \varepsilon_{1i} \quad \text{if} \quad OFDI_i = 1 \tag{6.2}$$

$$RD_{0i} = X_{0i} \beta_0 + \varepsilon_{0i} \quad \text{if} \quad OFDI_i = 0 \tag{6.3}$$

企业选择对外直接投资决策变量 $OFDI_i$ 的选择机制为：

$$OFDI_i^* = Z_i \gamma + v_i \tag{6.4}$$

$$OFDI_i = 1(OFDI_i^* > 0) \tag{6.5}$$

Z_i 是影响企业 OFDI 决策的解释变量构成的向量。根据李（1976）的研究，通常假定式（6.2）至式（6.4）中的随机误差项（ε_1，ε_2，v）服从三元联合正太分布：

$$\begin{pmatrix} \varepsilon_1 \\ \varepsilon_0 \\ v \end{pmatrix} \sim \left[\begin{pmatrix} \varepsilon_1 \\ \varepsilon_0 \\ v \end{pmatrix}, \sum \right], \text{其中} \sum = \text{cov} \begin{pmatrix} \varepsilon_1 \\ \varepsilon_0 \\ v \end{pmatrix} = \begin{bmatrix} \sigma_1^2 & \sigma_{10} & \sigma_{1v} \\ \sigma_{10} & \sigma_0^2 & \sigma_{0v} \\ \sigma_{1v} & \sigma_{0v} & \sigma_v^2 \end{bmatrix}$$

则式（6.2）至式（6.5）表示的是 OFDI 决策对企业创新产出影响的区制转换选择模型（switching regression models with self-selectivity），即第 V 类 Tobit 模型，这是对赫克曼经典样本选择模型的扩展，基于不同选择区制来校正选择偏差以保证估计结果的一致性。在式（6.2）至式（6.5）

中，区制 0 为 $OFDI_i = 0$，区制 1 为 $OFDI_i = 1$，两种区制下回归方程中包含相同或不同的解释变量 X_1 与 X_0 以及不同的系数向量 β_1 和 β_0。李 (1976) 给出了区制转换选择模型的赫克曼两阶段估计思路。在区制 1 中，观测到的实际选择对外直接投资企业（OFDI 企业）创新产出可以表述为：

$$
\begin{aligned}
E(RD_{1i} \mid OFDI_i^* > 0) &= E(X_{1i}\beta_1 + \varepsilon_{1i} \mid OFDI_i^* > 0) \\
&= X_{1i}\beta_1 + E(\varepsilon_{1i} \mid Z_i\gamma + v_i > 0) \\
&= X_{1i}\beta_1 + \frac{\sigma_{1v}}{\sigma_v^2} E(v_i \mid v_i > -Z_i\gamma) \\
&= X_{1i}\beta_1 + \frac{\sigma_{1v}}{\sigma_v} E\left(\frac{v_i}{\sigma_v} \,\middle|\, \frac{v_i}{\sigma_v} > -\frac{Z_i\gamma}{\sigma_v} \right) \\
&= X_{1i}\beta_1 + \frac{\sigma_{1v}}{\sigma_v} \lambda_{1i}\left(-\frac{Z_i\gamma}{\sigma_v} \right)
\end{aligned}
\tag{6.6}
$$

其中，逆米尔斯比定义为：$\lambda_{1i}\left(-\dfrac{Z_i\gamma}{\sigma_v} \right) = \dfrac{\phi\left(\dfrac{Z_i\gamma}{\sigma_v} \right)}{\Phi\left(\dfrac{Z_i\gamma}{\sigma_v} \right)}$。

在区制 0 中，观测到的实际没有选择对外直接投资企业（非 OFDI 企业）创新产出可以表述为：

$$
\begin{aligned}
E(RD_{0i} \mid OFDI_i^* \leq 0) &= E(X_{0i}\beta_0 + \varepsilon_{0i} \mid OFDI_i^* \leq 0) \\
&= X_{0i}\beta_0 + E(\varepsilon_{0i} \mid Z_i\gamma + v_i \leq 0) \\
&= X_{0i}\beta_0 + \frac{\sigma_{0v}}{\sigma_v^2} E(v_i \mid v_i \leq -Z_i\gamma) \\
&= X_{0i}\beta_0 + \frac{\sigma_{0v}}{\sigma_v} E\left(\frac{v_i}{\sigma_v} \,\middle|\, \frac{v_i}{\sigma_v} \leq -\frac{Z_i\gamma}{\sigma_v} \right) \\
&= X_{0i}\beta_0 + \frac{\sigma_{0v}}{\sigma_v} \lambda_{0i}\left(-\frac{Z_i\gamma}{\sigma_v} \right)
\end{aligned}
\tag{6.7}
$$

其中，逆米尔斯比定义为：$\lambda_{0i}\left(-\dfrac{Z_i\gamma}{\sigma_v} \right) = -\dfrac{\phi\left(\dfrac{Z_i\gamma}{\sigma_v} \right)}{1 - \Phi\left(\dfrac{Z_i\gamma}{\sigma_v} \right)}$。

对于观测到的样本，式（6.2）和式（6.3）可表示为：

$$
RD_{1i} = X_{1i}\beta_1 + \frac{\sigma_{1v}}{\sigma_v} \lambda_{1i}\left(-\frac{Z_i\gamma}{\sigma_v} \right) + w_{1i} \quad \text{if} \quad OFDI_i = 1
\tag{6.8}
$$

$$
RD_{0i} = X_{0i}\beta_0 + \frac{\sigma_{1v}}{\sigma_v} \lambda_{0i}\left(-\frac{Z_i\gamma}{\sigma_v} \right) + w_{0i} \quad \text{if} \quad OFDI_i = 0
\tag{6.9}
$$

于是，区制转换选择模型和赫克曼两阶段估计法的步骤为：第一步，利用最大似然估计法（MLE）就 $OFDI_i$ 对 Z_i 做 Probit 回归，估计出系数向量 $\hat{\gamma}$，并计算出 $\hat{\lambda}_{1i}$ 和 $\hat{\lambda}_{0i}$；第二步，将 $\hat{\lambda}_{1i}$ 和 $\hat{\lambda}_{0i}$ 分别代入式（6.8）和式（6.9），对 OFDI 企业与非 OFDI 企业两个子样本分别做普通最小二乘法（OLS）估计，这样就可以得到对 β_1 和 β_0 的一致估计。

区制转换模型不仅可以用式（6.8）和式（6.9）一致地估计出式（6.2）和式（6.3）中的参数，消除选择偏差问题，还可以通过构建反事实状态估计出处理效应，用于政策效应评价。具体来说，如果企业 i 选择实施对外直接投资，那么通过区制转换模型不仅可以观察到实际 OFDI 企业的创新产出 RD_{1i}，而且还可以估计如果该企业没有选择对外直接投资时的创新产出 $\hat{RD}_{0i}$——观测不到的反事实状态，二者之差就是实际对外直接投资企业 i 的处理效应，平均值即为 ATT。同理，通过区制转换模型，既可以观察到没有选择对外直接投资企业 j，即控制组企业（非 OFDI 企业）的创新产出 RD_{0i}，还可以估计如果该企业选择对外直接投资时的创新产出 $\hat{RD}_{1i}$——观测不到的反事实状态，二者之差即为非对外直接投资企业 j 的处理效应，平均值即为 ATU。于是，OFDI 企业创新产出的平均处理效应为：

$$ATT = E(RD_{1i} \mid OFDI_i = 1) - E(RD_{0i} \mid OFDI_i = 1)$$

$$= E(X_{1i}\beta_1 - X_{0i}\beta_0 \mid OFDI_i = 1) + E\left(\frac{\sigma_{1v}}{\sigma_v}\lambda_{1i}\left(-\frac{Z_i\gamma}{\sigma_v}\right)\right.$$

$$\left.- \frac{\sigma_{0v}}{\sigma_v}\lambda_{0i}\left(-\frac{Z_i\gamma}{\sigma_v}\right) \mid OFDI_i = 1\right) \tag{6.10}$$

非 OFDI 企业创新产出的平均处理效应为：

$$ATU = E(RD_{1i} \mid OFDI_i = 0) - E(RD_{0i} \mid OFDI_i = 0)$$

$$= E(X_{1i}\beta_1 - X_{0i}\beta_0 \mid OFDI_i = 0) + E\left(\frac{\sigma_{1v}}{\sigma_v}\lambda_{1i}\left(-\frac{Z_i\gamma}{\sigma_v}\right)\right.$$

$$\left.- \frac{\sigma_{0v}}{\sigma_v}\lambda_{0i}\left(-\frac{Z_i\gamma}{\sigma_v}\right) \mid OFDI_i = 0\right) \tag{6.11}$$

二、倾向得分匹配方法（PSM）

根据罗森鲍姆和鲁宾（1983）的研究，处理效应等于具有相同或相近倾向得分的处理组与对照组的结果变量（创新产出强度）的差。于是，选择对外直接投资企业的平均处理效应 ATT 的倾向得分匹配估计量可表示为：

$$\widehat{ATT}_{PSM} = \frac{1}{n_1} \sum_{i \in I_1 \cap S_p} \left[RD_{1i} - \hat{E}(RD_{0i} \mid OFDI_i = 1, P_i) \right] \quad (6.12)$$

其中，$P_i = \Pr(OFDI_i = 1 \mid Z)$，表示企业选择对外直接投资决策的概率，即倾向得分。$\hat{E}(RD_{0i} \mid OFDI_i = 1, P_i) = \sum_{j \in I_0} RD_{0i} \times W(i, j)$。$I_1$ 表示处理组个体的集合，I_0 表示控制组个体的集合，S_p 表示共同支撑区域，n_1 表示 $I_1 \cap S_p$ 中包含的处理组个体，$w(i, j)$ 是权重。

在进行倾向得分匹配时，有不同的具体方法。当控制组权重 $w(i, j)$ 为核权重时，式（6.13）为倾向得分匹配估计量（Heckman et al.，1997，1998），它是一种非参数匹配估计量，可运用控制组企业的核加权平均值来构建每个处理组企业的反事实状态。

$$\widehat{ATT}_{PSM} = \frac{1}{n_1} \sum_{i \in I_1 \cap S_p} \left\{ RD_{1i} - \frac{\sum_{j \in I_0} RD_{0j} G\left(\dfrac{p_j - p_i}{h}\right)}{\sum_{k \in I_0} RD_{0j} G\left(\dfrac{p_k - p_i}{h}\right)} \right\} \quad (6.13)$$

其中，$G(\cdot)$ 为核函数；h 为窗宽，权重 $w(i, j) = \dfrac{G\left(\dfrac{p_j - p_i}{h}\right)}{\sum_{k \in I_0} G\left(\dfrac{p_k - p_i}{h}\right)}$。

类似以上过程，可得非 OFDI 企业的平均处理效应 ATU 的倾向得分匹配估计量，进而可得到平均处理效应 ATE 的倾向得分匹配估计量。

PSM 的估计步骤如下。首先，本章采用企业是否选择对外直接投资的 Probit 模型来估计倾向得分。这里涉及协变量的选择问题。根据赫克曼等（1998）、史密斯等（2005）、卡利多和卡佩妮格（Caliendo and Kopeinig，2008）的研究，变量的选择应该基于经济理论和已有的实证研究结论，并且在实践中参考赫克曼等（1998）给出的选择变量的建议，如击中率（正确预测概率）、统计推断等来选择变量。在尝试了多种变量组合分别进行估计后，根据模型整体的击中率以及统计显著性保留了效果最佳的模型形式，此时包含的变量包括：企业资本密度、企业规模、企业经营年限、出口密集度以及企业所属行业。其次，利用估计出的 Probit 模型得到倾向得分后，可以利用其来构建倾向得分匹配估计量。本章分别选用最近邻匹配、半径匹配和核匹配的方式来构建匹配估计量。最后，在利用这些匹配方法构建了倾向得分匹配估计量后，还需要检验匹配的有效性。由于倾向得分匹配结果的识别取决于条件独立假设是否成立，而条件独立假设成立，必然要求选择对外直接投资的企业与不选择对外直接投资的企业前一年在匹配变量上基本不存在显著差异。因此，在利用倾向得分匹配估计结果之前，需要检验在给定倾向得分匹配后处理组和控制组的协变量 X 是否还存在差异，从而检验匹配的有效性。这里在给定倾向得分匹配后对处理组和控制组的协变量 X 是否还存在差异进行的检验也就是所谓的匹配平衡性检验（balancing test）。如果匹配平衡性检验不成立，那么需要修改 $Probit(OFDI_{it} = 1) = \Phi(h(x_{i(t-1)}))$ 的模型形式，例如添加交叉项或者变量的高次项，直到满足平衡性假设，否则估计结果无效。具体的，本章采用罗森鲍姆和鲁宾（1983）的标准偏差检验和两组协变量均值是否存在差异的 t 检验，以及西亚内西（Sianesi，2004）的联合显著性和准 R^2 进行平衡性检验。另外，为了确保 PSM 估计量能有效识别出对外直接投资决策对企业创新的因果效应，匹配后的处理组和控制组需要满足共同支撑假设。为了满足这一假设，一般通过删除处理组中倾向得分大于控制组中最大值和小于最小值个体的方式，或者按照史密斯等（2005）给出的基于密度分布的删除方式（trimming）实现。本章采用第一种方式保证共同支撑假设的成立。

第二节　数据来源与变量说明

一、数据说明

本章研究所用样本数据仍选用《中国工业企业数据库》和《境外投资企业（机构）名录》。与前文不同的是，鉴于《中国工业企业数据库》对"研发支出"指标进行统计的年份仅为 2006~2007 年，因此本章用"研发支出"衡量企业创新时，不得不把考察期限制在这 2 个年份；对于"新产品产值"指标进行统计的年份仅为 2005~2009 年，因此本章在用"新产品产值"衡量企业的创新时，样本期间为 2005~2009 年。将《中国工业企业数据库》与《境外投资企业（机构）名录》合并得到的数据作为本书研究的基础数据。由于各种原因，一些企业提供的信息不够准确或部分信息缺失，结果导致原始数据中存在异常样本。为了使后文的分析结论更加准确，在第四章合并数据的基础上进一步删除研发支出、新产品销售额、出口交货值存在缺漏值或负值的企业样本。

二、变量设定及描述性统计

创新水平。本章从创新投入和创新产出两个方面衡量企业的创新水平。目前文献中主要采用下面两个指标作为创新产出的代理变量：一是新产品销售收入（Liu and Buck，2007；沙文兵，2012；毛其淋和许家云，2014）；二是专利授权数量（Acs et al.，2002；沙文兵，2012）。《中国工业企业数据库》报告了"新产品产值"这一变量，为了消除企业规模的影响，回归中本章用销售总收入进行了标准化。本章在稳健性检验时，以企业所在地区的专利授权数量作为企业创新产出的代理变量。创新投入采用研发支出作为代理变量，回归中也用销售总收入进行标准化。

地区金融发展水平。地区金融发展水平也是影响中国企业对外直接投资和企业研发活动的重要因素，主要是因为我国企业自身的资源不足以满足其所有的投资需求，需要从外部融资来缓解其融资约束。地区金融发展水平与企业获得外部融资的难易程度息息相关。本章用樊纲等（2010）《中国市场化指数：各地区市场化相对进程2009年报告》中刻画要素市场发育程度的二级指标"金融业的市场化"来作为地区金融发展水平的代理变量。"金融业的市场化"指数包括对金融业的竞争和信贷资源分配的市场化两个方面的考察，其中金融业的竞争用非国有金融机构吸收存款占全部金融吸收存款的比例表示；信贷资源分配的市场化程度用非国有企业在银行贷款中所占有的份额来近似地反映。金融业市场化指数越大，表明该地区金融发展水平越高。

此外，企业年龄和企业规模也是影响企业创新的重要因素。企业年龄是企业"干中学"知识积累的代理变量，因为企业学习生产技术、组织研发、积累管理经验等都需要时间。从长期来看，能够留在市场上的企业（存活下来的，即没有被市场淘汰的企业）经验相对丰富，并且拥有相对较高竞争优势。企业规模也是影响研发的重要因素之一，伦恩（Lunn，1982）指出，创新是企业发展的关键因素，而大规模企业是经济进步的发动机，于是可以推断出企业规模和研发之间存在正相关关系。企业R&D是存在风险的，需要大量的资金投入，而且需要承担研发失败或者没有达到预期的研发产出造成的损失，所以大规模企业相比小规模企业拥有更大

的风险承担能力。菲什曼和罗布（Fishman and Rob，1999）通过理论模型
证明了 R&D 对大规模企业更有利，因为大规模企业可以让更多的消费者
来分摊研发费用。主要变量定义见表 6 - 1。

表 6 - 1　　　　　　　　　　　　　主要变量定义

变量	变量解释
ynewratio	创新产出强度，新产品销售额占企业总销售额的比重
ynew	新产品销售额，单位：千元
research	研究开发费用，单位：千元
research_ratio	创新投入强度，研究开发费用占企业总销售额的比重
high_knowldge	二元变量，1 = 高知识产权保护程度

注：其余变量定义与第四章相同，参见表 4 - 4。

从表 6 - 2 主要变量描述性统计可以看出，选择对外直接投资的企业
（处理组）与没有选择对外直接投资的企业（控制组）在创新产出强度、
创新投入强度、劳动生产率、资本密集度、企业规模、公司年龄、出口密
集度、新产品占比等方面存在一定差异。具体来说，处理组企业创新产
出、创新投入、出口密集度、资本密集度、劳动生产率、政府补贴等均高
于控制组企业，赫芬达指数在两组之间没有差异。

表 6 - 2　　　　　主要变量描述性统计（全样本、控制组和处理组）

变量	全样本（n = 488646）		控制组（n = 486727）		处理组（n = 1919）	
	均值	标准差	均值	标准差	均值	标准差
ynew	1335	7835	1318	7769	5602	17000
research	24.06	170.700	23.76	169.400	99.950	370
ynewratio	0.024	0.118	0.024	0.118	0.060	0.170
research_ratio	0.00036	0.002	0.00036	0.002	0.00098	0.004
ylratio	7.878	0.851	7.878	0.851	7.934	0.811
klratio	6.070	1.102	6.070	1.102	6.250	1.037
size	5.589	1.076	5.585	1.074	6.512	1.174
age	7.587	7.339	7.584	7.342	8.250	6.566

变量	全样本 （n = 488646）		控制组 （n = 486727）		处理组 （n = 1919）	
	均值	标准差	均值	标准差	均值	标准差
exp_s	0.165	0.335	0.164	0.334	0.465	0.406
proftratio	0.057	0.057	0.057	0.057	0.056	0.052
lixiratio	0.059	1.563	0.059	1.566	0.034	0.253
subsdy_ta	0.001	0.006	0.001	0.006	0.002	0.005
high_Martkx	0.506	0.500	0.505	0.500	0.658	0.474
state	0.012	0.110	0.012	0.111	0.005	0.068
foreign	0.184	0.388	0.184	0.388	0.292	0.455
private	0.803	0.398	0.804	0.397	0.703	0.457
hhi	0.003	0.004	0.003	0.004	0.003	0.004

三、OFDI 企业与非 OFDI 企业的创新差异比较

与非 OFDI 企业相比，OFDI 企业在创新方面有何差异？在前文数据处理的基础上，本章对 OFDI 企业和非 OFDI 企业在创新方面的差异进行均值检验，结果见表 6 - 3。

表 6 - 3　　　　　　OFDI 企业和非 OFDI 企业创新差异性检验

变量	非 OFDI 企业 （n = 486727）		OFDI 企业 （n = 1919）		差异性检验	
	均值	标准差	均值	标准差	差异值	t 值
ynew	1317.852	7768.545	5601.958	17463.32	− 4284.106 ***	（− 23.9208）
research	23.75609	169.4336	99.94633	370.028	− 76.19024 ***	（− 19.5161）
ynewratio	0.024305	0.117583	0.059968	0.1704793	− 0.0356622 ***	（− 13.2315）
research_ratio	0.00036	0.002276	0.000984	0.0039116	− 0.0006237 ***	（− 11.9349）

注：*** 表示 1% 的显著性水平。

从表 6 - 3 中可以看出，无论是采用绝对值衡量（*ynewratio*）还是采用企业总销售额标准化后的变量衡量（*research_ratio*），OFDI 企业的创新

水平都高于非 OFDI 企业的创新水平，并且这一差异值在 1% 水平上显著。具体来说，对于创新产出而言，非 OFDI 企业的新产品销售额均值是 1317.852 千元，而 OFDI 企业的新产品销售额均值高达 5601.958 千元，后者比前者高出 4284.11 千元，并且这一均值差异在 1% 的水平上显著。对于创新产出强度而言，OFDI 企业比非 OFDI 企业的创新产出强度平均高出 3.5 个百分点，且通过 1% 的显著性水平。对于创新投入而言，OFDI 企业的研发支出费用平均比非 OFDI 企业高出 76.19 千元，OFDI 企业的创新投入强度平均比非 OFDI 企业高出 0.6 个百分点，均通过 1% 的显著性水平检验。以上初步分析表明，OFDI 企业比非 OFDI 企业具有更多的新产品销售额和研发支出额，以及更高的创新产出强度和创新投入强度。下面采用更严谨的计量分析来评估对外直接投资对企业创新影响的处理效应。

第三节　OFDI 决策对企业创新的异质性影响

一、创新对企业 OFDI 决策的影响

首先，分析创新产出强度对企业 OFDI 决策的影响。对式（6.5）运用 Probit 模型估计，表 6 - 4 给出了回归结果。回归结果表明，创新产出强度对 OFDI 决策有显著的正向影响，创新产出强度越大，企业选择 OFDI 的概率越大。从平均边际效应看，新产品占比每提高 1 个百分点，企业 OFDI 决策的概率会增加 0.5 个百分点。

表 6 - 4　创新产出强度对企业 OFDI 决策的 Probit 模型估计：基础回归

变量	系数	Z 统计量	平均边际效应	Z 统计量
ynewratio	0.438 ***	(7.376)	0.005 ***	(7.210)
ylratio	0.128 ***	(-6.709)	0.001 ***	(-6.550)
klratio	0.094 ***	(7.291)	0.001 ***	(7.090)
size	0.283 ***	(21.742)	0.003 ***	(18.080)
age	-0.004 **	(-2.082)	-0.000 **	(-2.080)
exp_s	0.568 ***	(15.903)	0.006 ***	(14.200)

变量	系数	Z 统计量	平均边际效应	Z 统计量
proftratio	0.046	(0.227)	0.000	(0.230)
lixiratio	−0.012	(−0.374)	−0.000	(−0.370)
subsdy_ta	1.310	(1.144)	0.014	(1.140)
high_MartktIndx	0.055 *	(1.747)	0.001 *	(1.750)
foreign	0.186	(1.066)	0.002	(1.060)
private	0.411 **	(2.387)	0.004 **	(2.380)
east	0.273 ***	(4.564)	0.003 ***	(4.510)
west	0.153 *	(1.887)	0.002 *	(1.880)
Constant	−4.750 ***	(−20.530)		

注：***，**，* 分别表示1%、5%和10%的显著性水平；回归中控制了两位数行业虚拟变量和时间虚拟变量；OFDI 决策正确预测的比率为99.61%，准 R^2（Pseudo R^2）是 0.1165。

其次，分析创新投入强度对 OFDI 决策的影响。同样是对式（6.5）运用 Probit 模型进行估计，结果见表6−5。回归结果显示：创新投入强度对 OFDI 决策有显著的正向影响，创新投入强度越大，企业选择 OFDI 的概率越大。从平均边际效应看，创新投入强度每提高 1 个百分点，企业 OFDI 决策的概率会增加2.4 个百分点。

表6−5　创新投入强度对企业 OFDI 决策的 Probit 模型估计：基础回归

变量	系数	Z 统计量	平均边际效应	Z 统计量
research_ratio	22.819 ***	(8.669)	0.0243 ***	(8.300)
ylratio	−0.126 ***	(−6.614)	−0.001 ***	(−6.460)
klratio	0.094 ***	(7.298)	0.001 ***	(7.100)
size	0.282 ***	(21.575)	0.003 ***	(17.970)
age	−0.004 **	(−2.134)	−0.000 ***	(−2.130)
exp_s	0.585 ***	(16.457)	0.006 ***	(14.600)
proftratio	0.022	(0.110)	0.000 ***	(0.110)
lixiratio	−0.011	(−0.361)	−0.000 ***	(−0.360)
subsdy_ta	1.181	(1.048)	0.013 ***	(1.050)

续表

变量	系数	Z 统计量	平均边际效应	Z 统计量
high_MartktIndx	0.058 *	(1.845)	0.001 ***	(1.840)
foreign	0.167	(0.953)	0.002 ***	(0.950)
private	0.400 **	(2.321)	0.004 ***	(2.310)
east	0.271 ***	(4.537)	0.003 ***	(4.490)
west	0.156 *	(1.896)	0.002 ***	(1.890)
Constant	− 4.750 ***	(− 20.485)		

注：***，**，* 分别表示1%，5%和10%的显著性水平；回归中控制了两位数行业和时间虚拟变量；OFDI 决策正确预测的比率为99.71%，准 R^2（Pseudo R^2）是0.1171。

二、OFDI 对企业创新的影响

（一）OFDI 对企业创新的影响（未考虑选择偏差）

当不考虑异质性与选择偏差问题时，可对式（6.1）直接进行 OLS 回归，表6−6给出了估计结果。结果显示，OFDI 决策不仅对企业创新产出强度（表6−6前两列）有显著的正向影响，也对企业创新投入强度（表6−6后两列）有显著的正向影响，说明企业 OFDI 决策对其创新有正向影响。在保持其他解释变量不变的情况下，相对于非 OFDI 企业来说，OFDI 企业的创新产出强度平均高出2.4个百分点，而创新投入强度平均高出0.1个百分点。

表6−6　OFDI 决策对企业创新产出强度和创新投入强度的影响回归

变量	被解释变量：ynewratio		被解释变量：research_ratio	
	系数	T 统计量	系数	T 统计量
OFDI	0.024 ***	(4.640)	0.001 ***	(4.978)
ylratio	− 0.003 ***	(− 10.481)	− 0.0001 ***	(− 26.605)
klratio	0.003 ***	(16.312)	0.0001 ***	(21.255)
size	0.003 ***	(13.650)	0.0001 ***	(28.676)
age	0.0002 ***	(4.590)	0.00001 ***	(8.362)

续表

变量	被解释变量：ynewratio		被解释变量：research_ratio	
	系数	T 统计量	系数	T 统计量
exp_s	0.020 ***	(23.499)	0.00002	(1.543)
proftratio	0.028 ***	(7.808)	0.001 ***	(14.516)
lixiratio	− 0.0001 **	(− 2.537)	− 0.000002 ***	(− 2.779)
subsdy_ta	0.262 ***	(8.360)	0.010 ***	(13.498)
high_MartktIndx	− 0.014 ***	(− 21.299)	0.0001 ***	(8.336)
foreign	− 0.015 ***	(− 6.784)	− 0.0004 ***	(− 6.859)
private	− 0.005 **	(− 2.470)	− 0.0003 ***	(− 5.198)
east	− 0.018 ***	(− 24.788)	− 0.0001 ***	(− 6.601)
west	0.021 ***	(17.563)	0.0001 ***	(4.945)
high_knowldge	0.026 ***	(40.243)	0.00004 ***	(3.591)
patent	0.008 ***	(18.331)	− 0.000001	(− 0.091)
Constant	− 0.064 ***	(− 13.452)	0.001 ***	(7.346)
R^2	0.023		0.026	

注：***，**，*分别表示 1%，5% 和 10% 的显著性水平；回归中控制了两位数行业虚拟变量和时间虚拟变量。

（二）OFDI 决策对企业创新影响的区制转换选择模型估计

然而，企业是否选择对外直接投资（OFDI）是异质性企业自选择的结果而不是随机选择的结果，若不考虑企业在 OFDI 选择时所具有的不同信息，将会造成选择偏差并导致估计结果不一致（Heckman and Vytlacil，2007）。

1. OFDI 决策对企业创新产出强度影响的区制转换选择模型估计

区制转换选择模型可以通过两种选择区制来消除样本选择偏差，表 6 - 7 给出了 OFDI 企业和非 OFDI 企业两种区制下的企业创新产出强度（新产品销售额占销售总产出的比重）的估计结果。逆米尔斯比 $\hat{\lambda}_1$ 和的 $\hat{\lambda}_0$ 估计值的系数都显著为负，说明模型中若不考虑选择偏差将会得到不一致的估计结果。表 6 - 7 回归结果显示，在校正样本选择偏差后，对于 OFDI 企业，在其他解释变量保持不变的情形下，出口强度每提高 1%，创新产出强度将平均下降 23%；对于非 OFDI 企业，在其他解释变量保持不变的情形下，出口强度每提高1%，创新产出将平均上升1.6%。出口强度对OF-DI企业和非OFDI企业的创新产出强度的影响是不一样，对OFDI企业有明显的阻碍作用，而对非OFDI企业有显著的促进作用。对此可能的解释是，对于OFDI企业来说，出口强度增加促进了企业对外直接投资活动，增加对外直接投资额，相应的，国内投资减少，于是国内的研发投入较少，进而导致企业创新产出强度降低；对于非OFDI企业来说，企业出口强度的增加，有助于其接触更多的国外先进技术，进而提高劳动生产率，增加企业的创新产出。

表6－7　　OFDI决策对企业创新产出强度影响的区制转换选择模型估计

变量	OFDI 企业（OFDI = 1）		非 OFDI 企业（OFDI = 0）	
	系数	T 统计量	系数	T 统计量
$ylratio$	0.04627 ***	(5.57)	− 0.00231 ***	(− 8.33)
$klratio$	− 0.03498 ***	(− 5.55)	0.00292 ***	(15.84)
$size$	− 0.11682 ***	(− 9.10)	0.00124 ***	(4.62)
age	0.00211 ***	(3.30)	0.00018 ***	(7.15)
exp_s	− 0.23009 ***	(− 8.29)	0.01574 ***	(21.07)
$proftratio$	0.12310	(1.64)	0.02891 ***	(9.39)
$lixiratio$	− 0.00271	(− 0.18)	− 0.00009	(− 0.80)
$subsdy\_ta$	3.41297 ***	(4.09)	0.25256 ***	(9.58)
$high\_MartktIndx$	− 0.02588	(− 1.61)	− 0.01398 ***	(− 22.63)
$foreign$	− 0.07201	(− 1.26)	− 0.01424 ***	(− 8.60)
$private$	− 0.15584 ***	(− 2.65)	− 0.00579 ***	(− 3.61)
$east$	− 0.13944 ***	(− 5.34)	− 0.01833 ***	(− 27.23)
$west$	− 0.05940 **	(− 2.07)	0.02257 ***	(27.94)
$high\_knowldge$	0.03706 ***	(2.71)	0.02566 ***	(48.11)
$patent$	0.00530	(0.46)	0.00766 ***	(19.09)
$Constant$	2.17291 ***	(8.18)	− 0.05483 ***	(− 12.92)
$\hat{\lambda}_1$	− 0.45035 ***	(− 9.27)		
$\hat{\lambda}_0$			− 0.20238 ***	(− 9.86)

注：***，**，*分别表示1%，5%和10%的显著性水平；回归中控制了两位数行业虚拟变量和时间虚拟变量。

此外，生产率指标、人均资本密集度、企业规模对 OFDI 企业和非 OFDI 企业的创新产出的影响作用机制存在显著差异。具体而言，对 OFDI 企业的创新产出的影响来说，生产率越高，创新产出强度越大，这与梅利兹（2003）理论预期一致。但是对非 OFDI 企业来说，生产率提高对其创新产出没有促进。对于非 OFDI 企业来说，企业规模越大、资本密集度越大，企业的新产品销售额占销售总产出的比重越大。而对于 OFDI 企业来说，企业规模越大、资本密集度越大，非 OFDI 企业的创新产出强度越小。反映企业自身特征的指标，如企业年龄、利润率、政府补贴的系数符号都为正，表示无论是 OFDI 企业还是非 OFDI 企业，企业年龄越大、利润率越高、获得政府补贴越多，企业的创新产出强度越大。反映企业所有权特征的指标，如民营企业、外资企业的系数符号都为负，表示无论是 OFDI 企业还是非 OFDI 企业，国有企业的创新产出都显著高于民营企业和外资企业。反映每家企业所在省份的创新能力的指标，如专利数、知识产权保护程度都显著为正。

2. OFDI 决策对企业创新投入强度影响的区制转换选择模型估计

表 6 - 8 给出了 OFDI 企业和非 OFDI 企业两种区制下的企业创新投入强度（研发支出占销售总产出的比重）的估计结果。逆米尔斯比 $\hat{\lambda}_1$ 和的 $\hat{\lambda}_0$ 估计值的系数也都显著为负，说明模型中若不考虑选择偏差将会得到不一致的估计结果。表 6 - 8 回归结果显示，利润率和政府补贴对 OFDI 企业和非 OFDI 企业的研发支出强度的影响是不一样，对 OFDI 企业有明显的阻碍作用而对非 OFDI 企业有显著的促进作用。反映企业特征的指标，如企业年龄、利息率的系数符号都为正，表示企业年龄、利息率越大，企业的研发支出强度越大。另外，反映企业特征的指标，如企业规模、出口密集度、利润率的系数符号都为负，表示无论是 OF-DI 企业还是非 OFDI 企业，企业规模越大、出口密集度越高、获得利润越大，企业研发支出强度越大。反映企业所有权特征的指标，如民营企业、外资企业的系数符号都为负，表示无论是 OFDI 企业还是非 OFDI 企业，国有企业的研发支出强度都显著高于民营企业和外资企业。反映每家企业所在省份的创新能力的指标，如专利数显著为正，知识产权保护程度却显著为负。

表6－8　　OFDI 决策对企业创新投入强度影响的区制转换选择模型估计

变量	OFDI 企业（OFDI＝1）		非 OFDI 企业（OFDI＝0）	
	系数	T 统计量	系数	T 统计量
ylratio	0.00550 ***	(416.29)	0.00016 ***	(31.27)
klratio	－0.00414 ***	(－412.62)	－0.00011 ***	(－32.77)
size	－0.01234 ***	(－604.29)	－0.00053 ***	(－105.88)
age	0.00016 ***	(161.18)	0.00001 ***	(25.92)
exp_s	－0.02566 ***	(－581.39)	－0.00161 ***	(－115.49)
proftratio	－0.00102 ***	(－8.53)	0.00107 ***	(18.73)
lixiratio	0.00048 ***	(20.58)	0.00000	(1.16)
subsdy_ta	－0.05230 ***	(－39.37)	0.00791 ***	(16.09)
high_MartktIndx	－0.00257 ***	(－100.49)	－0.00003 **	(－2.39)
foreign	－0.00719 ***	(－79.20)	－0.00041 ***	(－13.24)
private	－0.01738 ***	(－185.96)	－0.00083 ***	(－27.68)
east	－0.01211 ***	(－291.38)	－0.00043 ***	(－34.59)
west	－0.00702 ***	(－153.80)	－0.00007 ***	(－4.55)
high_knowldge	－0.00004 **	(－2.00)	－0.00001	(－1.28)
patent	0.00006 ***	(3.39)	0.00001 *	(1.92)
Constant	0.23520 ***	(556.90)	0.00320 ***	(40.49)
$\hat{\lambda}_1$	－0.04847 ***	(－627.40)		
$\hat{\lambda}_0$			－0.07179 ***	(－187.68)

注：***，**，*分别表示1%，5%和10%的显著性水平；回归中同时控制了两位数行业虚拟变量与时间虚拟变量。

第四节　OFDI 决策对企业创新影响的处理效应

一、OFDI 对企业创新影响的处理效应——基于区制转换模型

（一）OFDI 决策对企业创新产出的处理效应

对式（6.8）和式（6.9）运用 OLS 进行估计，表6－9给出了计算结

果。根据区制转换选择模型估计出 OFDI 企业创新产出强度 ($ynewratio_1$) 的平均值是 0.06022，表示平均来说，OFDI 企业实际的新产品销售额占销售总产出的 6.02%；假设这些 OFDI 企业没有选择对外直接投资时的创新产出强度 ($ynewratio_1$ 的反事实) 的平均值为 0.05107。根据式 (6.10) 可知，$ynewratio_1$ 与 $ynewratio_1$ 的反事实之差表示：实际选择对外直接投资的企业与假设这些企业没有选择对外直接投资时相比，创新产出强度的变化均值 ATT 为 0.0091494 （见表 6 - 10），该值是正数，表示 OFDI 决策对企业创新产出强度有正向影响作用，存在创新效应。类似的，非 OFDI 企业的创新产出强度 ($ynewratio_0$) 的平均值是 0.02441，表示平均来说，非 OFDI 企业实际的新产品销售额占销售总产出的 2.44%；假设这些非 OFDI 企业如果选择对外直接投资时的创新产出强度 ($ynewratio_0$ 的反事实) 的平均值为 0.09949。根据式 (6.11) 可知，$ynewratio_0$ 与其反事实之差表示：没有选择 OFDI 的企业与假设这些企业选择 OFDI 时相比，创新产出强度的变化均值 ATU 为 0.07508，该值是正数，表示 OFDI 决策对企业创新产出强度有显著的正向影响作用，存在创新效应。于是，ATE（ATT 和 ATU 的加权平均）为 0.07482，表示随机挑选一个具有特征 X_1 和 X_0 的企业选择对外直接投资与不选择对外直接投资时，创新产出强度变化的均值是 0.07482。此外，选择偏差是 - 0.8%。

表 6 - 9 区制转换选择模型估计 OFDI 和非 OFDI 企业创新产出均值及其反事实

变量	观测值	均值	标准差	最小值	最大值
$ynewratio_1$	1910	0.06022	0.0898	- 0.1778	0.4762
$ynewratio_1$ 的反事实	1910	0.05107	0.1677	- 0.1382	1.0031
$ynewratio_0$ 的反事实	482075	0.09949	0.1045	- 0.2344	1.0370
$ynewratio_0$	482075	0.02441	0.1174	- 0.1975	1.0252

运用区制转换选择模型不仅能够消除选择偏差，而且可以通过构建反事实状态估计出处理效应，即 OFDI 决策的创新产出效应，详见表 6 - 10。

表 6 – 10 　　　　　　OFDI 决策对创新产出影响的处理效应

参数	区制转换选择模型
OLS	0.001
ATT	0.0091494
ATU	0.07508
ATE	0.07482
选择偏差	– 0.00815

图 6 – 1 和图 6 – 2 分别给出了 OFDI 企业拟合创新产出强度与相应的反事实创新产出强度分布比较，以及非 OFDI 企业拟合创新产出强度与相应的反事实创新产出强度分布的对比。图 6 – 1 和图 6 – 2 说明，实际的 OFDI 企业若决定不选择 OFDI，则创新产出强度会降低；实际的非 OFDI 企业若选择实施 OFDI，则创新产出强度会提高。综合起来看，OFDI 决策将会使企业创新产出强度趋于上升，即表明 OFDI 决策与企业创新产出强度之间存在正向因果关系，存在创新驱动效应。

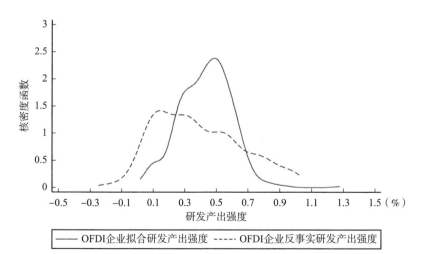

图 6 – 1　OFDI 企业（处理组）创新产出强度拟合与反事实

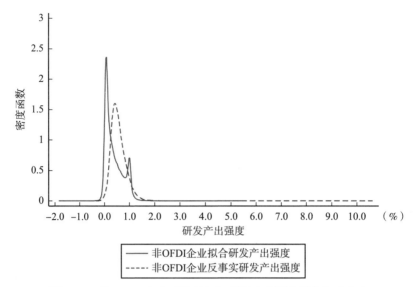

图 6 - 2　非 OFDI 企业（控制组）创新产出强度拟合与反事实

（二）OFDI 决策对企业创新投入的处理效应

表 6 - 11 给出了计算结果。根据区制转换选择模型，估计出 OFDI 企业的创新投入强度（$research\_ratio_1$）的平均值是 0.00099，表示平均来说，OFDI 企业实际的研发支出约占销售总产出的 1‰；假设这些 OFDI 企业没有选择对外直接投资时的创新投入强度（$research\_ratio_1$ 的反事实）为 0.00081。根据 ATT 定义可知，$research\_ratio_1$ 与其反事实之差表示：实际选择对外直接投资的企业与假设这些企业没有选择对外直接投资相比，创新投入强度的变化均值 ATT 为 0.000177（见表 6 - 12），表示 OFDI 决策对企业创新投入强度有显著的正向影响作用，存在创新效应。类似的，非 OFDI 企业的创新投入强度（$research\_ratio_0$）的平均值是 0.00036，表示平均来说，非 OFDI 企业实际的研发支出约占销售总产出的 0.36‰；假设这些非 OFDI 企业选择对外直接投资时的创新投入强度（$research\_ratio_0$ 的反事实）为 0.00226。根据 ATU 定义可知，$research\_ratio_0$ 的反事实与其自身之差表示，没有选择 OFDI 企业与假设这些企业选择 OFDI 时相比，创新投入强度的变化均值为 0.001899，表示 OFDI 决策对企业创新投入强度有显著正向影响作用，存在创新效应。于是可知 ATE 为 0.001892 表示随机挑选一个具有特征 X_1 和 X_0 的企业选择对外直接投资与不选择对外直接投资时创新投入强度变化的均值是 0.001892，即创新投入占销售总产出的

1.9‰。此外，选择偏差是 2.4% 。

表 6 – 11　　　　区制转换选择模型估计 OFDI 企业和非 OFDI
企业创新投入均值及其反事实

变量	观测值	均值	标准差	最小值	最大值
$research\_ratio_1$	1910	0.00099	0.0023	– 0.0050	0.0146
$research\_ratio_1$ 的反事实	1910	0.00081	0.0039	– 0.0027	0.0323
$research\_ratio_0$ 的反事实	482075	0.00226	0.0027	– 0.0066	0.0582
$research\_ratio_0$	482075	0.00036	0.0023	– 0.0038	0.0344

表 6 – 12　　　　　　　OFDI 决策对创新投入影响的处理效应

参数	区制转换选择模型
OLS	0.024
ATT	0.000177
ATU	0.001899
ATE	0.001892
选择偏差	0.02382

二、OFDI 决策对企业创新影响的处理效应——基于 PSM 方法

（一）企业 OFDI 倾向得分的 Logit 模型估计结果

为了检验区制转换选择模型得到的处理效应的稳健性，本章用倾向得分匹配法进行比较和辅助验证。倾向得分匹配结果的估计过程如下：运用 Logit 模型估计出倾向得分值。表 6 – 13 给出了用于计算企业选择 OFDI 的倾向得分的 Logit 模型的估计结果，结果显示，企业生产率越高、资本密集度越大、出口密集度越大、获得政府补贴越大的企业实施 OFDI 的可能性越大。变量 private 的系数显著为正，表示民营企业选择 OFDI 的概率相对大于国有企业选择 OFDI 的概率。该 Logit 模型正确预测企业是否选择 OFDI 的概率达到了 99.61% 以上，表明模型预测效果较好。根据 Logit 模型的估计结果，本章计算出了各个样本企业选择 OFDI 的倾向得分，并基于此筛选出满足共同支撑条件的区域，从而在该共同支撑区域上进行后续

的匹配和估计。本章采用倾向得分匹配法（最近邻匹配、半径匹配和核匹配方法）为处理组企业寻找最为接近的控制组企业[①]。

表 6-13　　　　　　　企业 OFDI 决策倾向得分 Logit 模型估计

变量	系数	Z 统计量
ylratio	0.330 ***	(6.261)
klratio	0.253 ***	(7.043)
size	0.777 ***	(22.659)
age	-0.010 **	(-2.078)
exp_s	1.566 ***	(15.934)
proftratio	0.286	(0.502)
lixiratio	-0.027	(-0.335)
subsdy_ta	5.066	(1.633)
high_MartktIndx	0.165 *	(1.874)
foreign	0.423	(0.803)
private	1.098 **	(2.111)
east	0.825 ***	(4.528)
west	0.467 *	(1.904)
Constant	-11.501 ***	(-16.861)

注：***，**，*分别表示 1%，5% 和 10% 的显著性水平；回归中同时控制了两位数行业虚拟变量与时间虚拟变量；OFDI 决策正确预测的比率为 99.61%，准 R^2（Pseudo R^2）是 0.116。

（二）倾向得分匹配的平衡性检验

倾向得分匹配的关键是满足共同支撑假设和平衡性条件检验。处理组和控制组分别有 1 家和 9253 家企业未能找到相应的匹配对象，在 OFDI 企业和非 OFDI 企业样本中的占比分别为 0.05% 和 1.9%，可判定共同支撑假定检验通过。为了在共同支撑的基础上保证匹配样本在各协变量上取值偏差尽可能小，表 6-14 给出了平衡性检验的结果。处理组与控制组匹配变量均值 T 检验的 T 值和 P 值表明，在 1% 的显著性水平上均不能拒绝原假设，匹配后的处理组与对照组对于各个匹配变量均不存在显著差异，匹

① 由于各种匹配方法的检验结果等基本相似，后文只报告了最近邻匹配的结果。

配结果满足平衡性条件。

表 6 - 14　　　　　　　　　　　PSM 平衡性检验

匹配变量	匹配前后	处理组	控制组	T 统计量	P 值
ylratio	匹配前	7.934	7.877	2.91	0.004
	匹配后	7.934	7.911	0.83	0.406
klratio	匹配前	6.25	6.07	7.17	0.000
	匹配后	6.25	6.26	-0.29	0.775
size	匹配前	6.512	5.585	37.73	0.000
	匹配后	6.512	6.489	0.60	0.546
age	匹配前	8.25	7.589	3.94	0.000
	匹配后	8.25	8.239	0.05	0.960
exp_s	匹配前	0.465	0.164	39.29	0.000
	匹配后	0.465	0.483	-1.32	0.186
proftratio	匹配前	0.0561	0.0573	-0.89	0.375
	匹配后	0.0561	0.0565	-0.21	0.836
lixiratio	匹配前	0.0344	0.0588	-0.68	0.494
	匹配后	0.0344	0.0293	0.81	0.419
subsdy_ta	匹配前	0.00158	0.00129	1.97	0.048
	匹配后	0.00158	0.00147	0.60	0.546
high_MartktIndx	匹配前	0.658	0.505	13.38	0.000
	匹配后	0.658	0.634	1.59	0.113
foreign	匹配前	0.292	0.184	12.15	0.000
	匹配后	0.292	0.308	-1.13	0.260
private	匹配前	0.703	0.804	-11.01	0.000
	匹配后	0.703	0.686	1.16	0.247

表 6 - 15 偏差绝对值分布的显著性检验表明，匹配前通过协变量可判断该企业是否为 OFDI 企业，而匹配后 OFDI 企业与非 OFDI 企业的协变量已无显著差异。该匹配结果满足了平衡性条件，倾向得分匹配的结果是可信赖的。

表 6 - 15　　　　　　　　　　PSM 的偏差绝对值分布

样本	准 R^2	LR 统计量	P 值	偏差均值	偏差中位数
原始样本	0.105	2636.49	0.000	25.9	20.1
匹配成功样本	0.002	9.17	0.688	2.2	2.0

（三） OFDI 决策对企业创新的处理效应 （ATT）

本章使用三种匹配方法估计了处理组的平均处理效应（ATT），下面的讨论是基于最近邻匹配的结果，其余两种匹配方法的结果用作稳健性检验。表 6 - 16（A 栏）报告了 OFDI 决策对全样本企业创新的 PSM 估计结果。基于最近邻匹配，实际对外直接投资企业创新产出强度的平均处理效应（ATT）为 0.007，表示在控制了企业自选择对 OFDI 决策的影响后，OFDI 企业的创新产出强度比与之相匹配的非 OFDI 企业平均高出 0.7%。OFDI 企业的创新投入强度的平均处理效应（ATT）为 0.00024，表示在控制了企业自选择对 OFDI 决策的影响后，OFDI 企业的创新投入强度比与之相匹配的非 OFDI 企业平均高出 0.24‰。这表明无论是创新产出强度还是创新投入强度，ATT 都至少在 5% 水平上显著为正，表明 OFDI 决策对企业创新活动具有显著的促进作用，存在创新驱动效应。

表 6 - 16　　　　　　　OFDI 决策对创新影响的处理效应 （ATT）

分类	A 全样本		B 国有企业		C 民营企业	
	ATT	T 值	ATT	T 值	ATT	T 值
最近邻匹配						
ynewratio	0.007	8.552 ***	0.083	4.01 ***	0.013	6.121 ***
research_ratio	0.00024	2.297 **	0.00031	2.965 ***	0.0014	1.103
半径匹配						
ynewratio	0.001	0.083	- 0.172	- 1.232	- 0.001	- 0.04
research_ratio	0.0002	2.671 ***	0.00046	2.826 ***	0.0010	1.262
核匹配						
ynewratio	0.076	5.08 ***	0.104	6.121 ***	0.065	3.708 ***
research_ratio	0.00021	9.565 ***	0.00016	2.297 **	0.00012	6.693 ***

注：***，**，* 分别表示 1%，5% 和 10% 的显著性水平，标准误是通过自抽样（Bootstrap）500 次得到。

根据最终控制人类型将处理组样本分为两个子样本：（1）国有企业；（2）民营企业。比较两个子样本的 OFDI 决策对企业创新的处理效应，表 6-16（B 栏、C 栏）分别是国有企业和民营企业的 ATT 估计结果。采用最近邻匹配方法，发现两个子样本存在显著差异。在国有企业子样本中，处理组的创新产出强度的 ATT 为 0.083，且在 1% 水平上显著，这表明 OFDI 决策使得国有企业的创新产出强度比非 OFDI 国有企业提高 8.3%；在民营企业子样本中，处理组的创新产出强度 ATT 为 0.013，表示 OFDI 决策使得民营企业的创新产出强度比非 OFDI 民营企业提高 1.3%。对比国有企业子样本和民营企业子样本的 ATT 发现，OFDI 决策对国有企业创新产出强度的影响程度远远大于对民营企业的影响。这说明，与 OFDI 决策对民营企业的创新效应相比，国有企业选择 OFDI 能够更有效地促进其创新活动。对此可能的解释是，通常民营企业规模相对较小，而国有企业通常是大规模公司，企业通过对外直接投资获得逆向技术溢出，通常 R&D 对大规模企业来说更有利，因为大规模企业可以让更多的消费者来分摊研发费用。此外，企业 R&D 是存在风险的，需要大量的资金投入，而且需要承担研发失败或者没有达到预期的研发产出造成的损失，所以大规模企业相比小规模企业拥有更大的风险承担能力。另外，OFDI 决策对国有企业创新投入强度的影响为正且通过 1% 水平的显著性检验，说明 OFDI 决策对国有企业的创新强度存在显著的促进作用。然而，OFDI 决策对民营企业创新投入强度的影响虽然为正，但未能够通过显著性检验，说明 OFDI 决策对民营企业的创新投入强度没有显著影响。

总体来说，无论是全样本企业还是国有企业、民营企业，创新产出强度的 ATT 值都为正，且在 1% 水平上显著（个别不显著），表明 OFDI 显著促进了中国企业的创新活动。进一步，采用半径匹配和核匹配作为稳健性检验。通过半径匹配和核匹配，得到类似的结果，ATT 值均为正。对于国有企业和民营企业两个子样本的检验结果见表 6-16 的 B 栏和 C 栏，结果与最近邻匹配的分析基本相同，只是在数值上略有差异。

三、OFDI 对企业创新影响的处理效应结果对比分析

表 6-17 给出了区制转换选择模型与倾向得分匹配两种方法估计出的处理效应的结果对比。基于区制转换选择模型的结果，OFDI 决策对创新产出强度影响的平均处理效应 ATE 为 7.48%，即随机抽取的企业选择 OF-

DI 时对其创新产出影响的平均效应。OLS 估计值为 0.1%，是对 ATE 的有偏估计。OFDI 企业创新产出的处理效应 ATT 为 0.91%，非 OFDI 企业创新产出的处理效应 ATU 为 7.5%，选择偏差为 -0.8%。表 6-17 中的倾向得分匹配法的结果表明，OFDI 决策对创新产出影响的平均处理效应 ATE 为 6.03%，OFDI 企业创新产出的处理效应 ATT 为 0.7%，非 OFDI 企业创新产出的处理效应 ATU 为 6.05%，选择偏差为 -0.6%。区制转换选择模型和倾向得分匹配法得到的结果都表明，OFDI 决策对企业创新产出有显著的正向影响；区制转换选择模型得到的正向影响稍大些，这与两个模型的使用条件有关。区制转换选择模型允许基于不可观测和可观测的变量的选择，可以模拟和检验决策企业就决策的潜在结果做出选择的情况，而倾向得分匹配法仅允许基于可观测的变量的选择。

表 6-17　　　OFDI 决策对创新产出影响的平均处理效应（全样本）

参数	区制转换选择模型	倾向得分匹配
OLS	0.001	0.001
ATT	0.0091	0.007
ATU	0.075	0.0605
ATE	0.0748	0.0603
选择偏差	-0.008	-0.006

　　比较 OLS、区制转换选择模型和倾向得分匹配三种方法的结果可知，OFDI 决策对企业创新产出影响的平均处理效应都为正，OLS 估计的结果最小，区制转换选择模型和倾向得分匹配的结果更为接近。综合来看，OFDI 决策对企业创新产出影响的平均处理效应为 7% 左右，表示 OFDI 决策将使企业创新产出强度平均上升约 7 个百分点，存在创新驱动效应。OFDI 企业的创新产出的处理效应为约 1 个百分点。对此可能的解释是，对外直接投资企业的境外投资子公司可以更近距离地接触国外的研发机构，更容易获得最新的技术，他们可以将研发成果等逆向转移到母公司，进而提高母公司的创新能力；对外直接投资使得企业面临更激烈的竞争，这也可能倒逼 OFDI 企业增加研发投入（毛其淋等，2014）。

四、OFDI 决策对企业创新影响的异质性处理效应——控制函数法

不同类型的 OFDI 企业也许存在系统性异质性，借鉴林和叶（Lin and Ye，2009）的做法，采用控制函数回归[①]方法，研究不同类型 OFDI 决策对企业创新的影响，分别考察了创新产出强度和创新投入强度的异质性影响。控制函数回归方法（control-function regression）的基本步骤是：首先估计出企业选择对外直接投资的倾向得分值（Ps），其次做 OLS 回归，将所估计的倾向得分 $\widehat{Ps}(x_i)$ 作为一个附加的回归元：

$$y_i \text{ 对 } 1,\ OFDI_i,\ \widehat{Ps}(x_i),\ i = 1,\ 2,\ \cdots,\ N$$

其中 OFDI 的估计系数表示平均处理效应（ATE）的估计值，这里 y_i 分别表示创新产出强度和创新投入强度。该方法的基本思想是，所估计的倾向得分值起着控制函数的作用，因为估计的倾向得分值应该包括与处理效应相关的协变量中的所有信息（Wooldridge，2010）。

表 6-18 报告了基于控制函数法估计的不同类型 OFDI 对创新产出强度的异质性结果。首先，只纳入虚拟变量 OFDI 作为解释变量，被解释变量是创新产出强度，这里要求样本必须在共同支撑区域上，做 OLS 回归，结果报告在表 6-18 的第（1）列，其估计系数反映 OFDI 企业和非 OFDI 企业在新产品销售密集度上的平均差异。回归结果显示，变量 OFDI 的估计系数为正并通过了 1% 水平的显著性检验。其次，在第（2）列中加入 Logit 模型估计的 OFDI 企业倾向得分值（Ps），这里 Ps 作为控制函数参与回归，用来控制 OFDI 的选择偏差。从中可以看出，Ps 值在 1% 的水平上通过显著性检验，这表明有足够的证据显示 OFDI 存在自选择效应。OFDI 的系数虽然仍显著为正，但是已经减小很多。在控制了自选择偏差之后，平均处理效应为 0.007，这与倾向得分匹配法得到的平均处理效应非常接近。

不同类型 OFDI 决策对企业的创新产出平均处理效应（ATE）的异质性特征分别报告在表 6-18 的后五列。第（3）列，除了加入倾向得分值（Ps），还加入了 OFDI 与倾向得分值和其与样本平均倾向得分值偏差（Ps - $\overline{Ps}$）的交叉项。根据伍德里奇（Wooldridge，2010）的研究可知，这

---

① 控制函数回归方法可以一致估计基于可观测变量选择行为的因果效应，当满足条件均值独立性（conditional mean independence，CMI），CMI 条件意味着满足一定条件时，处理是外生的。参见切鲁利等（Cerulli et al.，2014）计算相应的 ATT、ATE、ATU。

样设置可以捕捉处理效应的变化情况。虚拟变量 OFDI 的估计系数表示在倾向得分值均值处的平均处理效应，交叉项显著性表明存在异质性。回归结果表明，平均倾向得分值处的平均处理效应是显著的，创新产出效应是 0.5%。交叉项的系数在 5% 的水平上显著为正。这表明倾向得分值高的 OFDI 企业的创新产出效应更高，倾向得分值每增加 1 个百分点，创新产出密集度增加 0.7 个百分点。

在第（4）列中，检验投资高收入国家和投资中低收入国家的 OFDI 对企业创新产出影响的差异性。在第（2）列的基础上，进一步加入 OFDI 与 $OFDI\_H$[①] 的交叉项，回归结果为正，只通过了 10% 的显著性水平检验，有微弱的证明表明，对外直接投资的创新产出效应与投资东道国的收入水平存在正相关关系。相对于投资中低收入国家来说，投资发达国家的企业的创新产出效应更大一些。这说明，与向中低收入国家进行 OFDI 的企业相比，向高收入国家进行 OFDI 能够更有效地促进企业的创新活动。其可能的原因是，中国企业在发达国家进行 OFDI 的动机主要是出于寻求市场、效率和资产，但在发展中国家则主要是为了寻求资源。

表 6-18　　　　　　OFDI 对创新产出影响的处理效应异质性分析

项目	（1）	（2）	（3）	（4）	（5）	（6）	（7）
$OFDI$	0.0093 *** (12.78)	0.0071 *** (3.94)	0.005 *** (4.85)	0.005 (1.03)	0.008 ** (2.02)	0.007 * (1.88)	0.011 *** (2.75)
Ps		0.106 *** (138.14)	0.106 *** (137.69)	0.106 *** (138.13)	0.106 *** (138.14)	0.106 *** (138.14)	0.106 *** (138.15)
$OFDI \times (Ps - \overline{Ps})$			0.007 ** (2.31)				
$OFDI \times OFDI\_H$				0.008 * (1.70)			
$OFDI \times OFDI\_RD$					0.023 *** (2.76)		
$OFDI \times OFDI\_TS$						0.002 *** (4.10)	

① $OFDI\_H$ 表示向高收入国家直接投资取值为 1，否则为 0，参见第四章变量定义。

项目	(1)	(2)	(3)	(4)	(5)	(6)	(7)
$OFDI \times$ $OFDI\_NO$							0.041 (-1.06)

注：括号内是 t 统计量；＊，＊＊，＊＊＊分别表示 10%，5% 和 1% 的显著性水平；回归中包含常数项，为节省空间没有报告。根据东道国收入水平将企业对外直接投资划分为投资高收入国家（$OFDI\_H$）和投资于中低收入国家（$OFDI\_L$）；根据企业经营范围将企业对外直接投资划分为非经营型（$OFDI\_NO$）、贸易销售型（$OFDI\_TS$）、研发加工型（$OFDI\_RD$）、综合型（$OFDI\_CP$）和其他型（$OFDI\_OT$）。

此外，本章还考察了根据不同 OFDI 企业类型对创新产出影响的差异性，结果见表 6 - 18 的最后三列。结果发现，不同类型 OFDI 企业对企业创新产出影响的确存在显著的差异性：其中研发加工型 OFDI 对企业创新产出具有明显的促进作用，并且影响程度最大，在控制其他影响因素之后，研发加工型 OFDI 使创新产出平均处理效应提高 2.3 个百分点，之后是贸易销售型 OFDI，它可使创新产出的平均处理效应提高 0.2 个百分点。此外，非经营型 OFDI 对企业研发产出没有显著影响。其余两类其他型 OFDI，由于其影响因素太复杂，这里没有讨论。

表 6 - 19 报告了基于控制函数法估计的 OFDI 创新投入平均处理效应（ATE）的异质性结果，基本结果和创新产出的结果类似，这里不再赘述。

表 6 - 19　　　　　OFDI 对创新投入影响的处理效应异质性分析

项目	(1)	(2)	(3)	(4)	(5)	(6)	(7)
$OFDI$	0.004 *** (11.21)	0.003 *** (6.36)	0.002 *** (5.15)	0.001 *** (3.29)	0.003 *** (8.14)	0.003 *** (8.06)	0.003 *** (7.99)
Ps		0.002 *** (21.73)	0.003 *** (40.34)	0.003 *** (40.47)	0.003 *** (40.50)	0.003 *** (40.51)	0.003 *** (40.51)
$OFDI \times$ $(Ps - \overline{Ps})$			0.001 *** (3.65)				
$OFDI \times$ $OFDI\_H$				0.004 *** (5.78)			
$OFDI \times$ $OFDI\_RD$					0.004 * (-1.73)		

项目	(1)	(2)	(3)	(4)	(5)	(6)	(7)
$OFDI \times$ $OFDI\_TS$						0.002 (-1.2)	
$OFDI \times$ $OFDI\_NO$							-0.001 (-1.22)

注：括号内为 t 统计量；＊，＊＊，＊＊＊分别表示 10％，5％和 1％的显著性水平；回归中包含常数项，这里没有报告。

第五节　本章小结

本章使用《中国工业企业数据库》和《境外投资企业（机构）名录》合并的企业数据考察了 OFDI 对企业创新的影响，检验了 OFDI 决策对企业创新的异质性影响。运用区制转换选择模型及倾向得分匹配法，校正了样本选择偏差。采用创新产出强度（新产品销售额占企业总销售额的比重）和创新投入强度（研发支出费用占企业总销售额的比重）两个方面来刻画企业的创新水平，具体考察了 OFDI 对创新影响的处理效应。实证结果表明：

第一，企业对外直接投资显著地促进了企业的创新活动，OFDI 决策使企业创新产出强度平均上升约 7 个百分点，存在创新驱动效应。本章采用 OLS、区制转换选择模型和倾向得分匹配三种方法估计处理效应，对比结果发现，三种方法估计的 OFDI 对创新影响的处理效应都为正，OLS 估计的结果最小，区制转换选择模型和倾向得分匹配的结果更为接近。OFDI 决策对企业创新产出强度影响的平均处理效应为 7％左右，OFDI 企业的创新产出强度的处理效应近似为 1％。OFDI 决策不仅显著促进了企业的创新投入强度，也显著提高了企业的创新产出强度。OFDI 企业的创新投入强度的处理效应（ATT）近似为 2‰。

第二，国有企业选择 OFDI 能够更有效地促进其创新活动。为了更深入地评估 OFDI 对企业创新影响的处理效应，本章根据企业所有制类型将样本分为国有企业和民营企业。研究发现两个子样本存在显著差异，在国有企业子样本中，OFDI 决策使得国有企业的创新产出强度比非 OFDI 国有企业提高 8.3％；在民营企业子样本中，OFDI 决策使得民营企业的创新产出强度比非 OFDI 民营企业提高 1.3%。对比国有企业子样本和民营企业子样本的 ATT 发现，OFDI 决策对国有企业创新产出强度的影响程度远大于对民营企业的影响，这说明，与 OFDI 决策对民营企业的创新效应相比，国有企业选择 OFDI 能够更有效地促进其创新活动。

第三，不同类型 OFDI 企业和投资目的国的收入水平对企业创新能力的影响存在显著差异。研发加工型 OFDI 对企业研发产出具有明显的促进作用，并且影响程度最大，在控制其他影响因素之后，研发加工型 OFDI 使创新产出平均处理效应提高 2.3 个百分点；之后是贸易销售型 OFDI，它可使创新产出的平均处理效应提高 0.2 个百分点。此外，非经营型 OF-DI 对企业研发产出没有显著影响。相对于投资中低收入国家来说，投资发达国家的企业的创新产出效应更大一些。

研究结果表明，对外直接投资在总体上促进了企业的创新，存在创新驱动效应。与此同时，本章实证发现不同类型 OFDI 企业和投资目的国的收入水平对企业创新能力的影响存在显著差异。

第七章

中国企业对外直接投资的
经济效应Ⅲ：出口效应

本章研究了作为中国企业"走出去"的两种重要途径：对外直接投资和出口贸易的关系。也就是说，中国企业对外直接投资是促进还是阻碍其出口，或者说中国企业对外直接投资是出口创造型还是出口替代型？如果企业直接投资到东道国促进了其出口，则 OFDI 是出口创造型（也称 OFDI 存在出口效应）；反之，则是出口替代型。具体从两个视角考察中国企业对外直接投资与其出口的关系：一是对外直接投资与企业出口的集约边际；二是对外直接投资与企业出口的广延边际。其中，前者是指对外直接投资对企业出口额（出口强度）的影响，后者是指对外直接投资对企业出口概率的影响。此外，进一步检验二者的关系是否存在因东道国特征不同而不同？是否因企业特征不同而不同？

第一节 OFDI 出口效应相关文献述评

在国际经济领域，从理论角度已有很多国外学者探讨了对外直接投资与出口贸易之间的关系，形成了三种不同观点（Mundell，1957；Kojima，1978；Markuson and Sevensson，1985）。第一，完全替代关系。蒙代尔（Mundell，1957）最早证明了对外直接投资与出口贸易之间是完全替代的。第二，互补关系。边际产业扩张理论（Kojima，1978）指出，投资国通过产业转移，逐步扩大本国与东道国之间的比较成本差距，进而促进两国之间的贸易。第三，对外直接投资与出口贸易关系不确定。二者之间是相互替代还是互补，取决于贸易和非贸易要素之间的关系如何，如果是合作关系，那么对外直接投资与国际贸易之间存在互补关系；反之则存在替代关系（Markuson and Sevensson，1985）①。从实证方面来检验二者之间的关系，国外学者的研究结论也不统一，同样形成了三种不同观点。第一，实证结果支持二者是替代关系。布雷纳德（Brainard，1993）基于1989年美国OFDI的横截面数据，实证发现美国跨国公司的OFDI与出口之间存在替代关系。第二，二者是互补关系。利普西等（Lipsey et al.，1984）基于美国产业层面的面板数据，实证发现OFDI显著地促进了美国企业的出口。第三，OFDI与出口之间究竟存在何种关系与对外直接投资动机（Gray，1998）、OFDI类型（Amiti et al.，2003）、东道国收入水平（Lim et al.，2001；Lee et al.，2009）等有关。

关于对外直接投资与出口贸易之间的关系，国内学者从国家贸易层面（项本武，2009）、行业视角（陈传兴，2009）、区分东道国类型（张春萍，2012）、对投资来源的地区分类（齐婵，2014）等方面具体分析了OFDI对出口贸易的影响。研究方法包括贸易引力模型、岭回归分析、VAR（向量自回归）模型、空间计量方法等。研究结果与国外文献基本相同，既有支持替代关系也有支持互补关系，亦有支持二者关系不确定的。毛其淋和许家云（2014）首次从微观企业层面研究了对外直接投资对企业出口的影响，实证结果表明，中国企业对外直接投资与出口之间存在互补关系。

通过对上述文献梳理可以看到，关于对外直接投资与出口贸易之间的关系仍然存在很大的分歧。针对中国OFDI与出口关系的研究，目前基本采用宏观加总数据。鉴于宏观加总数据不能细致分析企业异质性对OFDI和出口关系的影响，同时容易产生样本估计偏差问题（毛其淋等，2014），与已有文献相比，本章可能在以下几个方面有所贡献：第一，在数据方面，本章以《中国工业企业数据库》和《境外投资企业（机构）名录》合并构成的数据库，从微观层面探讨了外直接投资对中国企业出口的影响。第二，在研究方法上，本章采用双重差分倾向得分匹配模型考察二者之间的关系，由于PSM－DID方法可以克服样本选择偏差和异质性偏差问题，故采用这种方法实证分析得到的结论更加可信。第三，在研究内容上，本章不仅分别从出口额和出口密集度两个方面考察对外直接投资对企业出口的总体影响，而且还考察了OFDI对企业出口的异质性影响，具体包括OFDI投资类型不同和东道国收入水平不同，对出口产生不同的影响。

---

① 更详细的理论分析参见本书第二章第三节相关内容。

第二节　OFDI 影响出口的双重差分倾向得分匹配模型

首先，介绍双重差分倾向得分匹配（propensity score matching with difference in difference，PSM – DID）的原理。假设有两期面板数据，处理前的时期为 t，处理后的时期为 t'。在时期 t'，处理还未发生，企业（处理组和控制组）的潜在结果变量均可记为 $y_{0t'}$，这里潜在结果变量是出口量。在时期 t，处理已经发生了，则可能存在两种潜在结果，分别记为 y_{1t}（如果企业选择 OFDI）和 y_{0t}（如果企业未选择 OFDI）。双重差分倾向得分匹配模型成立的前提是满足均值可忽略性假定：

$$E(y_{0t} - y_{0t'} \mid x, D = 1) = E(y_{0t} - y_{0t'} \mid x, D = 0) \qquad (7.1)$$

和共同支撑假设条件（见附录4）。根据赫科曼等（1997，1998）和史密斯等（2005）的研究，PSM – DID 估计量可以表示为：

$$\hat{\alpha}_{PSM-DID} = \widehat{ATT} = \frac{1}{n_1} \sum_{i \in I_1 \cap S_p} \left[(y_{1ti} - y_{0t'i}) - \sum_{j \in I_0} w(i, j)(y_{0tj} - y_{0t'j}) \right]$$

$$(7.2)$$

其中，I_1 表示处理组个体的集合，I_0 表示控制组个体的集合，S_p 表示共同支撑区域，n_1 表示 $I_1 \cap S_p$ 中包含的处理组个体，$w(i, j)$ 是权重。式（7.2）的第一项 $(y_{1ti} - y_{0t'i})$ 表示处理组企业 i（OFDI 企业）的结果变量在处理前后（OFDI 前后）的变化值；相应的，式（7.2）的第二项 $(y_{0tj} - y_{0t'j})$ 表示控制组企业 j（非 OFDI 企业）的结果变量在处理前后的变化值。双重差分倾向得分匹配模型的估计步骤如下：（1）计算倾向得分值；（2）在共同支撑区域上，分别计算处理组企业的结果变量在处理前后的变化值和与之相匹配的控制组企业的结果变量在处理前后的变化值；（3）根据式（7.2）估计 $\widehat{ATT}$。PSM – DID 模型的优点是可以解决不随时间改变的不可观测变量的样本选择偏差问题。

其次，构建可以通过回归方法实现的 PSM – DID 出口效应模型。根据 PSM – DID 原理，本章的处理组为对外直接投资企业（OFDI 企业），控制组为从未对外直接投资的企业（非 OFDI 企业）。定义两个虚拟变量 $OFDI_i = \{0, 1\}$ 和 $Time_i = \{0, 1\}$，其中 $OFDI_i$ 表示企业是否对外直接投资，$OFDI_i = 1$ 表示企业 i 是对外直接投资企业，否则取值为 0；$Time_i$ 表示时间的虚拟变量，$Time_i = 0$ 表示企业对外直接投资前的时期，$Time_i = 1$ 表示企业对外直接投资后的时期。EXP_{it} 表示企业 i 在时期 t 的出口量（用出口额和出口密集度表示）；ΔEXP_i 表示企业 i 对外直接投资前后的出口变化量，ΔEXP_i^1 表示处理组企业在两个时期的出口变化量，ΔEXP_i^0 表示控制组企业在两个时期的出口变化量，$OFDI$ 对企业出口的处理效应表示为：

$$\lambda = E(\lambda_i \mid OFDI_i = 1) = E(\Delta EXP_{it}^1 \mid OFDI_i = 1) - E(\Delta EXP_{it}^0 \mid OFDI_i = 1)$$

$$(7.3)$$

其中，$E(\Delta EXP_{it}^0 \mid OFDI_i = 1)$ 表示处理组企业如果不进行对外直接投资时的出口变化量，这是无法观测到的"反事实"。为了估计式（7.3），需要采用倾向得分匹配法（PSM）构造"反事实"。经过倾向得分匹配之后，可以得到与处理组企业具有完全相似特征的控制组企业集合 $\Theta(i)$，利用它们的出口变化量 $E(\Delta EXP_{it}^0 \mid OFDI_i = 0, i \in \Theta(i))$ 代替 $E(\Delta EXP_{it}^0 \mid OFDI_i = 1)$。于是，式（7.3）可以表示为：

$$\lambda = E(\lambda_i \mid OFDI_i = 1) = E(\Delta EXP_{it}^1 \mid OFDI_i = 1)$$
$$- E[\Delta EXP_{it}^0 \mid OFDI_i = 0, i \in \Theta(i)] \quad (7.4)$$

借鉴毛其淋等（2014），式（7.4）的一个等价性的可用于实证检验的表述为：

$$EXP_{it} = \alpha_0 + \alpha_1 OFDI + \alpha_2 Time + \delta \times (OFDI \times Time) + \xi_{it} \quad (7.5)$$

其中，$OFDI$、$Time$ 以及 EXP 的含义与前文一致；i 和 t 分别表示企业和时间；ξ_{it} 随机误差项，满足 $E(\xi_{it}) = 0$。

检验式（7.5）的交互项（$OFDI \times Time$）系数 δ 与式（7.3）中的 λ 事实上是一致的，具体说明如下：根据式（7.5），可以将 DID 估计量表示为表 7-1，处理组企业的出口变化量表示为：$E(\Delta EXP_i^1 \mid OFDI_i = 1) = \alpha_2 + \delta$，而控制组企业的出口量变化为：$E(\Delta EXP_i^0 \mid OFDI_i = 0) = \alpha_2$。于是，根据式（7.4）可知：

$$\lambda = E(\lambda_i \mid OFDI_i = 1) = E(\Delta EXP_{it}^1 \mid OFDI_i = 1)$$
$$- E(\Delta EXP_{it}^0 \mid OFDI_i = 0) = \alpha_2 + \delta - \alpha_2 = \delta \quad (7.6)$$

表 7-1　　　　　　　　　　Difference-in-Difference 估计量

分类	OFDI 之前	OFDI 之后	Difference
OFDI 企业（处理组）	$\alpha_0 + \alpha_1$	$\alpha_0 + \alpha_1 + \alpha_2 + \delta$	$\alpha_2 + \delta$
非 OFDI 企业（控制组）	α_0	$\alpha_0 + \alpha_2$	α_2
OFDI 企业与非 OFDI 企业的差异	α_1	$\alpha_1 + \delta$	δ

于是，如果处理组企业在对外直接投资后的出口量显著大于控制组企业，则表示对外直接投资促进了企业出口。具体到式（7.5）来说，只需检验交互项（OFDI × Time）的系数 δ 是否大于零。如果 $\delta > 0$，意味着企业对外直接投资前后处理组企业的出口变化幅度大于控制组企业的出口变化幅度，这表明企业对外直接投资促进了企业出口，OFDI 与出口之间存在互补关系，属于出口创造型。

最后，为了避免遗漏变量引起的偏误，参考已有文献做法，在式（7.5）中加入控制变量集合 $\vec{X}_{ijkt}$，具体包括资本密集度（klratio）、企业规模（size）、企业年龄（age）、国有企业哑变量（state）和外资企业哑变量（foreign）、行业特征 v_j 和地区特征 v_k，得到 OFDI 影响出口的双重差分倾向得分匹配模型：

$$EXP_{it} = \alpha_0 + \alpha_1 OFDI + \alpha_2 Time + \delta OFDI \times Time + \beta \vec{X}_{ijkt} + v_j + v_k + \varepsilon_{it}$$

$$(7.7)$$

第三节　对外直接投资对企业出口集约边际的影响

一、数据筛选及初步分析

本章使用的基础数据与第六章相同，针对合并样本（采用 m：m 匹配），还进行了如下处理：删除主要变量的缺漏值、杠杆率大于 1 的样本，利息小于零（删除 52828 个观测）、管理费用大于总资产或者销售额、利息超过总资产或者销售额的样本，总资产、总负债小于零的样本。此外，为了避免极端值对回归结果的影响，对关键数值型变量如出口额、资本密集度等在 1% 百分位上进行了截尾处理，最终回归分析的样本总数是 502240。样本中出口企业占总样本的 26.8%，接近 1/3；在出口样本中，OFDI 企业占 1.4%，这比总样本中 OFDI 企业比例高很多。为了尽量全面捕捉 OFDI 企业和非 OFDI 企业在出口方面的差异，本章以《中国工业企业数据库》中提供的"出口交货值"为基础构造了以下六个变量：（1）根据出口交货值定义出口虚拟变量（exp_dum），如果出口交货值不等于零，则取值为 1，否则为 0；（2）将出口交货值用两种方式进行标准化，分别定义了出口密集度和出口强度，其中，出口密集度（exp_s）用企业出口占总销售额的比重表示，出口强度（exp_y）用企业出口占工业总产值的比重表示；（3）出口交货值（export_nc），为了消除时间因素，采用样本企业注册地所在省份的工业品出厂价格指数平减（以 2000 年为基期的），记为 export；通常取对数之后，容易满足正太分布假设，本章将其取对数后记为 lnexport。主要变量定义见表 7 – 2。

表 7 – 2　　　　　　　　　　　　主要变量定义

变量	变量表示	变量解释
出口密集度	exp_s	出口交货值与企业销售额的比值来表示
出口强度	exp_y	出口交货值与工业总产值的比值来表示
出口额	export_nc	出口交货值，未平减
出口额	export	企业注册地所在省份工业品出厂价格指数进行平减（2000 为基期）
出口额	lnexport	
出口虚拟变量	exp_dum	根据出口交货值是否为零，不等于零时，取值为 1，否则为 0

注：其余变量定义与第四章相同，参见表 4 – 4。

表 7 – 3 报告了 OFDI 企业与非 OFDI 企业在出口方面的统计信息，结果发现，对于出口企业样本而言，OFDI 企业无论是出口额的绝对数值还是标准化后（剔除企业规模等差异）的出口量都显著高于非 OFDI 企业，并且 OFDI 企业的 exp_dum 平均值是 0.74，而非 OFDI 企业的平均值仅为 0.28，这表明相对于非 OFDI 企业来说，OFDI 企业中出口企业占比较高，接近 3/4（74%）。针对全样本的差异性检验发现，这些变量之间的差异均值在 1% 的水平上显著；针对出口企业样本而言，结果类似，不同的是出口密集度在 10% 水平上显著，而出口强度不显著。

表 7 – 3　　　　OFDI 企业与非 OFDI 企业出口的基本统计信息

分类	变量	OFDI 企业			非 OFDI 企业			差异性检验	
		观测值（个）	均值	标准差	观测值（个）	均值	标准差	差异值	（t 值）
出口企业	export_nc	1660	99000	140000	140000	45000	88000	– 54427.5 ***	（– 24.96）
	exp_s	1660	0.616	0.341	140000	0.599	0.379	– 0.01 *	（– 1.77）
	exp_y	1660	0.599	0.336	140000	0.588	0.379	– 0.01	（– 1.15）

续表

分类	变量	OFDI 企业			非 OFDI 企业			差异性检验	
		观测值（个）	均值	标准差	观测值（个）	均值	标准差	差异值	（t 值）
出口企业	export	1533	614	637.1	130000	321.4	449.8	−292.61 ***	（−25.19）
	exp_dum	1660	1	0	1	1	1	—	—
	lnexport	1660	5.971	1.475	140000	4.984	1.563	−0.99 ***	（−25.58）
全样本	export_nc	2257	73000	130000	500000	12000	50000	60502.1 ***	（−56.57）
	exp_s	2257	0.45	0.40	500000	0.17	0.33	−0.288 ***	（−40.82）
	exp_y	2257	0.44	0.39	500000	0.16	0.33	−0.278 ***	（−39.96）
	export	2130	441.90	606.70	500000	87.22	274.40	−354.71 ***	（−59.03）
	exp_dum	2257	0.74	0.44	500000	0.28	0.45	−0.46 ***	（−48.77）
	lnexport	2257	4.39	2.92	500000	1.37	2.37	−0.32 ***	（−60.18）

注：平均出口额的单位为元；***，**，*分别表示1%，5%和10%的显著性水平。
—表示出口企业中的出口虚拟变量都取值为1，所以没有必要做差异性检验。

　　以上是样本期间内的平均值，下面分年度统计，为了方便对比出口额的变化，表7-4采用未平减的 export_nc 表示，仅就全样本进行了统计。由表7-4可以看出，2008年以前，两类企业的出口额和出口密集度均呈现出增长的趋势，但在2009均有明显下降趋势。2005~2009年，非 OFDI 企业的出口额的均值为1860万元，而 OFDI 企业的出口额均值高达15800万元，后者比前者高出13940万元；OFDI 企业的出口密集度是45.70%，而非 OFDI 企业仅为16.60%。

表7-4　OFDI 企业与非 OFDI 企业出口差异性检验（2005~2009年）

类别		2005年	2006年	2007年	2008年	2009年	均值
出口额（万元）	OFDI 企业	14000	14000	16000	18000	17000	15800
	非 OFDI 企业	1600	1800	2000	2100	1800	1860
出口密集度（%）	OFDI 企业	46.50	46.00	45.60	46.30	43.40	45.70
	非 OFDI 企业	18.20	17.60	16.10	16.20	15.10	16.60

以上初步分析表明，OFDI 企业比非 OFDI 企业具有更高的出口额、更高的出口密集度以及更大的出口比例。但这还不足以说明 OFDI 行为促进了企业出口，因为 OFDI 企业与非 OFDI 企业之间存在显著的异质性（Tomiura，2007），而这些异质性特征如生产率差异，可能会进一步影响企业的出口行为。为了准确地评估 OFDI 与企业出口之间的因果关系，下面将进行更为严谨的计量分析。

二、基础回归

当不考虑选择偏差与异质性问题时，可以直接对式（7.7）进行混合 OLS 回归，估计结果见表 7 - 5。结果显示，相对于非 OFDI 企业来说，OFDI 企业的出口密集度、出口额更大。针对企业出口密集度而言，表 7 - 5 前四列分别对应不含控制变量、含劳动生产率等控制变量、加入行业固定效应、加入行业与地区固定效应的回归结果。结果表明，当不控制任何因素时，变量 OFDI 的系数为正，且通过 1% 的显著性水平检验，表明 OFDI 企业的出口密集度显著高于非 OFDI 企业；当控制了企业—行业层面的特征因素时，OFDI 的出口密集度从 0.288 下降到 0.196，相对于非 OFDI 企业来说，OFDI 企业的平均出口密集度高出 0.2 ~ 0.3 个百分点。针对企业出口额而言，与出口密集度结果类型，回归结果报告在表 7 - 5 的后四列，相对于非 OFDI 企业来说，OFDI 企业的平均出口度高出 2 ~ 3 个百分点。

三、OFDI 决策对企业出口影响的处理效应——基于 PSM 方法

（一）PSM 变量的描述性统计

表 7 - 6 报告了处理组企业与控制组企业主要匹配变量的描述性统计情况。综合来看，处理组企业的出口密集度、新产品占比、资本密集度、劳动生产率、政府补贴等均高于控制组企业，赫芬达指数在两组之间没有差异。

表7-5 OFDI决策对企业出口量的影响（未考虑选择偏差）

变量	企业出口密集度				企业出口额的对数			
	(1)	(2)	(3)	(4)	(5)	(6)	(7)	(8)
OFDI	0.288 *** (40.82)	0.228 *** (27.63)	0.199 *** (25.72)	0.196 *** (25.36)	3.017 *** (60.18)	2.074 *** (36.79)	1.856 *** (34.25)	1.839 *** (33.99)
ylratio		-0.087 *** (-132.71)	-0.068 *** (-112.50)	-0.068 *** (-111.53)		-0.692 *** (-150.02)	-0.569 *** (-131.57)	-0.559 *** (-128.07)
klratio		-0.037 *** (-80.03)	-0.036 *** (-83.31)	-0.036 *** (-84.36)		-0.157 *** (-50.02)	-0.147 *** (-50.97)	-0.158 *** (-54.57)
size		0.066 *** (133.27)	0.045 *** (96.77)	0.046 *** (99.87)		0.882 *** (224.46)	0.743 *** (198.85)	0.754 *** (201.20)
age		-0.002 *** (-32.91)	-0.000 *** (-2.17)	-0.000 (-0.16)		-0.005 *** (-13.11)	0.004 *** (10.34)	0.005 *** (12.76)
yneuratio		0.145 *** (33.14)	0.157 *** (38.54)	0.164 *** (40.31)		1.784 *** (57.85)	1.800 *** (62.34)	1.846 *** (63.88)
profratio		-0.314 *** (-42.65)	-0.231 *** (-33.60)	-0.231 *** (-33.58)		-1.757 *** (-32.56)	-1.185 *** (-23.69)	-1.197 *** (-23.94)
lixiratio		-0.002 *** (-3.92)	-0.001 *** (-2.82)	-0.000 *** (-2.68)		-0.013 *** (-4.14)	-0.004 *** (-3.35)	-0.005 *** (-3.61)

续表

变量	企业出口密集度				企业出口额的对数			
	(1)	(2)	(3)	(4)	(5)	(6)	(7)	(8)
$subsdy\_ta$		-1.674*** (-38.89)	-0.988*** (-26.19)	-0.903*** (-23.81)		-12.223*** (-35.62)	-7.970*** (-25.86)	-7.314*** (-23.68)
$high\_MarktIndx$			0.043*** (19.91)	0.038*** (17.22)			0.390*** (25.93)	0.319*** (21.10)
$private$			0.055*** (25.59)	0.056*** (26.09)			0.400*** (17.18)	0.388*** (16.68)
常数项	0.165*** (349.83)	0.431*** (87.12)	0.446*** (31.86)	0.367*** (25.50)	1.374*** (408.91)	-1.210*** (-33.47)	-3.989*** (-49.28)	-2.689*** (-24.63)
行业效应	No	No	Yes	Yes	No	No	Yes	Yes
地区效应	No	No	No	Yes	No	No	No	Yes
R^2	0.003	0.084	0.240	0.241	0.007	0.155	0.299	0.303
观测值				502240				

注：括号内为t统计量；*，**，***分别表示10%、5%和1%的显著性水平。
表中企业出口额是经过平减之后的。

表 7 - 6　　　　　　　处理组与对照组主要匹配变量的描述性统计

变量名	全样本				
	样本数	均值	标准差	最小值	最大值
劳动生产率	502257	7.887	0.852	5.914	10.41
资本密集度	502257	6.086	1.104	2.809	8.868
企业规模	502257	10.33	1.121	8.517	14.37
公司年龄	502257	7.685	7.509	0	58
赫芬达指数	502257	0.003	0.004	0.001	0.037
人均管理成本	502257	4.302	1.13	- 4.44	8.908
新产品占比	502257	0.029	0.116	0	2.785
利润率	502257	0.058	0.057	- 0.016	0.339
债务利息率	502257	0.058	1.542	0	480
政府补贴	502257	0.001	0.007	0	0.45

变量名	处理组				
	样本数	均值	标准差	最小值	最大值
劳动生产率	2257	7.988	0.807	5.93	10.41
资本密集度	2257	6.326	1.043	2.877	8.858
企业规模	2257	11.39	1.257	8.521	14.23
公司年龄	2257	8.686	7.124	0	58
赫芬达指数	2257	0.003	0.004	0.001	0.037
人均管理成本	2254	4.697	1.002	- 1.563	7.773
新产品占比	2257	0.099	0.196	0	0.996
利润率	2257	0.059	0.054	- 0.016	0.337
债务利息率	2257	0.033	0.234	0	10.29
政府补贴	2257	0.002	0.007	0	0.092

变量名	控制组				
	样本数	均值	标准差	最小值	最大值
劳动生产率	500000	7.886	0.852	5.914	10.41
资本密集度	500000	6.084	1.104	2.809	8.868
企业规模	500000	10.32	1.118	8.517	14.37

变量名	控制组				
	样本数	均值	标准差	最小值	最大值
公司年龄	500000	7.681	7.51	0	58
赫芬达指数	500000	0.003	0.004	0.001	0.037
人均管理成本	500000	4.3	1.13	-4.44	8.908
新产品占比	500000	0.029	0.116	0	2.785
利润率	500000	0.058	0.057	-0.016	0.339
债务利息率	500000	0.058	1.546	0	480
政府补贴	500000	0.001	0.007	0	0.45

（二）企业选择 OFDI 倾向得分的 Logit 模型估计

企业实施对外直接投资决策的倾向得分的 Logit 模型的估计结果见表 7-7。根据击中率、拟 R^2 等综合判断，本章最终以表 7-7 第（6）列计算出的企业选择对外直接投资的倾向得分，并基于此筛选出满足共同支撑假设的区域，从而在该区域上进行后续分析。

表 7-7　　　　企业选择 OFDI 倾向得分的 Logit 模型估计

解释变量	（1）	（2）	（3）	（4）	（5）	（6）
ylratio	-0.301*** (-9.791)	-0.280*** (-9.017)	-0.321*** (-10.082)	-0.330*** (-10.302)	-0.312*** (-9.687)	-0.379*** (-11.417)
klratio	0.191*** (8.560)	0.165*** (7.283)	0.187*** (8.117)	0.189*** (8.202)	0.176*** (7.515)	0.174*** (7.187)
size	0.729*** (37.802)	0.700*** (36.069)	0.720*** (36.412)	0.723*** (36.511)	0.726*** (36.651)	0.811*** (39.859)
age	-0.006** (-2.085)	-0.008*** (-2.950)	-0.009*** (-3.140)	-0.009*** (-3.105)	-0.009*** (-3.036)	-0.010*** (-3.358)
ynewratio		1.680*** (16.169)	1.679*** (15.818)	1.678*** (15.775)	1.687*** (15.869)	1.359*** (12.222)

续表

解释变量	(1)	(2)	(3)	(4)	(5)	(6)
proftratio		−0.250 (−0.657)	0.054 (0.139)	0.107 (0.275)	0.165 (0.425)	0.893** (2.259)
lixiratio		−0.068 (−0.601)	−0.048 (−0.502)	−0.039 (−0.449)	−0.037 (−0.441)	−0.042 (−0.432)
subsdy_ta		8.616*** (3.774)	9.637*** (4.363)	9.589*** (4.339)	9.566*** (4.295)	6.698*** (2.676)
indus_second			9.565*** (12.753)	7.632*** (7.464)	8.496*** (8.174)	5.849*** (4.613)
indus_third			3.929*** (6.544)	2.317*** (3.014)	2.950*** (3.794)	3.717*** (3.458)
hhi			−28.755*** (−4.600)	−27.437*** (−4.312)	−27.795*** (−4.370)	−17.612*** (−2.837)
indus_chemical			−0.262*** (−3.641)	−0.258*** (−3.582)	−0.261*** (−3.625)	−0.206*** (−2.851)
indus_materil			−0.407*** (−5.454)	−0.403*** (−5.399)	−0.404*** (−5.406)	−0.361*** (−4.793)
indus_mechanical			0.093* (1.694)	0.089 (1.604)	0.085 (1.544)	0.095* (1.735)
east				0.599*** (5.059)	0.529*** (4.445)	0.758*** (5.771)
west				0.666*** (4.696)	0.678*** (4.780)	0.826*** (5.811)
high_MartktIndx						0.407*** (4.556)
foreign						0.491* (1.859)
private						1.024*** (3.940)

解释变量	（1）	（2）	（3）	（4）	（5）	（6）
Constant	− 12.524 *** （− 53.490）	− 12.281 *** （− 52.194）	− 18.685 *** （− 30.187）	− 17.573 *** （− 22.455）	− 18.413 *** （− 22.982）	− 19.046 *** （− 18.179）
准 R^2	0.103	0.111	0.122	0.123	0.124	0.138
似然度	− 16598.224	− 12663.514	− 11004.624	− 10945.334	− 10831.055	− 12454.203
击中率（%）	93.5	97.1	94.23	98.34	99.55	99.55

注：括号内为 t 统计量；*，**，*** 分别表示10%，5%和1%的显著性水平。

（三）倾向得分匹配的平衡性检验

倾向得分匹配的关键是满足共同支撑假设和平衡性条件检验。处理组和控制组分别有 243 个和 64886 个企业未能找到相应的匹配对象。在共同支撑的基础上，为了保证匹配样本在各协变量上取值差尽可能小，根据史密斯和托德（2005）的做法，通过计算匹配后 OFDI 企业与非 OFDI 企业匹配变量的标准偏差进行匹配平衡性检验，结果见表 7 - 8。检验结果发现：对于匹配之前的样本，对外直接投资企业在资本密集度、公司年龄、企业规模、从业人员数目等方面均显著高于非对外直接投资企业，不过在匹配（分别采用最近邻匹配、半径匹配、核匹配）之后，对外直接投资企业与非对外直接投资企业在主要特征变量上均不再具有显著的差异。此外，匹配后各匹配变量的标准偏差的绝对值也均保持在10%以内。各个协变量 T 检验的结果不拒绝处理组与控制组无系统差异的原假设，即说明两组样本在匹配后不再有系统偏差，说明通过匹配有效消除了生产率的内生性问题。

表 7 - 8　　　　　　最近邻匹配平衡性检验

匹配变量	匹配前后	处理组均值	对照组均值	标准偏差（%）	标准偏差减少幅度（%）	T 值	P 值
ylratio	匹配前	7.988	7.886	12.200		5.650	0
	匹配后	7.988	7.973	1.800	85.300	0.610	0.545

续表

匹配变量	匹配前后	处理组均值	对照组均值	标准偏差（%）	标准偏差减少幅度（%）	T 值	P 值
klratio	匹配前	6.326	6.085	22.500		10.350	0
	匹配后	6.326	6.331	−0.500	97.900	−0.160	0.873
size	匹配前	11.390	10.320	89.800		45.270	0
	匹配后	11.390	11.400	−0.500	99.500	−0.150	0.884
age	匹配前	8.686	7.681	13.700		6.350	0
	匹配后	8.686	8.777	−1.200	91.000	−0.400	0.690
ynewratio	匹配前	0.099	0.029	43.500		28.540	0
	匹配后	0.099	0.099	0.300	99.300	0.080	0.936
proftratio	匹配前	0.059	0.058	2.900		1.330	0.183
	匹配后	0.059	0.059	1.600	45.800	0.540	0.591
lixiratio	匹配前	0.033	0.058	−2.300		−0.770	0.443
	匹配后	0.033	0.031	0.200	89.800	0.450	0.653
subsdy_ta	匹配前	0.002	0.001	9.500	4.460	4.460	0
	匹配后	0.002	0.002	−0.500	95.200	−0.140	0.887

为了更直观地判断匹配前后的效果，根据最近邻匹配结果，本章绘制了 OFDI 企业（处理组）和非 OFDI 企业（控制组）在匹配前后核密度图（见图 7 - 1）。显然，匹配前，控制组和处理组的核密度图存在显著的差异。以前的研究通常采用非 OFDI 企业与 OFDI 企业的出口额（出口密集度）进行比较，这个结果是有偏差的（连玉君等，2011）。本章采用倾向得分法，即从控制组中根据企业选择对外直接投资的倾向得分值，挑选样本与 OFDI 企业进行匹配，匹配后，两组的核密度很接近，这也表明匹配后，OFDI 企业与非 OFDI 企业在诸多匹配协变量上很相似。本章还采用了半径匹配和核匹配，结果很相似，这里没有报告。综上所述，各种匹配取得了较好的效果，表明通过匹配为处理组企业找到了合适的对照组企业。

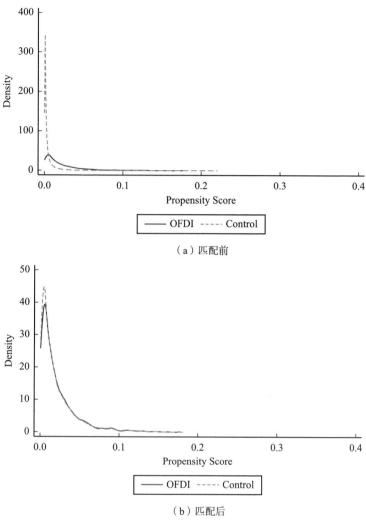

（a）匹配前

（b）匹配后

图7-1　最近邻匹配前后核密度

（四）OFDI决策对企业出口的处理效应

本章使用最近邻匹配、半径匹配和核匹配三种匹配方法估计了处理组的平均处理效应（ATT），下面的讨论是基于最近邻匹配的结果，其余两种匹配方法的结果用作稳健性检验。表7-9汇报了OFDI决策对出口的处理效应。从表7-9（A栏）可以看出，对全样本企业而言，OFDI企业出口密集度的平均处理效应ATT是0.095，表示在控制了企业自选择对OF-

DI 的影响后，OFDI 企业的出口密集度比与之相匹配的非 OFDI 企业平均高出 9.5%，并且通过 1% 水平的显著性检验。这表明 OFDI 决策对企业出口有明显的促进作用，对外直接投资与出口之间是互补关系。

表 7 – 9 出口密集度的倾向得分匹配估计量

分类	A 全样本		B 国有企业		C 民营企业	
	ATT	T 值	ATT	T 值	ATT	T 值
最近邻匹配	0.095	7.288***	0.02	0.283	0.161	8.983***
半径匹配	0.101	8.885***	0.036	0.543	0.124	8.337***
核匹配	0.171	5.248***	0.068	1.128	0.203	13.52***

注：*** 表示 1% 的显著性水平。

根据企业的所有权类型将处理组样本分为两个子样本：（1）国有企业；（2）民营企业。比较两个子样本的 OFDI 决策的出口效应，估计结果见表 7 – 9，其中 B 栏和 C 栏分别是国有企业和民营企业的 ATT 估计结果。采用最近邻匹配方法，发现两个子样本存在显著差异。在国有企业中 ATT 为正，但均没有通过显著性检验，表明 OFDI 决策对国有企业出口没有明显的促进作用；而在民营企业中，ATT 为正，且通过 1% 水平的显著性检验，表明 OFDI 决策对民营企业生产率具有显著的促进作用。这说明 OFDI 决策对企业出口有明显的促进作用，尤其是对民营企业的出口提升作用更大。对此可能的解释是，中国对外直接投资的主体仍然是国有企业，国有企业通常规模比较大，而民营企业规模往往比较小。根据邓宁的国际生产折衷理论，大规模公司对外直接投资的主要类型是资源寻求型和战略资产寻求型，而小规模公司对外直接投资的主要类型是市场寻求型和效率寻求型。如果企业 OFDI 的动机是获取技术等战略资产的话，对外直接投资对出口没有显著影响也就不难理解了。根据此结论，应该鼓励民营企业"走出去"对外直接投资，OFDI 对其贸易产生显著的正向促进作用。进一步，采用半径匹配和核匹配作为稳健性检验。对于全样本而言，通过半径匹配和核匹配，得到类似的结果，ATT 值均在 1% 的水平上显著为正。对于国有企业和民营企业两个子样本的检验结果与最近邻匹配的分析基本相同，只是在数值上略有差异。

四、OFDI 决策对企业出口影响——基于 PSM – DID 方法

以上是标准倾向得分匹配，也就是基于水平值的 PSM 方法，该方法只控制了可观测变量的影响，如果存在依不可观测变量的选择，仍会带来"隐性偏差"（陈强，2014）①。有学者建议在 PSM 基础上，进一步采用倍差法（DID），倍差法可以处理诸如对外直接投资企业与非对外直接投资企业观测不到的共同趋势问题，通过差分能够消除不随时间变化的不可观测因素对配对估计结果的影响，进而提高估计效率（毛其淋等，2014）。为此，下面将采用双重差分倾向得分匹配模型更有效地评估对外直接投资对出口的影响。

（一）基准估计

首先，分析对外直接投资对企业出口密集度的影响。匹配（最近邻匹配）② 之后，采用双重差分倾向得分匹配式（7.6），考察 OFDI 对企业出口密集度的影响，结果见表 7 – 10。交叉项 OFDI × Time 是我们关注的结果变量，就是所谓的 DID 变量，刻画了对外直接投资对企业出口密集度的影响。其中，第（1）列仅加入企业特征变量，从中可以看出，变量 OFDI 的系数为负，但不显著，这表明初始年份处理组企业和控制组企业的出口密集度没有显著差异；OFDI × Time 的估计系数为正，且通过了 10% 的显著性检验，这初步表明 OFDI 显著促进了企业出口密集度的增长。为了考察这一结论的稳健性，在第（2）列的基础上，分别加入制度变量，包括市场化指数和所有制类型变量；在第（3）列中加入行业虚拟变量，控制行业固定效应；在第（4）列中同时加入行业和地区虚拟变量，结果均发现交叉项 OFDI × Time 的估计系数为正，且至少通过 10% 的显著性水平检验，这表明对外直接投资显著地促进了企业出口密集度，即相对于控制组企业而言，OFDI 企业的出口密集度更大。从第（4）列最为完整的回归结果可以看出，交叉项 OFDI × Time 的估计系数为 0.040，表示平均而言，对外直接投资使得企业出口密集度提高了 4%。

---

① 陈强：《高级计量经济学及 Stata 应用》，高等教育出版社 2014 年版，第 545 页。
② 本章分别采用最近邻匹配、半径匹配和核匹配，以最近邻匹配为基准结果进行分析，其余两种匹配方法作为稳健性检验。

表 7 - 10　　双重差分倾向得分匹配模型基准估计结果——企业出口密集度

变量	被解释变量：企业出口密集度			
	（1）	（2）	（3）	（4）
OFDI	- 0. 020 （ - 1. 46）	- 0. 016 （ - 1. 23）	- 0. 019 （ - 1. 47）	- 0. 022 * （ - 1. 69）
OFDI × Time	0. 030 * （1. 73）	0. 029 * （1. 79）	0. 034 ** （2. 09）	0. 040 ** （2. 39）
ylratio	- 0. 090 *** （ - 13. 14）	- 0. 077 *** （ - 11. 96）	- 0. 079 *** （ - 12. 46）	- 0. 077 *** （ - 11. 94）
klratio	- 0. 079 *** （ - 15. 68）	- 0. 068 *** （ - 14. 91）	- 0. 067 *** （ - 14. 53）	- 0. 068 *** （ - 14. 73）
size	0. 027 *** （6. 08）	0. 015 *** （3. 38）	0. 017 *** （3. 91）	0. 017 *** （3. 97）
age	- 0. 004 *** （ - 7. 26）	- 0. 001 ** （ - 1. 99）	- 0. 001 ** （ - 2. 05）	- 0. 001 * （ - 1. 94）
ynewratio	0. 040 （1. 60）	0. 084 *** （3. 55）	0. 096 *** （4. 06）	0. 096 *** （4. 05）
proftratio	- 0. 556 *** （ - 6. 83）	- 0. 464 *** （ - 6. 25）	- 0. 468 *** （ - 6. 34）	- 0. 465 *** （ - 6. 30）
lixiratio	- 0. 035 * （ - 1. 74）	- 0. 014 * （ - 1. 83）	- 0. 017 ** （ - 1. 96）	- 0. 017 ** （ - 1. 98）
subsdy_ta	- 3. 810 *** （ - 7. 24）	- 2. 619 *** （ - 5. 44）	- 2. 381 *** （ - 4. 82）	- 2. 380 *** （ - 4. 83）
high_MartktIndx		0. 066 *** （3. 85）	0. 035 * （1. 95）	0. 037 ** （2. 09）
private		0. 106 ** （2. 41）	0. 096 ** （2. 19）	0. 096 ** （2. 20）
行业效应	No	No	Yes	Yes
地区效应	No	No	No	Yes
R²	0. 111	0. 266	0. 270	0. 271
观测值	7909. 000			

注：括号内为 t 统计量；*，**，*** 分别表示10%，5% 和1% 的显著性水平。

其次，为了进一步考察对外直接投资与企业出口之间的关系，本章以企业出口额的对数为结果变量进行双重差分倾向得分匹配估计，结果见表7－11。回归结果显示，变量 OFDI 的估计系数为正，且通过1%水平的显著性检验。在控制了其他影响因素之后，交叉项 OFDI × Time 的估计系数显著为正，这表明对外直接投资显著促进了企业出口额的提高，从第（4）列最为完整的回归结果可以看到，交叉项 OFDI × Time 的估计系数为0.176，表明平均而言，对外直接投资使得企业出口额增长了约18%。

表7－11　双重差分倾向得分匹配模型基准估计结果——企业出口额

变量	被解释变量：企业出口额的对数值			
	（1）	（2）	（3）	（4）
OFDI	0.343 *** (3.59)	0.388 *** (4.34)	0.371 *** (4.16)	0.337 *** (3.75)
OFDI × Time	0.123 (1.03)	0.082 (0.73)	0.110 (0.98)	0.176 (1.53)
ylratio	−0.749 *** (−15.26)	−0.716 *** (−15.47)	−0.733 *** (−15.92)	−0.710 *** (−15.25)
klratio	−0.329 *** (−9.54)	−0.260 *** (−8.22)	−0.247 *** (−7.84)	−0.265 *** (−8.29)
size	1.014 *** (32.60)	0.972 *** (31.33)	0.985 *** (31.65)	0.988 *** (31.69)
age	−0.017 *** (−3.73)	0.001 (0.25)	0.002 (0.35)	0.002 (0.47)
ynewratio	1.131 *** (6.40)	1.256 *** (7.46)	1.343 *** (7.97)	1.346 *** (7.97)
proftratio	−3.210 *** (−5.45)	−2.512 *** (−4.70)	−2.506 *** (−4.72)	−2.467 *** (−4.64)
lixiratio	−0.190 (−0.99)	−0.030 (−0.28)	−0.051 (−0.44)	−0.049 (−0.44)
subsdy_s	−28.698 *** (−7.00)	−21.690 *** (−5.48)	−19.530 *** (−4.86)	−19.498 *** (−4.85)

变量	被解释变量：企业出口额的对数值			
	（1）	（2）	（3）	（4）
high_MartktIndx		0.437 *** （3.58）	0.249 * （1.96）	0.281 ** （2.20）
private		1.074 ** （2.57）	1.010 ** （2.40）	1.017 ** （2.43）
行业效应	No	No	Yes	Yes
地区效应	No	No	No	Yes
R²	0.143	0.288	0.293	0.294
观测值	7909.000			

注：括号内为 t 统计量；*，**，*** 分别表示 10%，5% 和 1% 的显著性水平。

综合以上分析可知，企业对外直接投资行为不仅显著地促进了出口额的增长，而且也明显提高了出口占销售额的比例，因此总体而言，中国企业对外直接投资与出口之间存在互补关系。

（二）不同类型对外直接投资对企业出口影响的差异性

为了更深入地分析 OFDI 与出口之间的关系，将对外直接投资企业划分为不同的类型，这样就可以深入分析 OFDI 企业对出口的异质性影响。构建如下实证模型：

$$EXP_{it} = \alpha_0 + \alpha_1 OFDI + \alpha_2 Time + \sum_{\tau=1}^{8} \delta_\tau OFDI \times Time$$
$$\times OFDI\_\tau + \beta \vec{X}_{ijkt} + v_j + v_k + \varepsilon_{it} \tag{7.8}$$

其中，$OFDI\_\tau$，$\tau = H，L，NO，TS，RD，CP，OT$ 表示企业 OFDI 的类型，与前文定义相同①。

对于企业出口密集度而言，首先，比较了直接投资到高收入国家和中低收入国家对企业出口密集度影响的差异性，结果见表 7-12 前两列。从中可以看出，在控制了企业特征变量、行业固定效应以及地区特定效应之

---

① 根据东道国收入水平将企业对外直接投资划分为投资高收入国家（*OFDI_H*）和投资于中低收入国家（*OFDI_L*）；根据企业经营范围将企业对外直接投资划分为非经营型（*OFDI_NO*）、贸易销售型（*OFDI_TS*）、研发加工型（*OFDI_RD*）、综合型（*OFDI_CP*）和其他型（*OFDI_OT*）。

后，交叉项 $OFDI \times Time \times OFDI\_H$ 的估计系数显著为正，表明向高收入国家进行对外直接投资促进了企业出口密集度；而 $OFDI \times Time \times OFDI\_L$ 的估计系数为负但未能通过显著性检验，表明向中低收入国家进行对外直接投资对企业出口密集度没有显著的影响。由此可见，向不同类型东道国进行对外直接投资会对企业出口密集度产生不同的影响。其次，考察了不同类型的 OFDI 对企业出口密集度影响的差异性，结果见表 7 - 12 后两列。结果发现，不同类型 OFDI 对企业出口密集度影响的确存在显著的差异性。贸易销售型 OFDI 对企业出口密集度具有显著的促进作用，并且影响程度最大，在控制其他影响因素之后，贸易销售型 OFDI 使企业出口密集度提高 0.078。但是，$OFDI \times Time \times OFDI\_RD$ 的系数为负且通过 5% 的显著性水平检验，表明研发加工型 OFDI 对企业出口表现出一定的抑制作用，这可能和我们的预期有些偏差。根据本书第五章和第六章的研究，研发加工型 OFDI 有利于获取东道国的技术等战略资产，通过逆向技术溢出对母公司产生生产率效应和创新驱动效应。根据新新贸易理论，生产率提高有助于提高企业的出口贸易。而实证结果表明，研发加工类 OFDI 对企业出口没有显著影响，对此可能的解释是：企业 OFDI 产生的生产率效应和创新驱动效应通常具有时滞性，同时研发加工类 OFDI 需要支付一定的研发成本，因此该类 OFDI 对当期没有显著影响（毛其淋等，2014）。

表 7 - 12　不同类型对外直接投资对企业出口影响的差异性——企业出口密集度

变量	被解释变量：企业出口密集度			
	按东道国收入水平		按 OFDI 类型	
	（1）	（2）	（3）	（4）
$OFDI$	- 0.023 ** (- 2.05)	- 0.014 (- 1.40)	- 0.010 (- 0.99)	- 0.008 (- 0.80)
$OFDI \times Time \times OFDI\_H$	0.095 *** (4.38)	0.070 *** (3.39)		
$OFDI \times Time \times OFDI\_L$	- 0.036 ** (- 1.96)	- 0.009 (- 0.51)		
$OFDI \times Time \times OFDI\_TS$			0.069 ** (2.33)	0.078 *** (2.83)

续表

变量	被解释变量：企业出口密集度			
	按东道国收入水平		按 OFDI 类型	
	(1)	(2)	(3)	(4)
$OFDI \times Time \times OFDI\_OT$			0.025 (0.81)	-0.021 (-0.70)
$OFDI \times Time \times OFDI\_RD$			-0.017* (-1.73)	-0.046** (-2.13)
$OFDI \times Time \times OFDI\_CP$			0.034** (-2.19)	0.054* (-1.65)
$OFDI \times Time \times OFDI\_ON$			-0.039 (-1.07)	-0.019 (-0.59)
常数项	1.436*** (28.88)	0.817*** (4.47)	1.434*** (28.81)	0.812*** (4.43)
控制变量	Yes	Yes	Yes	Yes
行业效应	No	Yes	No	Yes
地区效应	No	Yes	No	Yes
R^2	0.113	0.272	0.111	0.271
观测值	7909			

注：括号内为 t 统计量；*，**，*** 分别表示 10%，5% 和 1% 的显著性水平。

对于企业出口额而言，根据东道国收入水平和按照 OFDI 类型分别研究其对出口额的差异性影响，结果见表 7-13，结论和前述的出口密集度相似。因此，不同类型 OFDI 和向不同类型东道国进行对外直接投资会对企业出口产生不同的影响。

表 7-13　　不同类型对外直接投资对企业出口影响的差异性——企业出口额

变量	企业出口额的对数			
	按东道国收入水平		按 OFDI 类型	
	(1)	(2)	(3)	(4)
$OFDI$	0.302*** (3.94)	0.356*** (5.05)	0.399*** (5.52)	0.446*** (6.65)

续表

变量	企业出口额的对数			
	按东道国收入水平		按 OFDI 类型	
	（1）	（2）	（3）	（4）
$OFDI \times Time \times OFDI\_H$	0.551 *** (3.91)	0.388 *** (2.81)		
$OFDI \times Time \times OFDI\_L$	−0.266 ** (−2.10)	−0.101 (−0.86)		
$OFDI \times Time \times OFDI\_TS$			0.541 *** (3.07)	0.494 *** (2.98)
$OFDI \times Time \times OFDI\_OT$			0.126 (0.60)	−0.159 (−0.80)
$OFDI \times Time \times OFDI\_RD$			−1.022 * (−1.93)	−0.520 (−0.98)
$OFDI \times Time \times OFDI\_CP$			0.757 ** (−2.34)	0.528 * (−1.73)
$OFDI \times Time \times OFDI\_ON$			−0.326 (−1.23)	−0.179 (−0.73)
常数项	0.753 ** (2.16)	−6.086 *** (−4.11)	0.751 ** (2.15)	−6.102 *** (−4.11)
控制变量	Yes	Yes	Yes	Yes
行业效应	No	Yes	No	Yes
地区效应	No	Yes	No	Yes
R^2	0.144	0.294	0.143	0.294
观测值	7909			

注：括号内为 t 统计量；*，**，*** 分别表示 10%，5% 和 1% 的显著性水平。

　　根据表7-9的结果可以看出，基于倾向得分匹配模型的结果，OFDI
决策对处理组企业出口密集度影响的平均处理效应 ATT 为 9.5%，表示
OFDI 企业的出口密集度比与之相匹配的非 OFDI 企业平均高出 9.5%；根
据表7-10的结果可以看出，基于双重差分倾向得分匹配模型估计结果显

示，OFDI 决策对处理组企业出口密集度影响的平均处理效应 ATT 为 4%；根据表 7-5 的结果可以看出，OLS 估计值为 19.6%，是对 ATE 的有偏估计。双重差分倾向得分匹配模型和倾向得分匹配法得到的结论都表明，OFDI 决策对企业出口有显著的正向影响。基于倾向得分匹配法得到的正向影响稍大些，这与两个模型的使用条件有关。双重差分倾向得分匹配模型允许基于不随时间变化的不可观测和可观测的变量的选择，而倾向得分匹配法仅基于可观测的变量的选择。相对来说，双重差分倾向得分匹配模型的估计结果更为科学，综合来看，OFDI 决策使得企业出口密集度平均上升 4 个百分点。

第四节 对外直接投资对企业出口广延边际的影响

本章第三节考察了对外直接投资对企业出口额和出口密集度的影响，归纳起来，实质上揭示了对外直接投资对企业出口集约边际的影响。本节将研究对外直接投资对企业出口广延边际的影响，出口广延边际指的是企业的出口概率。采用 Probit 概率模型（7.9）进行估计：

$$\Pr(exp\_dum = 1 \mid X_i) = \Psi(\alpha_0 + \alpha_1 OFDI + \alpha_2 Time + \delta OFDI \\ \times Time + \beta \vec{X}_{ijkt} + v_j + v_k + \varepsilon_{it}) \quad (7.9)$$

其中，被解释变量为企业出口的虚拟变量（exp_dum），Ψ 为标准正太分布函数。

表 7-14 报告了估计结果，其中第（1）列不加入任何控制变量，第（2）列至第（4）列依次加入企业特征变量、行业固定效应和地区固定效应。回归结果显示：OFDI 的估计系数显著为正，表明相对于控制组企业（非 OFDI 企业）而言，处理组企业（OFDI 企业）出口概率更大一些；交叉项 OFDI × Time 的估计系数为正，并且通过 1% 水平的显著性检验，这说明企业对外直接投资行为显著地提高了自身参与出口的概率，即表明对外直接投资对企业出口广延边际具有正向促进作用。

表 7-14　　　　　对外直接投资对企业出口广延边际的影响

变量	（1）	（2）	（3）	（4）
OFDI	0.259 *** (22.74)	0.225 *** (17.49)	0.188 *** (15.43)	0.183 *** (15.07)

续表

变量	（1）	（2）	（3）	（4）
$OFDI \times Time$	0. 026 * （1. 67）	0. 023 （1. 34）	0. 036 ** （2. 21）	0. 043 *** （2. 61）
ylratio		− 0. 089 *** （ − 120. 86）	− 0. 074 *** （ − 106. 17）	− 0. 072 *** （ − 103. 41）
klratio		− 0. 041 *** （ − 78. 44）	− 0. 038 *** （ − 78. 87）	− 0. 039 *** （ − 81. 01）
size		0. 062 *** （113. 92）	0. 048 *** （88. 40）	0. 049 *** （89. 55）
age		− 0. 002 *** （ − 28. 08）	− 0. 000 （ − 0. 72）	− 0. 000 （ − 0. 00）
ynewratio		0. 138 *** （30. 99）	0. 168 *** （40. 67）	0. 168 *** （40. 62）
proftratio		− 0. 332 *** （ − 39. 65）	− 0. 268 *** （ − 34. 43）	− 0. 262 *** （ − 33. 59）
lixiratio		− 0. 037 *** （ − 7. 51）	− 0. 008 *** （ − 4. 65）	− 0. 007 *** （ − 4. 55）
subsdy_ta		− 1. 816 *** （ − 39. 04）	− 0. 894 *** （ − 22. 22）	− 0. 902 *** （ − 22. 36）
high_MartktIndx			0. 048 *** （19. 61）	0. 041 *** （16. 68）
private			0. 066 *** （20. 03）	0. 068 *** （20. 56）
常数项	0. 180 *** （344. 83）	0. 512 *** （93. 89）	0. 409 *** （23. 69）	0. 316 *** （17. 78）
行业效应	No	No	Yes	Yes
地区效应	No	No	No	Yes
准 R^2	0. 003	0. 083	0. 239	0. 240

注：括号内数值为纠正了异方差后的 t 统计量；*，**，*** 分别表示10%，5%和1%的显著性水平。

第五节　本章小结

本章基于《中国工业企业数据库》和《境外投资企业（机构）名录》合并构成的数据库，运用倾向得分匹配法和双重差分倾向得分匹配模型，克服样本选择偏差，从微观层面探讨对外直接投资对企业出口集约边际和广延边际的影响。实证结果表明：

第一，OFDI 决策对企业出口有显著的正向影响，对外直接投资与中国企业出口之间是互补关系，存在出口创造效应。倾向得分匹配法估计结果显示，在控制了企业自选择对 OFDI 决策的影响后，OFDI 企业的出口强度比与之相匹配的非 OFDI 企业平均高出 9.5%。基于双重差分倾向得分匹配模型估计结果显示，OFDI 决策对处理组企业出口密集度影响的平均处理效应 ATT 为 4%。双重差分倾向得分匹配模型和倾向得分匹配方法得到的结论都表明，OFDI 决策对企业出口有显著的正向影响。倾向得分匹配模型得到的正向影响稍大些，这与两个模型的使用条件有关。相对来说，双重差分倾向得分匹配模型的估计结果更为科学，综合来看，OFDI 决策使得企业出口密集度平均上升 4 个百分点。

第二，为了更深入地评估 OFDI 对企业出口的处理效应，本章根据企业所有制类型将样本分为国有企业和民营企业，OFDI 决策对两个子样本的出口效应存在显著差异。研究发现，OFDI 决策对国有企业出口没有明显促进作用，而对民营企业的出口具有显著的促进作用。这说明 OFDI 决策对企业出口有明显的促进作用，尤其是对民营企业的出口提升作用更大。

第三，不同类型 OFDI 企业和投资目的国的收入水平对企业出口的影响存在显著差异。贸易销售型对外直接投资对企业出口密集度具有显著的促进作用，并且影响程度最大，其次是综合型 OFDI，非经营型 OFDI 和其他型 OFDI 对企业出口密集度没有显著的影响，研发加工型 OFDI 对企业出口表现出一定的抑制作用。向高收入国家进行对外直接投资显著地促进了企业出口（提高出口密集度），但向低收入国家进行对外直接投资对企业出口密集度没有显著的影响。由此可见，相对于投资中低收入国家来说，投资于发达国家，对企业出口创造效应更大一些。

本章的研究表明，中国企业对外直接投资与出口之间表现出显著的互补关系，加强对外直接投资可以促进中国企业更好地开展国际贸易。应该大力支持民营企业"走出去"，民营企业没有国有企业的所有权背景更容易被国际社会接受，同时实施 OFDI 对出口的平均处理效应更大，也就是说通过选择对外直接投资促进出口的效果更明显。中国企业对外直接能够显著地促进出口，所以加强 OFDI 不仅可以从供给面直接转移国内的部分产业的过剩产能，而且还可以从需求面通过增加出口，消化内需不足导致的产能过剩。此外，还要鼓励有实力的企业在进行对外直接投资时，选择贸易销售型和综合型 OFDI，因为这两类 OFDI 对企业出口的促进作用较大。

　　但需要说明的是，中国企业对外直接投资与出口之间的互补关系，是基于 2005～2009 年的数据样本，在最近几年是否普遍成立，仍需要进一步探讨。根据理论分析，能够促进对外直接投资与出口之间表现出互补关系的主要途径是逆向技术溢出效应，集中体现在生产率效应和创新效应，第五章和第六章的实证结论支持对外直接投资促进企业提高生产率和增强创新驱动效应，根据新新贸易理论（2003），生产率提高有助于企业开展国际贸易。但是遗憾的是，第五章和第六章的实证结论的数据区间也是 2005～2009 年，仍然缺乏时效性。对外直接投资与出口之间的关系，是一个值得长期追踪和研究的话题。

第八章

研究结论与政策含义

第一节　主要研究结论

本书在梳理对外直接投资理论文献综述的基础上，构建企业生产率异质性、OFDI 和出口的理论模型，研究了技术替代型和研发新产品型 OFDI 逆向技术溢出产生的条件。基于《中国工业企业数据库》和《境外投资企业（机构）名录》合并得到的微观企业数据库，采用异质性处理效应模型、区制转换选择模型和双重差分倾向得分匹配模型进行对外直接投资的经济效应评价。一是研究了对外直接投资的逆向技术溢出效应，分别从生产率和创新活动视角展开；二是研究了对外直接投资的出口效应，分别从出口额和出口密集度视角展开。通过理论分析，揭示 OFDI 对逆向技术溢出和出口效应影响的传导机制，通过实证方法检验 OFDI 的生产率效应、创新效应和出口效应，主要结论如下。

一、OFDI 逆向技术溢出产生条件

本书构建企业生产率异质性、OFDI 和出口的理论模型，研究异质性生产率对企业选择国内生产、出口和 OFDI 决策的影响机制，并考察了技术替代型和研发新产品型 OFDI 逆向技术溢出产生的条件。研究发现：（1）国内生产、出口和 OFDI 企业的生产率水平存在显著差异；长期来看，OFDI 企业和出口企业之间存在技术差距。（2）技术替代型 OFDI 逆向技术溢出产生的条件与临界生产率水平相关。采用外国技术实现的预期

收益恰好等于采用国内技术实现的收益时的临界生产率为 φ_L^*。当 $\varphi \leq \varphi_L^*$ 时，企业需要学习国外先进技术，产生逆向技术溢出效应。（3）研发新产品型 OFDI 产生逆向技术溢出的条件，与国内外的技术差异、学习成本、各类企业的固定成本、各国的价格指数、总收入、工资比率以及各类企业的临界生产率水平相关。（4）研发新产品型 OFDI 逆向技术溢出概率大于技术替代型 OFDI 逆向技术溢出概率。

二、中国企业对外直接投资的决定因素

本书从国家层面、行业层面和企业层面三个不同维度考察了中国企业对外直接投资的决定因素。研究发现：（1）企业的竞争力越强，进行对外直接投资的可能性越大。体现企业竞争优势的因素包括出口强度、新产品占比、劳动生产率、资本密集度等，与企业选择 OFDI 的概率正相关。在控制了企业年龄、所有制类型、行业和地区固定效应以及各个省份的市场化指数以后，该结论仍然成立。（2）出口强度增加 1 个百分点可促使 OF-DI 概率增加 1.85%，新产品占比增加 1 个百分点可促使 OFDI 概率增加 1.26%，这比出口强度对 OFDI 决策的影响略低一些。劳动生产率和资本密集度增加 1% 可促使企业 OFDI 增加 0.85% 和 0.34%。（3）对于中国企业实施 OFDI 倾向性的解释力，出口强度的解释力最强，新产品占比和劳动生产率的解释力分别排在第二位和第三位，新产品占比强于劳动生产率。所有制因素、行业因素、国家制度环境对企业选择对外直接投资的可能性差异的解释力有限。

三、OFDI 促进了企业生产率水平，存在生产率效应

本书运用异质性处理效应模型和倾向得分匹配法，校正了样本选择偏差。实证研究结果表明：（1）OFDI 决策对企业生产率有显著的正向影响，存在生产率创造效应。在控制了企业自选择对对外直接投资的影响后，OFDI 企业的生产率比与之相匹配的非 OFDI 企业平均高出 10 个百分点。（2）OFDI 决策对国有企业生产率水平没有明显促进作用，却对民营企业生产率具有显著的促进作用。（3）OFDI 决策对企业生产率的影响存在显著的异质性。边际处理效应 MTE 是一条向右下倾斜的曲线，表示越倾向于对外直接投资的企业，其生产率水平提升越高。企业根据比较优势原理

对 OFDI 做出选择。

四、OFDI 促进了企业的创新活动，存在创新效应

本书运用区制转换选择模型和倾向得分匹配法，校正了样本选择偏差。实证研究结果表明：（1）对外直接投资显著地促进了企业的创新活动，OFDI 决策不仅显著促进了企业的创新投入强度，也显著提高了创新产出强度，OFDI 决策使企业创新产出强度平均上升约 7 个百分点，存在创新驱动效应。（2）国有企业选择 OFDI 能够更有效地促进其创新活动。OFDI 决策使得国有企业的创新产出强度比非 OFDI 国有企业提高 8.3%，而 OFDI 决策使得民营企业的创新产出强度比非 OFDI 民营企业仅提高 1.3%，这表明，OFDI 决策对国有企业创新产出强度的影响程度远远大于对民营企业的影响。（3）不同类型 OFDI 企业和投资目的国的收入水平对企业创新能力的影响存在显著差异。研发加工型 OFDI 对企业创新具有明显的促进作用，并且影响程度最大，在控制其他影响因素之后，研发加工型 OFDI 使创新产出的平均处理效应提高 2.3 个百分点；其次是贸易销售型 OFDI。此外，非经营型 OFDI 对企业研发产出没有显著影响。相对于投资中低收入国家，投资发达国家的企业的创新产出效应更大一些。

五、中国企业 OFDI 与出口之间存在互补关系

本书运用双重差分倾向得分匹配模型和倾向得分匹配法，克服样本选择偏差，从两个视角考察对外直接投资与企业出口的关系：一是 OFDI 对企业出口集约边际的影响；二是 OFDI 对企业出口广延边际的影响。实证研究结果表明：（1）OFDI 决策对企业出口有显著的正向影响，OFDI 与中国企业的出口之间是互补关系，存在出口创造效应。估计结果显示，在控制了企业自选择对 OFDI 决策的影响后，OFDI 企业出口强度比与之相匹配的非 OFDI 企业平均高出 4 个百分点。（2）根据所有制类型将样本分为国有企业和民营企业。OFDI 决策对国有企业出口没有明显促进作用，却对民营企业出口具有显著的促进作用。（3）不同类型 OFDI 企业和投资目的国的收入水平对企业出口的影响存在显著差异。贸易销售型 OFDI 对企业出口密集度具有显著的促进作用，并且影响程度最大，在控制其他影响因素之后，贸易销售型 OFDI 使出口密集度平均处理效应提高 7.8 个百分点；

其次是综合型 OFDI，它可使出口密集度的平均处理效应提高 5.4 个百分点。此外，非经营型 OFDI 和其他型 OFDI 对企业出口密集度没有显著的影响。研发加工型 OFDI 对企业出口表现出一定的抑制作用。相对于投资中低收入国家，投资发达国家，对企业出口创造效应更大一些。

总之，对外直接投资不仅显著提高了中国企业的生产率，也促进了创新活动，同时还存在出口创造效应。但是，对外直接投资的逆向技术溢出效应（生产率效应和创新效应）和出口效应在国有企业和民营企业之间存在显著差异。具体来说，一方面，OFDI 决策对国有企业生产率水平和出口没有明显促进作用，却对民营企业的生产率和出口具有显著的促进作用；另一方面，OFDI 决策对国有企业创新产出强度的影响远远大于其对民营企业的影响。

第二节　政策含义

本书的理论研究和实证研究蕴含如下的政策含义。

第一，政府重点扶持技术寻求型 OFDI，企业积极嵌入东道国产业链中，获取逆向技术溢出。本书研究表明，对外直接投资显著提高了中国企业的生产率并促进了企业的创新，说明企业对外直接投资存在显著的生产率效应和创新效应。OFDI 依据其动机可以分为资源寻求型、市场寻求型、技术资源获取型和效率型。其中，技术寻求型 OFDI 以获取东道国先进技术为动机，对于提升企业创新能力发挥更大的推动作用。事实上，技术寻求型 OFDI 与本书根据经营范围划分的研发加工型 OFDI 基本是一致的。因此，进一步增加研发加工型 OFDI 的比例，是最大限度获取 OFDI 逆向技术溢出、提升国内创新能力的重要途径之一。建议政府重点扶持技术寻求型 OFDI，将更多资源和优惠政策向这类投资项目倾斜。此外，扩大政府扶持范围，重点扶持发展潜力巨大的民营企业，积极支持技术获取型对外直接投资。企业为了积极获取 OFDI 的各种逆向技术溢出，必须从以下几个方面做出努力：（1）OFDI 企业在东道国建立的境外投资机构或子公司，必须充分发挥"窗口"作用，同时需提高公司内部治理；（2）探索各类合作方式，加大与当地企业的合作，加强与当地的大学、科研机构的合作交流等；（3）实行人才当地化策略，可以雇用发达国家当地人才，特别是科研骨干，有利于增强企业的研究能力。此外，企业在进行 OFDI 中必须重视加大研发投入，加强自主研发，以期取得核心知识产权，从而提高市场竞争力。

第二，大力支持民营企业进行对外直接投资。本书研究发现，中国企业对外直接投资与出口之间存在互补关系，属于出口创造型。由于中国企业对外直接投资与出口之间表现出显著的互补关系，加强对外直接投资可以促进中国企业更好地开展国际贸易。相对于国有企业来说，应该大力支持民营企业"走出去"，民营企业选择 OFDI 对出口的平均处理效应更大，也就是说，通过选择对外直接投资促进出口的效果更明显，同时民营企业没有国有企业的所有权背景更容易被国际社会接受。鼓励企业 OFDI 不仅可以从供给面直接转移国内的部分产业的过剩产能，而且还可以从需求面通过增加出口，消化内需不足导致的产能过剩，相对于国有企业，民营企业通过对外直接投资方式消化产能过剩的效果更大一些。此外，本书的实证研究发现，不同类型 OFDI 企业对其出口影响存在差异性。要鼓励有实力的企业在进行对外直接投资时，选择对外直接投资类型，实证研究发现，贸易销售型或者综合型 OFDI 对企业出口贸易有显著促进作用，而非经营型和其他类型没有显著影响。

第三，构建与完善中国对外直接投资促进体系。本书的理论和实证研究表明，中国企业对外直接投资存在生产率效应、创新效应和出口创造效应。当然，对外直接投资对本国也会产生一些负面影响，但可以尽量消除企业对外直接投资可能带来的负面影响。总体来说，应该继续鼓励和支持中国企业开展对外直接投资。目前，我国已经出台了相关政策，这对于进一步加快我国对外直接投资，扩大对外投资的规模，提高对外直接投资质量有重要意义。建议政府从制定各种优惠政策措施、建立保护 OFDI 企业利益的保险制度、完善对外投资的监管法规等方面进一步构建和完善我国对外直接投资促进体系，以期更好地为中国企业"走出去"服务。

第三节　研究展望

本书仍存在一些不足之处，需要进一步深入研究和完善。

第一，现有实证研究的样本数据有待进一步更新。本书实证分析中由于掌握的微观数据有限，使用的企业数据区间是 2003～2009 年，而中国企业对外直接投资每年都发生巨大变化，采用比较旧的数据得到实证结果的结论，在分析结论和提出相关政策建议时需要谨慎对待，对当前的中国企业对外直接投资行为是否具有参考意义值得商榷。

第二，现有实证研究需对 OFDI 方式进行分类研究。本书在分析企业对外直接投资的经济效应及决定因素时，由于获得的数据有限，无法细分绿地投资和跨国并购。而事实上，对外直接投资的两种主要方式，即绿地投资和跨国并购是存在显著差异的。后续需要从对外直接投资的不同方式入手，验证已有结论是否稳健。

第三，理论模型构建有待进一步深入。本书对企业异质性生产率、出口和 OFDI 逆向技术溢出效应的理论模型构建进行了尝试性分析和讨论，其研究深度仍显不足，在有些方面还需要进一步探讨。模型构建时，假定只有两个国家（本国和外国），采用单一生产要素劳动进行生产，可以试图将其扩展为多国、两要素模型对相关结论进行深入讨论；有考虑模型的动态化，但没有考虑技术扩散过程，模型中没有考虑自主创新、中间产品。

第四，已有实证结论有待进一步深入讨论。对 OFDI 的生产率效应和创新效应，本书只研究了即期影响。但事实上，企业 OFDI 逆向技术溢出效应存在滞后效应，需要研究持续性影响，即需要进一步采用生存分析法，研究 OFDI 的生产率效应、创新效应以及出口效应的持续期影响。此外，已有文献研究表明，对外直接投资的逆向技术溢出效应存在门槛效应，只有满足一定条件才能实现促进一国技术进步。不过，已有文献研究均从宏观角度进行探讨。本书从微观企业角度出发，尽管实证结果支持对外直接投资显著促进了中国企业的生产率和创新能力，但是否也存在门槛效应，需要进一步研究。

参 考 文 献

［1］ 安虎森等：《新经济地理学原理》，经济科学出版社 2009 年版。

［2］［美］巴尔塔基·巴蒂：《面板数据计量经济分析》，白仲林、张晓峒译，机械工业出版社 2012 年版。

［3］ 白洁：《对外直接投资的逆向技术溢出效应——对中国全要素生产率影响的经验检验》，载《世界经济研究》2009 年第 8 期。

［4］ 常玉春：《我国对外直接投资的逆向技术外溢——以国有大型企业为例的实证》，载《经济管理》2011 年第 1 期。

［5］ 陈菲琼、虞旭丹：《企业对外直接投资对自主创新的反馈机制研究：以万向集团 OFDI 为例》，载《财贸经济》2009 年第 3 期。

［6］ 崔凡、邓兴华：《异质性企业贸易理论的发展综述》，载《世界经济》2014 年第 6 期。

［7］ 戴觅、余淼杰、Madhura Maitra：《中国出口企业生产率之谜：加工贸易的作用》，载《经济学（季刊）》2014 年第 1 期。

［8］ 戴觅、余淼杰：《企业出口前研发投入、出口及生产率进步——来自中国制造业企业的证据》，载《经济学（季刊）》2012 年第 1 期。

［9］ 董有德、孟醒：《OFDI、逆向技术溢出与国内企业创新能力——基于我国分价值链数据的检验》，载《国际贸易问题》2014 年第 9 期。

［10］ 杜玲：《发展中国家/地区对外直接投资：理论、经验与趋势》，中国社会科学院研究生院 2002 年博士论文。

［11］ 樊刚、王小鲁、朱恒鹏：《中国市场化指数——各地区市场化相对进程 2006 年报告》，经济科学出版社 2006 年版。

［12］ 樊纲、王小鲁、马光荣：《中国市场化进程对经济增长的贡献》，载《经济研究》2011 年第 9 期。

［13］ 高国伟：《异质性与混合型国际直接投资》，载《南开经济研究》2009 年第 6 期。

［14］ 高凌云、王洛林：《进口贸易与工业行业全要素生产率》，载

《经济学（季刊）》2010 年第 2 期。

［15］高宇：《我国企业对外直接投资的实证分析——宏观国家和微观企业视角》，对外经济贸易大学 2012 年博士论文。

［16］高越：《分割生产、垂直型投资与产业内贸易》，载《财经研究》2008 年第 7 期。

［17］葛顺奇、罗伟：《中国制造业企业对外直接投资和母公司竞争优势》，载《管理世界》2013 年第 6 期。

［18］龚六堂：《公共财政理论》，北京大学出版社 2009 年版。

［19］龚六堂、苗建军：《动态经济学方法》，北京大学出版社 2014 年版。

［20］郭坤：《人民币升值对中国对外直接投资的影响研究》，东北师范大学 2013 年博士论文。

［21］［美］郭申阳、弗雷泽：《倾向值分析：统计方法与应用》，郭志刚、巫锡炜等译，重庆大学出版社 2012 年版。

［22］国务院发展研究中心企业研究所：《中国企业发展报告 2013》，中国发展出版社 2013 年版。

［23］黄益平、何帆、张永生：《中国对外直接投资研究》，北京大学出版社 2013 年版。

［24］蒋冠宏、蒋殿春、蒋昕桐：《我国技术研发型外向 FDI 的“生产率效应”——来自工业企业的证据》，载《管理世界》2013 年第 9 期。

［25］蒋冠宏、蒋殿春：《中国对外投资的区位选择：基于投资引力模型的面板数据检验》，载《世界经济》2012 年第 9 期。

［26］蒋冠宏、蒋殿春：《中国工业企业对外直接投资与企业生产率进步》，载《世界经济》2014 年第 9 期。

［27］蒋冠宏、蒋殿春：《中国企业对外直接投资的“出口效应”》，载《经济研究》2014 年第 5 期。

［28］李春顶：《异质性企业国际化路径选择研究》，复旦大学 2009 年博士论文。

［29］李桂芳：《中国企业对外直接投资分析告》，中国人民大学出版社 2013 年版。

［30］李京晓：《中国企业对外直接投资的母国宏观经济效应研究》，南开大学 2013 年博士论文。

［31］李梅、柳士昌：《对外直接投资逆向技术溢出的地区差异和门

槛效应——基于中国省际面板数据的门槛回归分析》，载《管理世界》2012 年第 1 期。

[32] 李平、李雪松、张平：《2015 中国经济形势分析与预测》，社会科学文献出版社 2014 年版。

[33] 李思慧：《国际化路径是否影响了企业创新选择》，载《国际贸易问题》2014 年第 9 期。

[34] 李雪松：《高级经济计量学》，中国社会科学出版社 2008 年版。

[35] 李雪松、詹姆斯·赫克曼：《选择偏差、比较优势与教育的异质性回报：基于中国微观数据的实证研究》，载《经济研究》2004 年第 4 期。

[36] 李卓、刘杨、陈永清：《发展中国家跨国公司的国际化战略选择：针对中国企业实施"走出去"战略的模型分析》，载《世界经济》2006 年第 11 期。

[37] 联合国贸易和发展组织：《世界投资报告投资于可持续发展目标：一项行动计划 2014》，经济管理出版社 2014 年版。

[38] 林高榜：《创新异质性与中国技术进步》，浙江大学 2012 年博士论文。

[39] 林家彬、刘杰、卓杰：《中国企业"走出去"发展报告（2013）》，社会科学文献出版社 2013 年版。

[40] 刘会政：《中国对外直接投资的母国经济效应研究》，经济科学出版社 2010 年版。

[41] 刘伟全：《中国 OFDI 逆向技术溢出与国内技术进步研究——基于全球价值链的视角》，经济科学出版社 2011 年版。

[42] 刘小玄、李双杰：《制造业企业相对效率的度量和比较及其外生决定因素（2000—2004）》，载《经济学（季刊）》2008 年第 3 期。

[43] 刘阳春：《中国企业对外直接投资动因与策略分析》，中山大学出版社 2009 年版。

[44] 刘志彪、姜付秀、卢二坡：《资本结构与产品市场竞争强度》，载《经济研究》2003 年第 7 期。

[45] 刘志强：《制度与中国对外直接投资的理论与实证——企业异质性及区域制度环境异质性视角》，对外经济贸易大学 2014 年博士论文。

[46] 卢进勇、杜奇华：《国际投资理论与实务》，中国时代经济出版社 2004 年版。

[47] 鲁晓东、连玉君：《中国工业企业全要素生产率估计：1999～

2007》，载《经济学（季刊）》2012 年第 2 期。

[48] 毛其淋、许家云：《中国对外直接投资促进抑或抑制了企业出口?》，载《数量经济技术经济研究》2014 年第 9 期。

[49] 毛其淋、许家云：《中国企业对外直接投资是否促进了企业创新》，载《世界经济》2014 年第 8 期。

[50] [英] 梅纳德·凯恩斯：《就业、利息和货币通论》，金碚、张世贤译，经济管理出版社 2012 年版。

[51] 聂辉华、江艇、杨汝岱：《中国工业企业数据库的使用现状和潜在问题》，载《世界经济》2012 年第 5 期。

[52] 潘素昆、杨慧燕：《技术获取型对外直接投资逆向技术溢出效应研究综述》，载《工业技术经济》2013 年第 2 期。

[53] 裴长洪、樊瑛：《中国企业对外直接投资的国家特定优势》，载《中国工业经济》2010 年第 7 期。

[54] 裴长洪、郑文：《国家特定优势：国际投资理论的补充解释》，载《经济研究》2011 年第 11 期。

[55] [瑞典] 珀森：《选择的智慧：诺贝尔经济学奖获得者演讲集（1996—2000）》，寇宗来、王永钦译，北京大学出版社 2006 年版。

[56] 邱丽萍、叶阿忠：《对外直接投资的逆向技术溢出效应研究——基于半参数面板空间滞后模型》，载《软科学》2019 年第 4 期。

[57] 沙文兵：《对外直接投资、逆向技术溢出与国内创新能力——基于中国省际面板数据的实证研究》，载《世界经济研究》2012 年第 3 期。

[58] 苏振东、逯宇铎、侯铁珊：《南北贸易投资一体化模型研究》，载《数量经济技术经济研究》2008 年第 6 期。

[59] 孙乾坤、包歌、郑玮：《企业异质性与对外直接投资区位选择——基于生产率和所有权视角的研究》，载《财贸研究》2021 年第 8 期。

[60] 唐东波：《垂直专业分工与劳动生产率：一个全球化视角的研究》，载《世界经济》2014 年第 11 期。

[61] 唐东波：《中国的贸易开放、产业升级与就业结构研究》，复旦大学 2012 年博士论文。

[62] 田巍、余淼杰：《中间品贸易自由化和企业研发：基于中国数据的经验分析》，载《世界经济》2014 年第 6 期。

[63] 万丽娟：《中国对外直接投资绩效分析与发展对策》，西南大学 2005 年博士论文。

［64］王海港、黄少安、李琴等：《职业技能培训对农村居民非农收入的影响》，载《经济研究》2009 年第 9 期。

［65］王恕立、向姣姣：《对外直接投资逆向技术溢出与全要素生产率：基于不同投资动机的经验分析》，载《国际贸易问题》2014 年第 9 期。

［66］王英、刘思峰：《国际技术外溢渠道的实证研究》，载《数量经济技术经济研究》2008 年第 4 期。

［67］王英、刘思峰：《中国 ODI 反向技术外溢效应的实证分析》，载《科学学研究》2008 年第 2 期。

［68］王永钦、杜巨澜、王凯：《中国对外直接投资区位选择的决定因素：制度、税负和资源禀赋》，载《经济研究》2014 年第 12 期。

［69］吴淼淼：《中国技术获取型对外直接投资的逆向溢出效应——基于制造业时间序列数据研究》，复旦大学 2011 年博士论文。

［70］［美］伍德里奇：《计量经济学导论：第 4 版》，费剑平译，中国人民大学出版社 2010 年版。

［71］项本武：《中国对外直接投资的决定因素与经济效应的实证研究》，华中科技大学 2005 年博士论文。

［72］项本武：《中国对外直接投资的贸易效应研究——基于面板数据的协整分析》，载《财贸经济》2009 年第 4 期。

［73］项本武：《中国对外直接投资：决定因素与经济效应的实证研究》，社会科学文献出版社 2005 年版。

［74］［日］小岛清：《对外贸易论》，周宝廉译，南开大学出版社 1987 年版。

［75］［英］亚当·斯密：《国民财富的性质和原因的研究》，郭大力、王亚南译，商务印书馆 1981 年版。

［76］杨海：《中国企业国际直接投资分析》，中国社会科学出版社 2008 年版。

［77］杨汝岱：《中国制造业企业全要素生产率研究》，载《经济研究》2015 年第 2 期。

［78］余淼杰：《国际贸易学理论、政策与实证》，北京大学出版社 2013 年版。

［79］余淼杰：《加工贸易与中国企业生产率企业异质性理论和实证研究》，北京大学出版社 2013 年版。

［80］［日］雨宫健：《高级计量经济学》，朱保华、周亚虹等译，上

海财经大学出版社 2010 年版。

［81］遇芳：《中国对外直接投资的产业升级效应研究》，中国社会科学院研究生院 2013 年博士论文。

［82］张春萍：《中国对外直接投资的贸易效应研究》，载《数量经济技术经济研究》2012 年第 6 期。

［83］张宏、王建：《中国对外直接投资与全球价值链升级》，中国人民大学出版社 2013 年版。

［84］张巍巍、李雪松：《中国高等教育异质性回报的变化：1992～2009——基于 MTE 方法的实证研究》，载《首都经济贸易大学学报》2014年第 3 期。

［85］赵春明、郑飞虎、齐玮：《跨国公司与国际直接投资》，机械工业出版社 2013 年版。

［86］赵伟、古广东、何元庆：《外向 FDI 与中国技术进步：机理分析与尝试性实证》，载《管理世界》2006 年第 7 期。

［87］郑磊：《对外直接投资：企业获取竞争优势研究》，南开大学2009 年博士论文。

［88］中华人民共和国商务部、国家统计局、国家外汇管理局：《2020 年度中国对外直接投资统计公报》，中国商务出版社 2021 年版。

［89］周经、蔡冬青：《企业微观特征、东道国因素与中国 OFDI 模式选择》，载《国际贸易问题》2014 年第 2 期。

［90］Amiti M，Wakelin K，Investment Liberalization and International Trade. *Journal of International Economics*，Vol. 61，No. 1，2003，pp. 101 – 126.

［91］Belderbos R，Carree M，Lokshin B，Complementarity In R&D Co-operation Strategies. *Social Science Electronic Publishing*，Vol. 28，No. 4，2006，pp. 401 – 426.

［92］Bernard A B，Jensen J B，Exceptional Exporter Performance：Cause，Effect，or Both. *Journal of international economics*，Vol. 47，No. 1，1999，pp. 1 – 25.

［93］Bernard A B，Jensen J B，Lawrence R Z，Exporters，Jobs，and Wages in US Manufacturing：1976 – 1987. *Brookings Papers on Economic Activity*，1995，pp. 67 – 119.

［94］Bhagwati J N，Dinopoulos E，Wong K Y，Quid Pro Quo Foreign

Investment. *American Economic Review*, Vol. 82, No. 2, 1992, pp. 186 – 190.

[95] Bhagwati J N, Brecher R A, Dinopoulos E, et al. , Quid Pro Quo Foreign Investment and Welfare: A Political – Economy – Theoretic Model. *Journal of Development Economics.* Vol. 27, No. 1 – 2, 1987, pp. 127 – 138.

[96] Bitzer J, Kerekes M, Does Foreign Direct Investment Transfer Technology Across Borders? New Evidence. *Economics Letters.* Vol. 100, No. 3, 2008, pp. 355 – 358.

[97] Braconier H, Ekholm K, Knarvik K, In Search of FDI – Transmitted R&D Spillovers: A Study Based on Swedish Data. *Review of World Economics*, Vol. 137, No. 4, 2001, pp. 644 – 665.

[98] Brandt L, Van Biesebroeck J, Zhang Y, Creative Accounting or Creative Destruction? Firm-level Productivity Growth in Chinese Manufacturing. *Journal of Development Economics*, Vol. 97, No. 2, 2012, pp. 339 – 351.

[99] Branstetter L, Is Foreign Direct Investment a Channel of Knowledge Spillovers? Evidence From Japan's FDI in the United States. *Journal of International Economics*, Vol. 68, No. 2, 2006, pp. 325 – 344.

[100] Buckley P J, Clegg L J, Cross A R, The Determinants of Chinese Outward Foreign Direct Investment. *Journal of International Business Studies*, Vol. 38, No. 4, 2007, pp. 499 – 518.

[101] Cai H, Liu Q, Competition and Corporate Tax Avoidance: Evidence from Chinese Industrial Firms. *The Economic Journal.* Vol. 119, No. 537, 2009, pp. 764 – 795.

[102] Cameron A C, Trivedi P K, *Microeconometrics: Methods and Applications.* Cambridge: Cambridge University Press, 2005.

[103] Cameron A C, Trivedi P K, *Microeconometrics Using Stata.* Cambridge: A Stata Press Publication, 2009.

[104] Carneiro P, Heckman J J, Vytlacil E J, Estimating Marginal Returns to Education. *American Economic Review.* Vol. 101, No. 6, 2011, pp. 2754 – 2781.

[105] Caves R E, *Multinational Enterprise and Economic Analysis.* Cambridge: Cambridge University Press, 2007.

[106] Chang S J, International Expansion Stategy of Japanese Firms: Capability Building Through Sequential Entry. *Academy of Management Journal.*

Vol. 38, No. 2, 1995, pp. 383 – 407.

[107] Chen C L, Hsu F S, Defensive Foreign Direct Investment and Endogenous R&D. *Academia Economic Papers*, Vol. 31, No. 4, 2003, pp. 577 – 603.

[108] Cheung Y W, Qian X, Empirics of China's Outward Direct Investment. *Pacific Economic Review*. Vol. 14, No. 3, 2009, pp. 312 – 341.

[109] Coe D T, Helpman E, International R&D Spillovers. *European Economic Review*, Vol. 39, No. 5, 1995, pp. 859 – 887.

[110] De La Potterie B V P, Lichtenberg F, Does Foreign Direct Investment Transfer Technology Across Borders? *The Review of Economics and Statistics*, Vol. 83, No. 3, 2001, pp. 490 – 497.

[111] Dinopoulos E, Quid Pro Quo Foreign Investment. *General Information*, Vol. 1, No. 2, 1989, pp. 145 – 160.

[112] Dinopoulos E, Wong K. Quid Pro Quo Foreign Investment and Policy Intervention. *General Information*, Vol. 15, No. 4, 1990, pp. 43 – 44.

[113] Dixit A K, Stiglitz, Monopolistic Competition and Optimum Product Diversity. *The American economic review*, Vol. 67, No. 3, 1977, pp. 297 – 308.

[114] Driffield N, Love J H, Foreign Direct Investment, Technology Sourcing and Reverse Spillovers. *The Manchester School*, Vol. 71, No. 6, 2003, pp. 659 – 672.

[115] Dunning J H, Explaining the International Direct Investment Position of Countries: Towards a Dynamic or Developmental Approach. *Weltwirtschaftliches Archiv*, Vol. 117, No. 1, 1981, pp. 30 – 64.

[116] Dunning J H, Lundan S M, *Multinational Enterprises and the Global Economy*. Cheltenham: Edward Elgar Publishing, 2008.

[117] Eaton J, Samuel K, International Technology Diffusion: Theory and Measurement. *International Economic Review*. Vol. 40, No. 3, 1999, pp. 537 – 570.

[118] Gazaniol A, Peltrault F, Outward FDI, Performance and Group Affiliation: Evidence from French Matched Firms. *Economics Bulletin*, Vol. 33, No. 2, pp. 891 – 904.

[119] Gray H P, International Trade and Foreign Direct Investment: The

Interface. *Globalization, trade and foreign direct investment*, Vol. 7, 1998, pp. 19 – 27.

［120］ Greene W H, *Econometric Analysis.* Upper Saddle River: Prentice Hall, 2010.

［121］ Griffith R, Harrison R, Van Reenen J, How Special is the Special Relationship? Using the impact of US R&D Spillovers on UK Firms as a Test of Technology Sourcing. *American Economic Review*, Vol. 96, No. 5, 2006, pp. 1859 – 1875.

［122］ Heckman J J, Building Bridges between Structural and Program Evaluation Approaches to Evaluating Policy. *Journal of Economic Literature*, Vol. 48, No. 2, 2010, pp. 356 – 398.

［123］ Heckman J J, Ichimura H, Todd P E, Matching as an Econometric Evaluation Estimator: Evidence from Evaluating a Job Training Programme. *The Review of Economic Studies*, Vol. 64, No. 4, 1997, pp. 605 – 654.

［124］ Heckman J J, Introduction to a Theory of the Allocation of Time by Gary Becker. *The Economic Journal*, Vol. 125, No. 583, 2015, pp. 403 – 409.

［125］ Heckman J J, Li X, Selection Bias, Comparative Advantage and Heterogeneous Returns to Education: Evidence from China in 2000. *Pacific Economic Review*, Vol. 9, No. 3, 2004, pp. 155 – 171.

［126］ Heckman J J, Matching as an Econometric Evaluation Estimator. *The review of economic studies*, Vol. 65, No. 2, 1998, pp. 261 – 294.

［127］ Heckman J J, Sample Selection Bias as a Specification Error. *Econometrica*, Vol. 47, No. 1, 1979, pp. 153 – 161.

［128］ Heckman J J, The Common Structure of Statistical Models of Truncation, Sample Selection and Limited Dependent Variables and a Simple Estimator for Such Models. *Annals of Economic and Social Measurement*, Vol. 5, No. 4, 1976, pp. 475 – 492.

［129］ Heckman J J, The Empirical Content of the Roy Model. *Econometrica*, Vol. 58, No. 5, 1990, pp. 1121 – 1149.

［130］ Heckman J J, Vytlacil E J, *Handbook of Econometrics*, Elsevier, 2007.

［131］ Heckman J J, Vytlacil E J, Local Instrumental Variables and La-tent Variable Models for Identifying and Bounding Treatment Effects. *Proceedings of the National Academy of Sciences of the United States of America*, Vol. 96, No. 8, 1999, pp. 4730 – 4734.

［132］ Heckman J J, Vytlacil E, Structural Equations, Treatment Effects and Econometric Policy Evaluation. *Econometrica*, Vol. 73, No. 3, 2005, pp. 669 – 738.

［133］ Heckman J J, Vytlacil, The Relationship between Treatment Pa-rameters within a Latent Variable Framework. *Economics Letters*, Vol. 66, No. 1, 2000, pp. 33 – 39.

［134］ Heckman J J, Urzua S, Vytlacil, Understanding Instrumental Variabels in Models with Essential Heterogeneity. *Review of Economics and Stat-ictics*, Vol. 88, 2006, pp. 389 – 432.

［135］ Helpman E, A Simple Theory of International Trade with Multina-tional Corporations. *The Journal of Political Economy*, Vol. 92, No. 3, 1984, pp. 451 – 471.

［136］ Helpman E, Multinational Corporations and Trade Structure. *The Review of Economic Studies*, Vol. 52, No. 3, 1985, pp. 443 – 457.

［137］ Hirsch S, An International Trade and Investment Theory of the Firm. *Oxford Economic Papers*, Vol. 28, No. 2, 1976, pp. 258 – 270.

［138］ Hurst L, Comparative Analysis of the Determinants of China's State-owned Outward Direct Investment in OECD and Non – OECD Coun-tries. *China & World Economy*, Vol. 19, No. 4, 2011, pp. 74 – 91.

［139］ Hymer S H, *The International Operations of National Firms: A Study of Direct Foreign Investment*. B. A. , McGill University, 1960.

［140］ Jabbour L, Offshoring and Firm Performance: Evidence from French Manufacturing Industry. *World Economy*, Vol. 33, No. 3, 2010, pp. 507 – 524.

［141］ Keller W, International Technology Diffusion. *Journal of Economic Literature*, Vol. 42, No. 3, 2004, pp. 752 – 782.

［142］ Kogut B, Chang S J, Technological Capabilities and Japanese For-eign Direct Investment in the United States, *The Review of Economics and Statis-tics*, Vol. 73, No. 3, 1991, pp. 401 – 413.

［143］ Kojima K, *Direct Foreign Investment: A Japanese Model of Multi-*

national Business Operations, New York: Praeger Publishers, 1978.

[144] Krugman P, Scale Economies, Product Differentiation, and the Pattern of Trade. *The American Economic Review*, Vol. 70, No. 5, 1980, pp. 950 – 959.

[145] Lall S, *The New Multinationals: The Spread of Third World Enterprises*. New York: John Wiley & Sons, 1983.

[146] Lecraw D J, Outward Direct Investment by Indonesian Firms: Motivation and Effects. *Journal of International Business Studies*, Vol. 24, No. 3, 1993, pp. 589 – 600.

[147] Lee G, The Effectiveness of International Knowledge Spillover Channels. *European Economic Review*, Vol. 50, No. 8, 2006, pp. 2075 – 2088.

[148] Lee H, Lin K S, Tsui H, Home Country Effects of Foreign Direct Investment: From a Small Economy to a Large Economy. *Economic Modelling*, Vol. 26, No. 5, 2009, pp. 1121 – 1128.

[149] Levinsohn J, Petrin A, Estimating Production Functions Using Inputs to Control for Unobservables. *The Review of Economic Studies*, Vol. 70, No. 2, 2003, pp. 317 – 341.

[150] Lim S, Moon H, Effects of Outward Foreign Direct Investment on Home Country Exports: The Case of Korean Firms. *Multinational Business Review*, Vol. 9, No. 1, 2001, pp. 42 – 49.

[151] Lin S, Ye H, Does Inflation Targeting Make a Difference in Developing Countries? *Journal of Development Economics*, Vol. 89, No. 1, 2009, pp. 118 – 123.

[152] Lipsey R E, Outward Direct Investment and the U. S. Economy. NBER Working Paper, No. c7738, 1995.

[153] Lipsey R E, Weiss M Y, Foreign Production and Exports of Individual Firms. *The Review of Economics and Statistics*, Vol. 66, No. 2, 1984, pp. 304 – 308.

[154] Li W, The Impact of Economic Reform on the Performance of Chinese State Enterprises, 1980 ~ 1989. *Journal of Political Economy*, Vol. 105, No. 5, 1997.

[155] Maddala G S, *Limited-dependent and qualitative variables in econo-*

metrics. Cambridge: Cambridge Uniwersity Press, 1983.

[156] Markusen J R, Multinationals, Multi-plant Economies, and the Gains from Trade. *Journal of International Economics*, Vol. 16, No. 3 – 4, 1984, pp. 205 – 226.

[157] Markusen J R, Svensson L E, Trade in Goods and Factors with International Differences in Technology. *International Economic Review*, Vol. 26, No. 1, 1985, pp. 175 – 192.

[158] Markusen J R, The Boundaries of Multinational Enterprises and the Theory of International Trade. *The Journal of Economic Perspectives*, Vol. 9, No. 2, 1995, pp. 169 – 189.

[159] Markusen J R, Venables A J, The Theory of Endowment, Intra-industry and Multi-national Trade. *Journal of international economics*, Vol. 52, No. 2, 2000, pp. 209 – 234.

[160] Mayer T, Ottaviano G I P, The Happy Few: The Internationalisation of European Firms. *Intereconomics*, Vol. 43, No. 3, 2008, pp. 135 – 148.

[161] Melitz M, Helpman E, Yeaple S, Export versus FDI with Heterogeneous Firms. *American Economic Review*, Vol. 94, 2004.

[162] Melitz M J, The Impact of Trade on Intra – Industry Reallocations and Aggregate Industry Productivity. *Econometrica*, Vol. 71, No. 6, 2003, pp. 1695 – 1725.

[163] Morck R, Yeung B, Zhao M, Perspectives on China's Outward Foreign Direct Investment. *Journal of International Business Studies*, Vol. 39, No. 3, 2008, pp. 337 – 350.

[164] Mundell R A, International trade and factor mobility. *The American Economic Review*, Vol. 47, No. 3, 1957, pp. 321 – 335.

[165] Olley S, Pakes A, The Dynamics of Productivity in the Telecommunications Equipment Industry. *Econometrica*, Vol. 64, No. 6, 1996, pp. 1263 – 1298.

[166] Peng M W, Wang D Y, Jiang Y, An Institution-based View of International Business Strategy: A Focus on Emerging Economies. *Journal of International Business Studies*, Vol. 39, No. 5, 2008, pp. 920 – 936.

[167] Porter E M, *The Competitive Advantage of Nations*. New York: The Free Press, 1990.

［168］ Pradhan J P, Singh N, Outward FDI and Knowledge Flows: A Study of the Indian Automotive Sector. *International Journal of Institutions and Economies*, Vol. 1, No. 1, 2009, pp. 156 – 187.

［169］ Rosenbaum, Rubin P R, The Central Role of the Propensity Score in Observational Studies for Causal Effects. *Biometrika*, Vol. 70, No. 1, 1983, pp. 41 – 55.

［170］ Slaughter M J, Production Transfer within Multinational Enterprises and American Wages. *Journal of International Economics*, Vol. 50, No. 2, 2000, pp. 449 – 472.

［171］ Smith J, Todd P, Does Matching Overcome LaLonde's Critique of Nonexperimental Estimators? *Journal of Econometrics*, Vol. 125, No. 1, 2005, pp. 305 – 353.

［172］ Tomiura E, Foreign Outsourcing, Exporting, and FDI: A Productivity Comparison at the Firm Level. *Journal of International Economics*, Vol. 72, No. 1, 2007, pp. 113 – 127.

［173］ Vahter P, Masso J, Home versus Host Country Effects of FDI: Searching for New Evidence of Productivity Spillovers. *General Information*, Vol. 53, No. 2, 2006, pp. 506 – 525.

［174］ Van Beveren I, Total Factor Productivity Estimation: A Practical Review. *Journal of Economic Surveys*, Vol. 26, No. 1, 2012, pp. 98 – 128.

［175］ Van Pottelsberghe De La Potterie B, Lichtenberg F, Does Foreign Direct Investment Transfer Technology Across Borders? *The review of economics and statistics*, Vol. 83, No. 3, 2001, pp. 490 – 497.

［176］ Vernon R. International Investment and International Trade in the Product Cycle. *The quarterly journal of economics*, Vol. 80, No. 2, 1966, pp. 190 – 207.

［177］ Walz U, Innovation, Foreign Direct Investment and Growth. *Economica*, Vol. 64, No. 253, 1997, pp. 63 – 79.

［178］ Wells L T, *Third World Multinationals: The Rise of Foreign Investments from Developing Countries.* Cambridge: MIT Press, 1983.

［179］ Whalley J, Xin X, China's FDI and non – FDI Economies and the Sustainability of Future High Chinese Growth. *China Economic Review*, Vol. 21, No. 1, 2010, pp. 123 – 135.

［180］ Wooldridge J M, *Econometric analysis of cross section and panel data*. Cambridge：MIT press, 2010.

［181］ Yang D, *China's Offshore Investments：A Network Approach*, Cheltenham：Edward Elgar Publishing, 2005.

［182］ Yasar M, Raciborski R, Poi B, Production Function Estimation in Stata Using the Olley and Pakes Method. *The Stata Journal*, Vol. 8, No. 2, 2008, pp. 221 – 231.

［183］ Yeaple S R, Firm Heterogeneity and the Structure of U. S. Multinational Activity. *Journal of International Economics*, Vol. 78, No. 2, 2009, pp. 206 – 215.

［184］ Yeaple S R, The Complex Integration Strategies of Multinationals and Cross Country Dependencies in the Structure of Foreign Direct Investment. *Journal of International Economics*, Vol. 60, No. 2, 2003, pp. 293 – 314.

附　　录

附录1　　　　　　　　　　　　OFDI 企业行业分布统计

二级行业代码	企业数目			观测值		
	个数	百分比（%）	累积百分比（%）	个数	百分比（%）	累积百分比（%）
食品饮料烟草	72	6.86	6.86	331	6.36	6.36
纺织业	128	12.19	19.05	615	11.82	18.17
服装	122	11.62	30.67	642	12.33	30.51
木材加工	40	3.81	34.48	160	3.07	33.58
造纸印刷	32	3.05	37.52	160	3.07	36.66
石油炼焦	2	0.19	37.71	6	0.12	36.77
化学医药	131	12.48	50.19	639	12.28	49.05
非金属矿物	32	3.05	53.24	151	2.9	51.95
金属冶炼	31	2.95	56.19	145	2.79	54.74
金属制品业	60	5.71	61.9	309	5.94	60.67
机械设备	137	13.05	74.95	674	12.95	73.62
交通运输设备	59	5.62	80.57	307	5.9	79.52
电气机械	78	7.43	88	420	8.07	87.59
电子通信	57	5.43	93.43	294	5.65	93.24
仪器仪表	31	2.95	96.38	149	2.86	96.1
工艺品及其他制造业	36	3.43	99.81	196	3.77	99.87
废弃资源和废旧材料回收加工业	2	0.19	100	7	0.13	100
合计	1050	100		5205	100	

附录 2　　　　　　　　　　　　　　**数学符号含义对照表**

符号	含义
τ	企业出口到国外路上需要磨损
σ	为每种产品之间的替代弹性
f_D	国内生产企业的固定成本
f_X	出口企业的固定成本
f_I	OFDI 企业的固定成本 三者的关系：$\left(\dfrac{\omega^j}{\omega^i}\right)^{\sigma-1} f_I > (\tau^{ij})^{\sigma-1} f_X > f_D$
φ_i	企业 i 的生产率
$\varphi_i \sim G^j(x) = 1 - (b^j)^k x^{-k},$ $j = D,\ F$ $x \in [\,b^j,\ +\infty)$	生产率 φ_i 服从帕累托分布（Pareto distribution）： k 称为形状参数，衡量随机变量 x 的离散程度，反映企业生产率的异质性。b^j 为每个国家初始的技术水平。D 表示国内，F 表示国外

附录 3　　　**《中国工业企业数据库》主要指标的异常情况（2000 ~ 2009 年）**

剔除规则		销售额、职工人数、总资产、固定资产总值或固定资产净值缺失	职工人数≤10 人	总资产≤流动资产或固定资产；累计折旧≤当期折旧	销售总产值≤500 万元	利润率≤0.1% 或者≥99%	实收资本≤0
1999 年	异常值数目	0	4837	0	39151	32926	——
	观测值总数	154882	154882	154882	154882	154882	154882
	异常值比例	0	3.123	0.000	25.278	21.259	——
2000 年	异常值数目	0	5791	31	30744	33423	604
	观测值总数	162883	162883	162883	162883	162883	162883
	异常值比例	0	3.555	0.019	18.875	20.520	0.371
2001 年	异常值数目	0	4365	17	26508	40965	657
	观测值总数	169031	169031	169031	169031	169031	169031
	异常值比例	0	2.582	0.010	15.682	24.235	0.389

续表

剔除规则		销售额、职工人数、总资产、固定资产总值或固定资产净值缺失	职工人数≤10人	总资产≤流动资产或固定资产；累计折旧≤当期折旧	销售总产值≤500万元	利润率≤0.1%或者≥99%	实收资本≤0
2002年	异常值数目	0	4125	47	25059	35878	882
	观测值总数	181557	181557	181557	181557	181557	181557
	异常值比例	0	2.272	0.026	13.802	19.761	0.486
2003年	异常值数目	0	2928	280	20054	36575	932
	观测值总数	196222	196222	196222	196222	196222	196222
	异常值比例	0	1.492	0.143	10.220	18.640	0.475
2004年	异常值数目	0	4098	8	10211	48737	503
	观测值总数	215247	215247	215247	215247	215247	215247
	异常值比例	0	1.904	0.004	4.744	22.642	0.234
2005年	异常值数目	47	1868	27	13021	51665	1443
	观测值总数	271835	271835	271835	271835	271835	271835
	异常值比例	0.017	0.687	0.010	4.790	19.006	0.531
2006年	异常值数目		3066	23	10374	52069	1566
	观测值总数	301961	301961	301961	301961	301961	301961
	异常值比例		1.015	0.008	3.436	17.244	0.519
2007年	异常值数目	0	2063	25	6240	57194	745
	观测值总数	336768	336768	336768	336768	336768	336768
	异常值比例	0	0.613	0.007	1.853	16.983	0.221
2008年	异常值数目	0	2615	0	8021	69944	128
	观测值总数	412212	412212	412212	412212	412212	412212
	异常值比例	0	0.634	0.000	1.946	16.968	0.031
2009年	异常值数目	0	1743	8	4745	49094	128
	观测值总数	320778	320778	320778	320778	320778	320778
	异常值比例	0	0.543	0.002	1.479	15.305	0.040

附录 4　本书采用的主要经济政策效应评价方法的假定条件和优缺点对比

分类	模型	主要假定	优点	缺点	政策效应参数
准随机试验方法	匹配模型	1. 强可忽略干预分配或 $(Y_0, Y_1) \perp OFDI \mid X$； 2. 满足共同支撑假设	基于可观测变量，操作简单、估计量容易、可信度高	不适用基于不可观测变量选择	平均类政策效应参数 ATT ATU ATE
	PSM				
	PSM – DID	1. 均值可忽略性假定； 2. 共同支撑假设； 3. 面板数据或者重复横截面数据	只能消除不随时间变动的个体效应对估计的影响	不能处理异质性、随时间变化的不可观测因素	
结构方程方法	样本选择模型	1. 结果变量服从正太分布； 2. 结果方程和选择方程的误差项服从三元（二元）正太分布且两者相关	控制不可观测的因素，允许随时间变化	对模型形式和随机干扰项施加较强条件；结果对不同假设条件敏感	以 MTE 为基础可以计算出所有的政策效应参数
	区制转换选择模型				
	异质性处理效应模型	（1）给定条件 X，Z 独立于 (U_1, U_0, U_D)；（2）给定条件 X，$\gamma_D Z$ 是非退化随机变量；（3）U_D 是连续的，在 $[0, 1]$ 区间均匀分布（4）结果变量（绝对值）的期望是有限的（5）$0 < Pr(OFDI = 1 \mid X) < 1$	控制可观测和不可观测因素，带有异质性	估计方法比较复杂	

注：笔者根据相关文献整理整理得到。

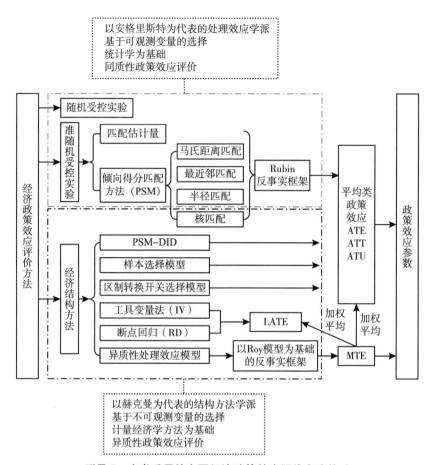

附录5 本书采用的主要经济政策效应评价方法关系

后　记

　　转眼之间，博士毕业已经八年了，回忆在中国社会科学院研究生院攻读博士学位的日子，充满了欢乐和艰辛。2012年，已经工作五年之久的我选择了攻读博士，有幸考入中国社会科学院研究生院，师从数量经济与技术经济研究所的张国初研究员。博士论文能够顺利完成，离不开一直陪伴和指引我的师长、家人和好友，在此对他们表示衷心的感谢。

　　非常感谢我的导师张国初研究员。博士论文从选题、开题、撰写、修改再到最后完成，每一步都倾注了张老师的心血。每次去见导师，他都会把最新的涉及对外直接投资的报刊剪贴下来，并做了详细批注，面谈后，老师经常把这些材料送给我，老师批注的材料和不同阶段经老师修改的博士论文半成品是我最为珍贵的礼物。每次见导师之前，都是忐忑不安，回来时很开心，收获颇丰。张老师对现实经济有深刻的理解，拥有为人处世的大智慧，这些潜移默化地影响着我，使我一生受益。很幸运能够成为张老师的学生，更荣幸成为张老师的关门弟子。

　　经济学专业对我来说是一个全新的领域。博士入学前两年一直在上课，恶补高级微观经济学、高级宏观经济学、高级计量经济学三门经济学基本功课。感谢李雪松老师、王国成老师、吕峻老师、李军老师、刘生龙老师、娄峰老师、王宏伟老师、郑世林老师、沈利生老师、徐浩庆老师、左大培老师、张斌老师，在课程学习过程中曾给予我很大的帮助，带我走进经济学的殿堂。尤其非常感谢李雪松老师、吕峻老师、王国成老师、樊明太老师、刘生龙老师对我论文计量模型构建等方面的建议和指导，感谢沈嘉老师三年里对我们学习生活的帮助。感谢北大光华管理学院的龚六堂老师、张维迎老师、周黎安老师、虞吉海老师、陆正飞老师、刘玉珍老师、黄慧馨老师、姜国华老师、杨云红老师、涂云东老师；感谢北大国家发展研究院林毅夫老师、朱家祥老师、沈艳老师、巫和懋老师；感谢北大经济学院刘伟老师、刘文忻老师、陈仪老师；感谢清华大学的朱世武老师，各位老师广博的学识、敏锐的洞察力，带我走进了经济学的不同领域。也非常感谢未曾谋面的连玉君老师和蒋冠宏老师对我学术问题的解答和帮助。非常感谢北方工业大学的周霞老师，吉林大学的陈丹老师，哈尔滨农垦大学的娄桂莲老师，在北大听课的日子里，我们几人朝夕相伴，感谢你们对我的帮助。

好友沈鹏远是一个有主见、热情、人缘超级好的哈尔滨女孩，她最爱说帮助别人就是帮助自己。陪我逛街，督促我做运动，在她的影响下，我每天跑步，即使在高负荷的写作压力下，并未感到颈椎不适。好友周洪霞是一个乐观开朗，坦率的山东女孩。2014年的暑假，我忙于写论文没有回家，我们几乎每天一起学习，一起吃饭，一起散步。室友黄彦彦，我从她身上学到了很多优秀品质，感谢她三年的陪伴。好友葛艳霞是一个很有思想和生活情趣的河北女孩。马丽梅是一个美丽、独立的东北女孩，我们经常一起在研院的小操场跑步和谈心。好友欧阳正杰，是一个很努力很有思想的湖南小伙子。好友钱俏是一个既美丽又爱学习的"90后"浙江小姑娘。好友焦玉霞是一个做事很有条理、办事周密的北京女孩，和她一起开题一起答辩。曲直和王昕天，是我们所的两个小帅哥，曾经为了讨论技术经济学的作业，在教学楼201苦熬到凌晨三四点。另外，非常感谢傅春杨对本书理论模型推导的帮助，张巍巍师兄对本书MTE计算的帮助。感谢2012年一起入学的王婧、宋鹏、黄勇、徐涛等对我的帮助。想起研院学习生活的点点滴滴，感谢大家的无私帮助。

感谢曾经的工作单位宁夏大学数学计算机学院的领导和同事，三年里没有给我安排任何教学工作，让我安心学习。尤其感谢姜爱平老师，单位的事情都是麻烦她帮忙打理。

感谢爱人和我们的父母。非常感谢我的爸爸妈妈，无论我做什么，他们都会全力支持我，让我自由飞翔；感谢我的公公婆婆对我的理解和支持。三年里，爱人张怀畅既工作又照顾三岁的女儿，你的付出全都留在我的心里。读博时，女儿萌萌刚上幼儿园，毕业时，她即将步入小学。在没有妈妈陪伴的日子，萌萌听话懂事健康成长起来。爱人的问候和女儿的笑声是我完成博士论文的最大精神动力。也感谢我的姐姐和弟弟，对我学习上的鼓励和生活上的支持。

从懵懵懂懂闯入经济学的知识殿堂，到十多万字的博士论文完稿，尽管论文很不完美，但我已很知足，这过程的中的艰辛和努力只有自己知道。想起几句非常喜欢的歌词："曾经多少次跌倒在路上……如今我已不再感到彷徨……我想要怒放的生命……"攻读学位的生涯是我一生中宝贵的经历，以后的学术道路，"路漫漫其修远兮，吾将上下而求索"。

石莹

2023 年 6 月 18 日